Historische Landeskunde
Deutsche Geschichte im Osten

Band 1

Herausgegeben von der Kulturstiftung
der deutschen Vertriebenen

Hans Schenk

Die Böhmischen Länder
Ihre Geschichte, Kultur und Wirtschaft

Verlag Wissenschaft und Politik

Umschlaggestaltung Rolf Bünermann
Gesamtherstellung Werbedruck Zünkler, 33 689 Bielefeld
Printed in Germany · ISBN 3-8046-8801-2

Inhaltsverzeichnis

Tabellen

Vorbemerkung

Lange vor den 1989 einsetzenden politischen Veränderungen in Deutschland und in den Ländern Ostmitteleuropas war die Konzeption für die »Historische Landeskunde – Deutsche Geschichte im Osten« erstellt worden, deren erster Band »Die Böhmischen Länder« jetzt vorliegt.

Die Gesamtreihe will in acht Bänden deutsche Geschichte im Osten – in den historischen preußischen Ostprovinzen und in den sogenannten deutschen Siedlungsgebieten im europäischen Nordosten, Osten und Südosten – in knappen, komprimierten Übersichten darstellen.

Die Überlegungen für die Gesamtreihe gingen davon aus, daß der Eiserne Vorhang, der Deutschland und Europa politisch zerschnitt, auch das Geschichtsbild zu begrenzen und das Geschichtsverhältnis zu beeinträchtigen drohte. Deshalb sollte durch Aufzeigen und Kenntlichmachung der Gesamtzusammenhänge der deutschen Geschichte im Innern und den Verflechtungen nach außen der *Schein-Realität* des Eisernen Vorhangs die *Realität* der deutschen Geschichte und ihrer realen Einheit entgegengestellt werden. Gerade nach den Ereignissen in den Jahren 1989 und 1990 kommen Kenntnis und Wissen der Geschichte in allen ihren Facetten und territorialen Ausformungen eine besondere Bedeutung zu.

Dem Herausgeber ist bewußt, daß in der Reihe scheinbar Widersprüchliches zusammengefaßt wird: ostdeutsche Geschichte mit deutscher Geschichte im Osten, die vielfach treffender als Geschichte der Deutschen im Osten bezeichnet werden müßte, Geschichte innerhalb der alten Reichsgrenzen, wie beispielsweise die Geschichte der böhmischen Länder, mit der Geschichte der baltischen Länder, die schon zu einem frühen Zeitpunkt in andersstaatliche – dänisch-polnisch-schwedisch-russische – Bezüge gestellt waren. Sie alle sind jedoch in weiten Abschnitten nur in der Einheit der deutschen Geschichte erklärbar – wie auch umgekehrt – und finden von hier aus ihren Zusammenhang.

Die »Historische Landeskunde – Deutsche Geschichte im Osten« wird mit Unterstützung des Bundesministeriums des Innern gedruckt, wofür die Kulturstiftung Dank sagt.

Geographische Grundlagen

Böhmen, Mähren und Schlesien gehören geologisch zur Böhmischen Masse, jener Formation, die schon im Erdaltertum (Algonkium) aus gefaltetem Kristallin aufgebaut und zum Teil von jüngeren Gesteinsserien überlagert wurde. Diese tektonische Einheit umspannt im Westen den Bayerischen Wald, im Osten die Sudeten, im Norden das Erzgebirge und im Süden das österreichische Waldviertel. Das Urgestein ist allerdings von Gesteinsgruppen wie Schiefer, Gneis, Sandstein und Basalt überlagert, und häufig treten Kohleformationen auf. An den Rändern Böhmens und Mährens zeugen mineralische Quellen von der Tätigkeit der Vulkane wie bei Bilin, Franzensbad, Karlsbad und Marienbad in Böhmen sowie Ullersdorf und Luhatschowitz in Mähren.
Die Randgebirge Böhmens innerhalb der Böhmischen Masse bilden nicht nur eine geschlossene Naturlandschaft, sondern auch die politischen Grenzen. Nachbarländer sind im Nordwesten Sachsen mit dem Erzgebirge, im Nordosten Schlesien mit den Sudeten, im Südwesten Böhmen mit dem Böhmerwald, im Südosten Mähren mit den Böhmisch-Mährischen Höhen, im Süden Österreich mit Mühlviertel und Waldviertel. Kennzeichnend für das Innere Böhmens ist ein im ganzen einförmiges Hoch- und Gebirgsland, bestimmt durch drei sich terrassenförmig senkende Bergplatten.
Das böhmische Terrassenland wird in der Quere von der Moldau in tiefer Talfurche durchschnitten. Die erste der Terrassen, die nördliche, beginnt südlich vom Tal der Eger. Von dort steigt sie mit steilem Rand bis zum Engelhäuser Berg bei Karlsbad auf und erstreckt sich zwischen den Flüssen Eger und Elbe südöstlich bis an das Hügelland Mährens. Die mittlere Terrasse erhebt sich südlich von den Flüssen Mies, Beraun und Sazawa und trägt den Charakter einer Gebirgslandschaft. Im Vergleich zur nördlichen Landschaft sind die Höhen rauher, die Gipfel schärfer ausgebildet und die Täler tiefer eingeschnitten. Die südliche Terrasse zieht sich zwischen der oberen Wotawa und der oberen Luschnitz zum Böhmerwald mit seinen Höhen hin. Eine eigene Landschaftsform bilden das Sandsteinplateau von Dauba und das Jitschiner Plateau an den Flüssen Iser und Elbe wie auch das Böhmische Mittelgebirge als selbständige Gebirgsgruppe. Diese verläuft zwischen Elbe, Biela und der unteren Eger parallel mit dem Erzgebirge bis Brüx.
Das Land Mähren ist im Westen, Norden und Osten von Randgebirgen eingeschlossen und hat Anteil an den Sudeten und den Karpaten. Es grenzt nördlich an Schlesien, westlich an Böhmen, östlich an die Slowakei und südlich an Niederösterreich. Geologisch läßt sich Mähren in vier Erhebungszonen einteilen Die Böhmisch-Mährischen Höhen im Westen bestehen aus kristallinem Schiefer und erreichen im Iglauer Bergland die größte Höhe. Die zweite Zone bilden die Sudeten im Norden mit dem

Altvatergebirge, dem mährisch-schlesischen Gesenke und dem Odergebirge. Zwischen March und Oder liegt die dritte Zone mit den Karpaten und Beskiden gegen die Slowakei. Im Süden befindet sich die vierte Erhebungszone mit der fruchtbaren Hanna, dem Marsgebirge und den Polauer Bergen an der Thaya. Mähren verkörpert den Typ einer Durchzugs- und Übergangslandschaft und verknüpft auf diese Weise Böhmen mit dem Donaugebiet und dem Wiener Becken. Wie ganz Mitteleuropa besitzen die Sudetenländer die doppelseitige Orientierung nach dem Westen und dem Osten.
Der größte Teil des Landes Böhmen gehört dem Elbgebiet an, das durch die Elbe selbst und die Moldau, den zweiten Hauptstrom, entwässert wird. Bereits in Böhmen ist die Elbe schiffbar. Die Nebenflüsse Cidlina, Iser und Pulsnitz fließen ihr von rechts, die Aupa, Mettau, Adler, Moldau, Eger und Biela von links zu. Fünf Nebenflüsse nimmt die Moldau auf: von rechts Maltsch, Luschnitz und Sazawa, von links Wotawa und Beraun. Verbindung zur Oder hat Böhmen mit der Lausitzer Neiße und der Steine, Verbindung zur Donau im Süden an der mährischen Grenze durch die Mährische Sazawa, die Zwittawa und die Iglawa, die in die March münden. An Seen besitzt Böhmen nur wenige im Böhmerwald in Höhen von 900 bis 1200 Meter, wie den Deschenitzer oder Schwarzen See, den Teufelssee bei Eisenstein und den Lakasee, dagegen befinden sich zahlreiche Teiche in Ostböhmen um Pardubitz und in Südböhmen zwischen Budweis und Wittingau.
Die Gewässer in Mähren werden vor allem von der March bestimmt. Sie entspringt am Spieglitzer Schneeberg im Glatzer Bergland und mündet bei Theben in die Donau. Bei Göding wird sie schiffbar. Die wichtigsten Nebenflüsse nimmt die March von rechts auf: die Mährische Sazawa, die Hanna und vor allem die Thaya, die den Süden Mährens durchfließt, und die Iglawa; von links werden die Betschwa und die Olsa aufgenommen. In Mähren entspringt zwar die Oder, ihr Anteil beträgt aber nur ein Zehntel an dem mährischen Flußnetz. Sie bildet die Grenze zu Mährisch-Schlesien und hat als einzigen Nebenfluß in Mähren die Ostrawitza. Seen sind im mährischen Raum nicht entstanden, jedoch viele Teiche, insbesondere im Süden bei Eisgrub.

Vegetation

Die böhmischen Länder waren ursprünglich von dichten Wäldern bedeckt, ein kleiner Teil bestand aus Grassteppe. Unter den Pflanzenformationen des Laub- und Nadelwaldes entwickelte sich wie in ganz Mitteleuropa ein braungefärbter Boden; er war angereichert durch wasserhaltige Eisenverbindungen. Braunerde findet sich im Egertal, im Saazer Land, im Vorland des Riesengebirges, in Mittelmähren, in Schlesien und der Troppauer Bucht. In den wärmeren Gebieten Böhmens wie in der Gegend von Schlan, Saaz, Leitmeritz und Pardubitz entstanden auf Löß Schwarzerdeböden. Die Fruchtbarkeit dieser Bodenarten kennzeichnet in Mähren das Gebiet der Hanna, ein Hügelland von 200 bis 300 Meter Meereshöhe, das sich von Mährisch Neustadt und Blauda bei Mährisch Schönberg im Norden bis Napajedl bei Zlin im Süden erstreckt. Auch Böden, die auf Kalkgestein mit Humus als Kalkschwarzerden entstanden waren, finden sich in der böhmischen Elbniederung sowie in Mähren bei Brünn und Olmütz.

Böhmerwald

Auf sie wirkte der Einfluß des kontinentalen Klimas der pannonischen Tiefebene. In Südmähren führte das Ausblühen von Bodensalzen zur Bildung salziger Bodenarten, in Böhmen zur Entstehung von Glaubersalz (schwefelsaures Natron) bei Franzensbad.
In der Verteilung des Wald- und Ackerlandes wiesen die Sudetenländer große Unterschiede auf. Die Höhen des Böhmerwaldes und der Sudeten waren von einem weitgehend geschlossenen Waldstreifen überzogen. In Mittelböhmen erstreckten sich ebenfalls große Waldgebiete, zugleich breiteten sich Ackerflächen aus. Unterschiedliche Flächen zeigten sich auch in Innerböhmen und Innermähren. Aus der ursprünglichen Parklandschaft entstand eine intensiv bebaute Kultursteppe mit Galeriewäldern im Auengürtel. In den Bezirken der sogenannten Goldenen Rute längs der Elbe stieg der Anteil an Ackerflächen auf drei Viertel an, im Saazer Becken auf 88 Prozent, in der mährischen Hanna und im Marchtal auf rund 80 Prozent. Zuweilen stehen sich fruchtbares Ackerland und Waldgebiet in schroffer Ausformung gegenüber, wie im Abstieg vom Altvatergebirge in das obere Marchtal. Grasland war weit geringer vertreten als Waldland. Bei Hohenelbe im Riesengebirge betrug der Anteil an Wiesenland rund 14 Prozent, davon Weiden mit etwa zehn Prozent. Bei Oberplan im Böhmerwald war der Weideanteil mit sechs Prozent gegenüber den Wiesen mit 26 Prozent bescheiden.

Insgesamt nahmen in Böhmen die Flächen des Ackerlandes knapp die Hälfte ein, in Mähren leicht darüber, in Mährisch-Schlesien unter der Hälfte. Um 30 Prozent betrug der Anteil der Waldfläche in den drei Gebieten, wobei Mähren etwas unter dieser Zahl, Schlesien über ihr lag.
Klimatisch gehören die böhmischen Länder zur Übergangszone zwischen Meeres- und Kontinentalklima, obwohl letzteres leicht überwiegt. Die durchschnittliche Jahrestemperatur liegt um 7,6 Grad Celsius, der Monat Januar mit einem Mittel von –2,4 Grad ist der kälteste, der Monat Juli mit einer Durchschnittstemperatur von 17,7 Grad der wärmste. Im Winter sinkt das Temperaturmittel selten unter –3 Grad, hier spielt der Einfluß aus Westeuropa eine Rolle. Auch im Sommer, der im Osten recht warm ist, herrschen die westlichen Strömungen vor. Sie bringen kühle Meeresluft ins Land, die eine starke Bewölkung mit häufigen Niederschlägen bewirkt. Auf der anderen Seite begünstigt das kontinentale Klima mit längeren Trockenperioden den Getreideanbau. Aus dem Vergleich zwischen Prag und Brünn bei einer Meereshöhe von 200 beziehungsweise 205 Metern ergeben sich bei der mittleren Monatstemperatur mit 8,8 gegenüber 8,4 Grad in etwa die gleichen Werte. Unterschiedlich ist jedoch die Niederschlagsmenge im mittleren Monatsschnitt mit 448 Millimetern in Prag und 529 Millimetern in Brünn.
Der Norden Böhmens ist wesentlich wärmer als der Süden. Gegenüber der mittleren Temperatur im Januar um –1 Grad in der Elbniederung fällt das Mittel über 1000 Meter Meereshöhe auf –5,3 Grad, im Riesengebirge in einer Höhe von 1600 Metern auf –7,2 Grad, im Böhmerwald auf –5,3 Grad. Mähren ist im Winter kälter als Böhmen: das Januarmittel reicht von –2 bis –3 Grad in Südmähren über Troppau und Teschen mit –3 Grad bis zu –6 Grad im Gesenke und in den Beskiden in einer Höhe von 1200 Metern. Auch in Brünn liegt das Mittel im Winter niedriger als in Prag. Dagegen sind die Sommer wärmer als in Böhmen. Steigt die Temperatur im Durchschnitt in Prag auf 20,2 Grad, erreicht sie in Brünn 21,5 und in Göding 22,7 Grad. Ausgehend vom Jahresmittel, ist es in Leitmeritz mit 9 Grad am wärmsten, in Südmähren mit 7 bis 8 Grad im Durchschnitt etwas kühler. In den Gebirgen beträgt das Jahresmittel 6 Grad.

Verkehrswege

Die böhmischen Länder verfügen über ein dichtes Verkehrsnetz. Ursprünglich auf Wien, die Hauptstadt der Donaumonarchie, ausgerichtet, traten neben die Nord-Süd-Verbindungen nach 1918 auch die Ost-West-Verbindungen. Mit der Gründung der Tschechoslowakischen Republik orientierte sich der Verkehr des gesamten Staates auf die Hauptstadt Prag. Erleichtert wurde die Umgestaltung des Schienen- und Straßenverkehrs durch die geographische Form des Staates, wie er sich von Westen nach Osten erstreckt. Neben der Eisenbahn und den Straßen spielt die Binnenschiffahrt eine untergeordnete Rolle.
Grundlage des Verkehrswesens war der Eisenbahnverkehr mit mehr als 13 000 Kilometern in der gesamten Republik. 1839 wurde mit dem Ausbau der Eisenbahnstrecken begonnen; er wurde 1919 im wesentlichen abgeschlossen und das Netz seitdem kaum

Znaim, Blick auf die Thaya

verändert. Der Hauptteil der von Österreich-Ungarn übernommenen Eisenbahnen war bereits in staatlicher Hand, und nach 1918 wurden einige Privatbahnen nationalisiert, wie beispielsweise die Buschtiehrader Bahn in Westböhmen und die Aussig-Teplitzer Eisenbahn in Nordwestböhmen. In den historischen Ländern beträgt die Länge der Strecken über 9600 Kilometer gegenüber den 3670 Kilometern in der Slowakei. Von Prag aus, dem wichtigsten Verkehrsknotenpunkt, führen die Strecken über Aussig nach Sachsen, über Pilsen und Eger nach Bayern und über Königgrätz nach Schlesien. Die Hauptverbindung Mährens geht von Brünn aus; von der mährischen Hauptstadt besteht eine direkte Verbindung über Prerau und Mährisch Ostrau nach Oberschlesien. Für den Güterverkehr spielte die Beförderung von Kohle die wichtigste Rolle. Die »Kohlemagistrale« von Brüx über Aussig und Olmütz nach Mährisch Ostrau bildete die meistausgelastete Verkehrsachse in den böhmischen Ländern.
Wie in vielen europäischen Ländern gründet sich das Straßenverkehrsnetz auf die historischen Fernhandelsstraßen. Die antike Bernsteinstraße führte durch die Mährische Pforte zur Donau. In Prag hatten die wichtigsten mitteleuropäischen Landverbindungen ihren Kreuzungspunkt. Nürnberg war mit der böhmischen Hauptstadt über Eger oder Pilsen verbunden, Linz an der Donau über Taus und Breslau über Glatz. Den Verkehr mit Mähren führten die Kaufleute durch die Tribitzer Senke zwischen Böhmisch Trübau und Zittau, von dort über Iglau nach Südmähren.

Von den vorhandenen Wegen und Steigen wurden unter Kaiser Karl VI. und Kaiserin Maria Theresia im 18. Jahrhundert die Straßen ausgebaut, die in erster Linie militärischen Zwecken dienten. Zusammen mit den ebenfalls aus dieser Zeit stammenden kaiserlichen Handels- und Poststraßen war damit die Grundlage für ein modernes Straßennetz geschaffen. Es führte als unmittelbare Verbindung durch die Städte, von denen Prag, Pilsen, Budweis, Brünn und Olmütz die Verkehrsknotenpunkte bilden. Mehrere Europastraßen mit drei Prozent Anteil am gesamten Straßennetz durchqueren die böhmischen Länder. Im Jahr 1967 waren die Fernstraßen gemeinsam mit den Bezirks- und Gemeindestraßen über 73 000 Kilometer lang, von denen rund 56 300 Kilometer in den böhmischen Ländern lagen und rund 22 Prozent in der Slowakei. Etwa zwei Drittel entfallen auf Gemeindestraßen, knapp ein Viertel auf Bezirksstraßen, und über zwölf Prozent der Straßen entsprechen internationalen Anforderungen. Der Straßenverkehr hat sich vor allem nach dem Zweiten Weltkrieg entwickelt, als die Motorisierung der Bevölkerung erheblich zunahm.

Die Binnenschiffahrt fällt im Inlandsverkehr kaum ins Gewicht, hat aber Bedeutung im Warenverkehr mit dem Ausland. Mit der Elbe verfügen die böhmischen Länder über einen unmittelbaren Anschluß für ihren Gütertransport an den Überseehafen in Hamburg. Die Elbe ist von Leitmeritz an schiffbar, ihre wichtigsten Häfen in Böhmen sind Aussig und Tetschen-Bodenbach. Früher schon wurde die Elbe von Pardubitz für die Flößerei genutzt. Für diesen Erwerbszweig stand die Moldau, der längste Nebenfluß in Böhmen, fast in ihrem gesamten Lauf zur Verfügung. Ihre eigentliche Bedeutung erlangte die Flößerei durch die Flußverbindung von Budweis bis Hamburg. Seit Mitte des 19. Jahrhunderts, als die Eisenbahnen die Holztransporte mehr und mehr übernahmen, ging das Flößen zurück. Die Moldau ist 49 Kilometer südlich von Prag an schiffbar, mit Unterstützung der Stauwerke von Slapy können Frachtkähne von 200 Tonnen bis Budweis fahren.

Der Anschluß an die für die Großschiffahrt geeignete Oder wird bei Cosel in Schlesien erreicht, 45 Kilometer von der tschechoslowakischen Grenze entfernt. In der Vorkriegszeit wurde diese Verbindung für den Transport von Eisenerzen aus Schweden für das Mährisch Ostrau-Karwiner Revier benutzt.

Der Anteil der Tschechoslowakei an der Donau beträgt 172 Kilometer. Die beiden wichtigsten Donauhäfen liegen in der Slowakei: Preßburg und Komorn. Zum größten Binnenhafen der Tschechoslowakei hat sich Komorn entwickelt.

Die Bedeutung des Seeverkehrs nahm in den Jahren nach dem Zweiten Weltkrieg zu, obwohl kein unmittelbarer Zugang zum Meer besteht. Seit 1955 fuhren Seeschiffe der Tschechoslowakei unter eigener Flagge. Träger war die Reederei Čechofrucht; nachdem 1961 zehn und 1967 acht Schiffe eingesetzt waren, erhöhte sich die Zahl auf zwölf mit insgesamt 146 200 Bruttoregistertonnen im Jahr 1975. Abgewickelt wurden die Exporte von Industriewaren und die Importe aus Rohstoffen, vornehmlich aus Ostasien, über die Häfen Gdingen, Stettin, Hamburg, Triest sowie die rumänischen Häfen Brăila, Konstanza und Galatz.

In die zwanziger Jahre reichen die Anfänge des Luftverkehrs zurück, als Prag einen zunächst nur militärisch, später auch zivil genutzten Flughafen erhielt. 1924 wurde die staatliche Fluggesellschaft Československá státní Aerolinie (ČSA) gegründet, zwei

Prag, Karlsbrücke (um 1940)

Jahre vor der Deutschen Lufthansa. Bereits 1937 beförderte die ČSA jährlich 23 000 Personen, 1970 1 435 000. Einen starken Zuwachs erfuhr auch der Lufttransport von Gütern. Betrug er 1937 jährlich 500 Tonnen, wurden 1970 23 666 und 1975 28 500 Tonnen befördert. Prag und Preßburg sind internationale Flughäfen, Brünn, Karlsbad und Kaschau wurden als die wichtigsten Flugplätze für den Inlandsflugverkehr ausgebaut.

Besiedlung

Seit dem 13. Jahrhundert wurden deutsche Bergleute und Bauern in den Randgebieten der Sudeten systematisch angesiedelt. Als Rodungsbauern stießen Deutsche auch in die Gebiete mit vorwiegend tschechischer Bevölkerung vor. Zur gleichen Zeit vollzog sich die verstärkte Gründung von Städten nach rechtlichen Bedingungen, wie sie im deutschen Raum galten, vor allem in Magdeburg und Nürnberg. Zum Teil erhielten alte Siedlungen oder ältere Marktdörfer den Rang einer städtischen Siedlung, zum Teil wurden Städte planmäßig neu angelegt. Zur ersten Gruppe gehören Prag, Kuttenberg, Brüx, Eger, Brünn und Olmütz, zur zweiten die Städte mit Zentralmarktplatz und rechtwinkligem Grundriß, zu denen Budweis, Pilsen, Klattau, Hohenmauth, Neutitschein und Mährisch Schönberg zu zählen sind.

Die Sudetenländer kennzeichnet ein verhältnismäßig dichtes Netz von Kleinstädten und Städten, das sich im 17. und 18. Jahrhundert entwickelte. In der Zeit der Industrialisierung gliederten sich an die Städte Siedlungen an, die ihren dörflichen Charakter allmählich verloren, als immer mehr Bewohner in der Industrie Beschäftigung fanden. Vor allem in Böhmen und Mähren war diese Entwicklung nach dem Ersten Weltkrieg zu beobachten, während die Slowakei mit nur geringer Industrie diesem Trend nicht unterlag. Für die Wohnungen der Industriearbeiter in den städtischen Agglomerationen herrschte die Reihenbebauung mit Mietshäusern vor. Nach dem Zweiten Weltkrieg veränderte sich das Städtebild durch den in den sozialistischen Ländern fast einheitlichen Bau der an der Peripherie gelegenen uniformen Trabantenstädte weiter.
Auch in den ländlichen Siedlungsformen spiegelt sich die historische Kolonisationstätigkeit wider. In den gebirgigen Landschaften bildeten die Reihen- oder Waldhufendörfer die typische Dorfform. Sie verdanken ihre Entstehung zwar der mittelalterlichen deutschen Ostsiedlung, entscheidend für ihre Ausprägung und Entwicklung war aber nicht die Herkunft der Siedler, sondern der Stand der Rodung. Neben ihnen entstanden im böhmischen Mittelgebirge und im Erzgebirge Haufendörfer. Diese Form war ebenfalls weit verbreitet, sie fand sich sowohl im tschechischen als auch deutschen Siedlungsgebiet, zugleich in Böhmen und Mähren, hier vor allem in der Hanna. Konzentriert war die Anlage von Haufendörfern im Saazer Becken und im Becken um Wittingau in Südböhmen. Selten formten sich in der Ebene die Siedlungen zu Straßendörfern, die eher in hügeligen Landschaften bestimmend waren. Sie sind auch in der Form von Angerdörfern zu beobachten, deren Häuserreihen relativ weit auseinanderstanden und einen ovalen oder dreieckigen Dorfplatz bildeten.
In Böhmen nahmen die städtischen und ländlichen Siedlungen der Tschechen die ganze Mitte des Landes sowie den Osten und Südosten ein; sie schlossen sich im Osten an die tschechischen Siedlungen in Mähren an und waren in den Grenz- und Randgebieten von den Siedlungen mit deutscher Bevölkerung umgeben. Schon von Landskron in Ostböhmen bewohnten die Deutschen gegen Norden in schmalem Streifen die Grenzen Böhmens zu Mähren und zur Grafschaft Glatz. Unterbrochen waren die deutschen Siedlungen durch das tschechische Gebiet bei Nachod. Von Braunau zog sich die Ansiedlung der deutschen Bevölkerung geschlossen in weitem Bogen nach Westen. Von da nach Süden bis über Gratzen verlief der deutsche Gürtel bis Neuhaus an die Grenze zu Niederösterreich. Im Norden war dieser Siedlungsbereich 80, im Westen 100 Kilometer breit, die gesamte Länge betrug 830 Kilometer. Bis auf einen Kilometer Breite schrumpfte der Siedlungsraum bei Klentsch in der Nähe von Taus im Böhmerwald. Im deutschen Siedlungsgebiet gab es bei Mies, zwischen Brüx und Dux, eine Sprachinsel mit überwiegend tschechischer Bevölkerung. Deutsche Sprachinseln in Böhmen bildeten der teils auch zu Mähren gehörende Schönhengstgau um Landskron, die Umgebung von Budweis und bis zum Ende des Ersten Weltkrieges auch die Hauptstadt Prag.
In Mähren lagen die deutschen Siedlungsgebiete ebenfalls in den Randgebirgen, aber auch in den Sprachinseln um Brünn, Iglau und Olmütz. Nach der Umgangssprache gehörten 1910 zur Sprachinsel Brünn neben der Stadtgemeinde weitere zehn Gemein-

Brünn (um 1915)

den, zur Sprachinsel Iglau die Stadt selbst und 33 Gemeinden sowie zur Olmützer Sprachinsel zehn Gemeinden. Die mährischen deutschen Sprachinseln waren die wichtigsten der historischen Länder. In Mährisch-Schlesien war der Anteil der deutschen Bevölkerung sehr hoch, er betrug bis 1918 knapp 50 Prozent.

Politische Geschichte

Vor- und Frühgeschichte

Die böhmischen Länder sind seit der Altsteinzeit um 50 000 bis 40 000 v. Chr. ohne Unterbrechung von Menschen besiedelt. In dem Lößgebiet, das von der nordeuropäischen Vereisung verschont geblieben war, hatte sich eine Bevölkerung niedergelassen, die Ackerbau betrieb. Im 5. Jahrtausend erstreckte sich der bandkeramische Kulturkreis auf die Region, die sich von Siebenbürgen bis Belgien ausdehnte: Mähren, Böhmen und Niederösterreich waren die Zentren. In der Periode des Übergangs von der älteren zur jüngeren Steinzeit bildeten sich größere ländliche Siedlungsgemeinschaften, nachdem die Einwohner über die Vermittlung Kleinasiens und der Balkanhalbinsel das Halten von Schafen und Ziegen, später auch Rindern, und den Anbau von Roggen, Weizen und Hirse übernommen hatten.
Während der Bronzezeit, jener Epoche vom Ende des 3. bis zum Beginn des 1. Jahrtausends v. Chr. in Mitteleuropa, gehörten die böhmischen Länder zum Kerngebiet dieser Kultur. Innerhalb ihrer Ausprägung in der frühen Bronzezeit, um 1800 v. Chr., lag in Böhmen, Mähren und in der südwestlichen Slowakei mit der Aunjetitzer Kultur ein Zentrum, benannt nach einem Gräberfeld bei Aunjetitz (Únětice) nordwestlich von Prag. Reiche Beigaben von Werkzeugen, Waffen und Schmuck in den Hockergräbern bezeugen eine differenzierte Wirtschafts- und Sozialstruktur wie auch eine entwickelte Technologie.
Eine hohe Kulturstufe zeichnete die Bewohner des böhmisch-mährischen Territoriums und des Karpatenraumes in der Periode der Hallstattzeit am Anfang der älteren Eisenzeit aus. Die nach den Gräberfunden bei Bylany im Bezirk Böhmisch Brod benannte Kulturgruppe des 7. und 6. Jahrhunderts v. Chr. verfügte über vierrädrige Wagen und viele Werkzeuge, Schmuck und Waffen.
Für das 5. Jahrhundert v. Chr., als die La-Tène-Kultur die Hallstatt-Periode ablöste, ergänzten sich erstmals archäologische Zeugnisse mit schriftlichen Quellen zur Bestimmung der Bewohner der böhmischen Länder. Die griechischen Schriftsteller Hekaistos von Milet und Herodot berichten von der Ausbreitung der Kelten. Ihre Siedlungen umfaßten den Raum von der Champagne in Frankreich, der Saar über den Mittelrhein und Bayern bis Böhmen und Mähren. Ausgangs des 5. Jahrhunderts v. Chr. drangen die Kelten bis Siebenbürgen und Dalmatien vor, deren Bewohner die La-Tène-Kultur übernahmen. Die Gründung zahlreicher oppida, keltischer Städte, in Europa während des ersten vorchristlichen Jahrhunderts bezeugt das Ausmaß der Keltisierung.

Einer der bedeutendsten keltischen Stämme waren die Bojer, die sich in zwei Richtungen ausdehnten. Der eine Zweig wandte sich nach Süden und bedrängte die Römer, der andere zog über Rhein und Donau und siedelte in den böhmischen Ländern. Als die Römer 193 v. Chr. die Kelten bei Modena besiegten, kehrte möglicherweise ein Teil von ihnen in den böhmischen Raum zurück, wo sie der römische Schriftsteller Publius Cornelius Tacitus in seiner »Germania« zu den Grenzvölkern der Römer zählte. Ihren Sitz bezeichnete er in Kapitel 28 als »Boihaemum«, aus dem sich später der Name »Böhmen« entwickelte. Um 60 v. Chr. verließen die Bojer ihre Siedlungsgebiete in Richtung Pannonien, wo sie von den Dakern aufgerieben wurden.
Ursache für das Ausweichen der Kelten in den Osten war das Vordringen der Germanen in das Gebiet von Elbe und Nordböhmen seit dem 2. Jahrhundert und in den mittel- und südböhmischen Raum im 1. Jahrhundert v. Chr. Zu diesen germanischen Stämmen gehörten auch die Markomannen. Sie wurden von Gaius Julius Caesar 58 v. Chr. in Gallien besiegt und fanden ein neues Siedlungsgebiet am mittleren und unteren Main. Von dort wichen sie 9 v. Chr. dem römischen Druck aus, den Drusus im Auftrag seines Stiefvaters, des Kaisers Augustus, auf die germanischen Stämme ausübte. Unter Marbod, dem Führer einer relativ kleinen markomannischen Herrenschicht, siedelte der germanische Stamm mit anderen swebischen Gruppen, wie den Quaden und Hermunduren, im Land der Bojer. Dem losen Verband Marbods gehörten auch die von ihm unterworfenen Langobarden und Semnonen an. Rund 25 Jahre dauerte die Selbständigkeit unter Marbods Führung, die im weiteren Verlauf zwischen Angehörigen der Markomannen und der Quaden wechselte. In Pannonien und im Gebiet der mittleren Donau übten sie starken Druck gegen Rom aus. Kaiser Antonius Pius begründete 137 n. Chr. mit ihnen ein Klientelverhältnis, ein Abhängigkeitsverhältnis, das in den Jahren 140 bis 144 erneuert wurde. In den Markomannenkriegen gegen die Römer zwischen 166 und 167 sowie 179 n. Chr. versuchten die Markomannen und Quaden die römische Vorherrschaft abzuschütteln und überschritten die Nordostgrenze des Römischen Reiches in Italien. Erst 179 gelang es Kaiser Mark Aurel, die Markomannen zurückzudrängen, jedoch konnte er seinen Plan, die Provinz Marcomannia dem Imperium Romanum unmittelbar zu unterstellen, wegen seines plötzlichen Todes 180 n. Chr. nicht realisieren. Das wiederum erneuerte Klientelverhältnis bestand bis in das ausgehende 4. Jahrhundert, als 376 und 395 heftige Auseinandersetzungen zwischen Rom und dem markomannischen Verband ausbrachen. Durch das Vordringen der Hunnen verloren die Markomannen ihre politische Bedeutung. Von den Quaden lebte nur ein Rest in der Slowakei, der sich 435 von der hunnischen Herrschaft lösen konnte. Dieser germanische Stamm wurde die führende Kraft im Kampf gegen die Ostgoten, die sich in Pannonien niedergelassen hatten. Ende des 5. Jahrhunderts gerieten die Quaden unter den Einfluß der Langobarden, in deren Verband sie schließlich ihre Eigenständigkeit verloren.
Nach der zweiten Völkerwanderung, die durch den Einfall der Hunnen in Europa entstand, besiedelten nacheinander Heruler, Rugier und Langobarden die böhmischen Länder. Die Langobarden herrschten über weite Teile der späteren Slowakei, des späteren Böhmen und des antiken Oberpannonien. Sie verließen ihr Gebiet um 560 n. Chr. und öffneten es den Bajuwaren. In diesem ethnisch nicht einheitlichen Stamm

waren die in Rätien, Noricum und Pannonien lebenden Angehörigen der Stämme der Sweben, Markomannen, Alemannen, Heruler aufgegangen.

Die Landnahme der Slawen

Das Vordringen der Slawen in die bis auf Reste von Germanen verlassenen Gebiete setzte frühestens im ausgehenden 5. Jahrhundert, sehr wahrscheinlich in der zweiten Hälfte des 6. Jahrhunderts ein. Der Aufbruch aus der »Urheimat«, den Pripjet-Sümpfen zwischen Weichsel, Düna und Oberlauf des Dnjepr, wurde durch die nach Westen vorrückenden Steppenvölker, die Hunnen und Avaren, ausgelöst, aber ebenso durch das Anwachsen der slawischen Bevölkerung. Das alte Boihaemum erreichten die Slawen wohl zum größten Teil über die Karpatenpässe und die Mährische Pforte, aber auch über den Südosten, über Südmähren. Eine zweite Welle von slawischen Siedlern erreichte die Slowakei, Südmähren und Niederösterreich zusammen mit den Avaren, als diese sich nach Westen ausdehnten.
Die Entfaltung einer eigenen Herrschaft mußten die Slawen im Widerstand gegen die Avaren durchsetzen. Der fränkische Fernhandelskaufmann Samo aus dem Raum von Sens in Frankreich (de pago Senonago) begründete 623 ein loses Reich, das sich vom Wendenland zwischen Elbe und Saale bis nach Kärnten erstreckte. Kerngebiet waren Böhmen, Mähren und Niederösterreich. Von den Slawen zum König gewählt, erzwang Samo in mehreren Feldzügen gegen die Avaren ihren Rückzug. 631 schlug er bei Wogastisburc den Merowingerkönig Dagobert I. und gewann den Sorbenfürsten Dervan als Bundesgenossen. Die erste historisch nachgewiesene Staatenbildung in den böhmischen Ländern zerbrach mit dem Tod Samos im Jahr 659. Die slawische Landnahme war nach anderthalb Jahrhunderten im wesentlichen abgeschlossen. Nach dem Zusammenbruch des Samo-Reiches erneuerten die Avaren sehr wahrscheinlich ihre Oberherrschaft. Erst als Kaiser Karl der Große die Avaren im ausgehenden 8. und beginnenden 9. Jahrhundert ausschaltete, schuf er die Voraussetzungen für die Bildung der Stammesherrschaften in Böhmen und Mähren.
Im Zuge der Grenzsicherung gegenüber den Slawen unterwarf Kaiser Karl 806 die Behaimi und zwang sie zur Anerkennung der fränkischen Macht durch eine Tributzahlung von 500 Mark Silber und 120 Ochsen jährlich. Seitdem gehörten die Slawen in Böhmen zum Reich der Franken, gemäß Reichsteilungsgesetz von 817 zum Herrschaftsbereich Ludwigs des Deutschen.
Mährens Entwicklung an der Wende vom 8. zum 9. Jahrhundert unterschied sich wesentlich von der Böhmens. Die Beendigung der avarischen Hegemonie durch die Franken leitete im Stamm der Moravani die Bildung eines machtvollen politischen Zentrums der Slawen in der Hannaebene, an den Flüssen March, Thaya, Iglawa und Schwarzawa ein. Das Großmährische Reich, wie es seit jener Zeit hieß, war auf der Frankfurter Reichsversammlung 822 durch Gesandte des Fürsten Mojmír vertreten, der sich zu einem starken Gegenspieler des fränkischen Reiches entwickelte. Zwischen 833 und 836 weitete er seine Herrschaft auch über das Gebiet der Slowakei aus. In den Einflußbereich der Herrschaft Ludwigs des Deutschen gelangte das Großmäh-

rische Reich nach Mojmírs Tod 846. Der ostfränkische König betraute dessen Neffen Rastislav mit der Nachfolge, konnte jedoch den Plan nicht realisieren, Großmähren in sein Reich einzugliedern. Rastislav vermochte sich auch auf die Boemani zu stützen, die sehr wahrscheinlich auch zum Großmährischen Reich gehörten. Gegen die wiederholten Angriffe der Franken wehrte sich Rastislav mit einem geschickten Schachzug. Zum Aufbau einer eigenen Metropolitanverfassung berief er 863 über Vermittlung des byzantinischen Kaisers Michael III. die bei den heidnischen Chazaren wirkenden Kirchenlehrer Kyrill und Methodius in das Großmährische Reich. Sie stammten aus Thessaloniki und waren der slawischen Sprache kundig. Im päpstlichen Auftrag setzten sie in gewissem Sinn die fränkisch-westliche Mission fort, wenngleich sie mit den von ihnen in das Slawische übersetzten biblischen und liturgischen Texten den national ausgerichteten Einfluß verstärkten. Die Zugehörigkeit zum westlichen Christentum änderte sich nicht, weil der mährisch-slawische Verband Rom unterstellt blieb. Gegen den sofort einsetzenden Widerstand der Regensburger und Passauer Geistlichen bestätigte Papst Hadrian II. seine Politik im Großmährischen Reich durch Ernennung von Methodius zum Erzbischof von Sirmium in Pannonien und Mähren im Jahr 867.
Drei Jahre später verurteilte die Synode in Regensburg Erzbischof Methodius wegen Unterstützung Rastislavs gegen die Franken zur Verbüßung einer Haft, die er von 870 bis 873 vermutlich im Kloster Ellwangen verbrachte. Wegen Untreue verhängte die Synode über Rastislav die Todesstrafe, die König Ludwig nach Blendung Rastislavs in einem Gnadenakt in lebenslängliche Klosterhaft umwandelte. Obwohl Methodius in Mähren seine Tätigkeit wieder aufnahm, konnte er den alten Einfluß nicht zurückgewinnen. Rastislavs Nachfolger, sein Neffe Svatopluk I., unterwarf sich dem Ostfränkischen Reich. Andererseits war auch der neue Papst Johannes VIII. in der Frage der slawischen Liturgie nicht der gleichen Auffassung wie Hadrian II. Nach dem Tod von Methodius 885 wurde seine Liturgie nicht mehr aktiviert.
Die Teilung des Großmährischen Reiches nach dem Tod Svatopluks im Jahr 894 unter die Söhne Mojmír und Svatopluk leitete das Ende der Herrschaft ein. Zwar erneuerte Papst Johannes IX. die nationale Kirchenorganisation, doch die Proteste der bayerischen Bischöfe im Jahr 900 zwangen Mojmír zum Einlenken. Innere Krisen schwächten den militärischen Widerstand des Großmährischen Reiches, den Vorstößen bayerischer und böhmischer Heere konnte Mojmír nur mit großer Mühe widerstehen. Als sich die Einfälle der Ungarn aus dem Osten vermehrten, war das Großmährische Reich ihnen ausgeliefert. Obwohl aus Bayern ein Heer zur Hilfe kam, unterlag das Aufgebot der ungarischen Übermacht in der Schlacht bei Preßburg 907. Das Schicksal des Großmährischen Reiches war besiegelt. Es versank im Dunkel der Geschichte.

Die Herrschaft der Přemysliden

Die Verbindung der Behaimi mit den Karolingern läßt sich aus der Teilnahme an den Hof- und Reichstagen 815, 822 und 831 ebenso belegen wie aus der Taufe der 14 böhmischen duces, der Burgherren und Teilfürsten, im Jahr 845 in Regensburg. Aus

ursprünglich zehn ethnisch bestimmten slawischen Gruppen hatten sich fünf Stämme entwickelt, die allmählich unter die Herrschaft eines Stammes, der Čechi, gerieten. Die von Levý Hradec, dem Hauptsitz, ausgehende Einigung durch Bořivoj (850–894) wurde von den Franken unterstützt, nachdem dieser sich von Methodius mit seiner Gemahlin Ludmilla Weihnachten 869 hatte taufen lassen. Auf den slawischen Stammesverband übertrugen die Geschichtsschreiber, allen voran der Domdekan der Prager St.-Veits-Kirche, Cosmas, in seiner zwischen 1119 und 1125 entstandenen Chronik, den Namen Čechi oder Čechy. Er geht auf den legendären »Čech« zurück, der mit »Bohemus« gleichzusetzen ist. Nach der von Cosmas überlieferten Sage hatte sein Sohn Krok drei Töchter, von denen die jüngste Libussa (Libuše) die Ehe mit dem Pflüger Primizl (Přemysl) schloß. Er wird als Stammvater des bis 1306 führenden Geschlechts in Böhmen angesehen.
Aus der Ehe des nach Cosmas ersten christlichen Fürsten Bořivoj mit Ludmilla stammten die Söhne Spytihněv und Vratislav. Dessen Söhne, der ältere Wenzel (Václav) und der jüngere Boleslav, setzten die Konsolidierung der Herrschaft fort und verlegten Ende des 9. Jahrhunderts ihren Sitz nach Prag. Herzog Wenzel, der nach dem frühen Tod seines Vaters die Nachfolge angetreten hatte, mußte sich mit Kaiser Heinrich I. auseinandersetzen, als dieser die Ostgrenzen des Reiches militärisch absicherte. Im Anschluß an die Unterwerfung der elbslawischen Daleminzier und der sorbischen Heveller 928 zog Heinrich I. im darauffolgenden Jahr gegen die böhmische Hauptstadt. Ohne Kampf erkannte Wenzel im Jahr 929 die Oberhoheit und die Tributpflicht gegenüber dem Reich an. Er wurde vermutlich wegen der politischen Annäherung an den Sachsenkaiser von seinem Bruder Boleslav, wohl 935 in Altbunzlau, ermordet. Obwohl Wenzels Politik wenig erfolgreich gewesen war, entwickelten sich nach seinem Tod Legenden um sein Leben. Er wurde zum Herrscher-Märtyrer, verehrt auch außerhalb seiner Heimat. Bereits Anfang des 11. Jahrhunderts erschien er als Landespatron Böhmens.
Herzog Boleslav I., dem die Geschichtsschreibung das Attribut grausam zulegte, verteidigte die Unabhängigkeit Böhmens vom Reich. Erst Kaiser Otto I. erreichte es, daß Boleslav 950 die Lehenspflicht gegenüber dem Reich anerkannte. Die Innenpolitik des böhmischen Herrschers erwies sich als dauerhaft: Einteilung des Landes in Burgbezirke, Ausbau von Dienstsiedlungen und Ausgestaltung der Prager Burg als Zentrum der Verwaltung und des geistlichen Lebens. Eine eigene Kirchenorganisation baute sein Sohn Boleslav II. auf, als er 973 das Bistum Prag ins Leben rief. Mit Zustimmung des Regensburger Bischofs Wolfgang wurde Böhmen aus der Zugehörigkeit zu seiner Diözese 976 gelöst und dem Metropolitanverband des Mainzer Erzbischofs unterstellt. Trotz des damit vollzogenen Anschlusses an die Reichskirche behielt das neue Bistum den přemyslidischen Charakter.
Von Boleslav II. war nicht nur die Initiative ausgegangen, die kirchliche Organisation unterstand ihm unmittelbar, sie diente ihm zur Stärkung der přemyslidischen Herrschaft. Die Berufungen der ersten drei Prager Bischöfe, des Corveyer Mönchs Thietmar, des Slavnikiden Vojtěch-Adalbert und des Mönchs und Arztes Thiddag, ebenfalls aus Corvey, waren das Ergebnis herzoglicher Entscheidungen. Thietmar und Thiddag standen Boleslav als Vertraute sehr nahe. Adalberts Wahl auf Empfehlung Kaiser

Ottos II. sollte Böhmen nicht nur den Sachsenkaisern öffnen, sondern auch das in Gegensatz zu den Přemysliden stehende Geschlecht der Slavnikiden, zu dem Adalbert gehörte, an Böhmen binden. Doch der Plan schlug fehl, weil Bischof Adalbert nach Rom emigrierte. Er fand 997 auf einer Missionsreise bei den Prußen den Tod als Märtyrer.

Nach Ausschaltung der Slavnikiden hatten die Přemysliden die Macht in Böhmen allein übernommen, jedoch führten die nach dem Tod Boleslavs II. 999 entstandenen inneren Wirren zu einer Krise. Sie konnte erst nach über 30 Jahren durch energisches Eingreifen des Kaisers gelöst werden, als Konrad II. den Herzog Břetislav I. 1035 mit Böhmen und Mähren als Reichslehen ausstattete. Die enge Bindung an die Reichspolitik war auch für Vratislav II. bestimmend, den zweiten Sohn Břetislavs, der 1061 seinem Bruder Spytihněv II. nachgefolgt war. Als treuen Vasall belehnte König Heinrich IV. ihn 1075 mit der Lausitz und 1076 mit der Mark Meißen. Auf der Synode in Mainz Anfang Mai 1085 stattete Kaiser Heinrich den böhmischen Herzog mit der persönlichen Würde eines Königs von Böhmen und Polen aus. Erzbischof Egilbert von Trier krönte ihn feierlich am 15. Juni 1085 in Prag, wenn auch Papst Gregor VII. die Zustimmung versagte.

Dem glanzvollen Aufstieg des přemyslidischen Hauses am Ende des 11. Jahrhunderts folgte der Kampf um die Macht in Böhmen. Nach der Erbfolgeordnung entsprechend dem Senioratsprinzip konnte der jeweils älteste Erbberechtigte den Anspruch auf die Nachfolge erheben. Der Grad der Verwandtschaft zum Herrscher spielte keine Rolle. Aus dieser Regelung entstanden die Wirren, die auch die Kaiser Konrad III. und Friedrich I. Barbarossa nicht zu lösen vermochten. Im Jahr 1156 verschaffte sich Herzog Vladislav II. durch ein Bündnis mit Kaiser Friedrich I. einen entscheidenden Vorteil. Für die Unterstützung bei dessen Feldzug gegen die lombardischen Städte erhielt Vladislav die Zusicherung, daß ihn der Kaiser zum König von Böhmen erheben würde. Noch vor Beginn des Italienzuges wurde Vladislav auf dem Regensburger Hoftag am 18. Januar 1158 zum Reichsfürsten ernannt und vom Kaiser selbst zum König von Böhmen gekrönt. Wie bereits 1085 blieb aber die Erhebung nur auf die Person des Herrschers beschränkt, weil Papst Hadrian IV. die Rangerhöhung nicht anerkannte.

Die Konflikte brachen 20 Jahre später erneut aus, weil Kaiser Friedrich Barbarossa seinen einstigen Vasallen 1178 zum Verzicht auf die böhmische Krone zwang. Zehn Bewerber nahmen das Senioratsrecht für sich in Anspruch, von denen sich erst 1197 Přemysl Otakar I., der zweite Sohn Vladislavs, durchsetzen konnte. Geschickt nutzte er die Thronkämpfe im Reich aus, die nach dem Tod Kaiser Friedrichs I. entstanden waren. Zunächst unterstützte Otakar die staufische Partei und König Philipp von Schwaben, der ihn noch vor der eigenen Krönung am 15. August 1198 auch erbrechtlich gesichert zum König von Böhmen erhob. Die Einsetzung ließ er sich von Otto IV. bestätigen, dem Gegenkönig der welfischen Partei, und auch von Papst Innozenz III., der Přemysl Otakar I. durch Legat Guido 1203 in Merseburg krönen ließ. Als ihm die Kurie das Recht einräumte, die Bischöfe selbst einzusetzen, aber die Erhebung Prags zum Erzbistum versagte, schloß er sich erneut den Staufern an. Der junge Kaiser Friedrich II. bestätigte dem böhmischen König in der Goldenen Sizilianischen Bulle,

ausgefertigt am 26. September 1212 in Basel, alle Privilegien, die Přemysl Otakar I. bereits erhalten hatte: die erbliche Königswürde, das Recht der Bischofseinsetzung und die Unteilbarkeit der Länder Böhmen und Mähren. Für den König bestand die Verpflichtung zum Besuch der Hoftage nur dann, wenn sie in Bamberg, Merseburg oder Nürnberg stattfanden. Gerichtsherr war der Kaiser für den böhmischen König nur in Lehensverfahren. Ein besonderes Privileg Friedrichs II. erhielt Otakar I. 1216. Der Kaiser bestätigte nicht nur das böhmische Königtum, sondern setzte das Recht der Primogenitur in Kraft, das dem Erstgeborenen des böhmischen Königs den Vorzug in der Nachfolge einräumte. Für die Sicherung der přemyslidischen Herrschaft bedeutete die Regelung einen wichtigen Erfolg, die in der Übertragung der Markgrafschaft Mähren an den jüngsten Sohn Přemysl ihren ersten Ausdruck fand. Mit der Verankerung des Rechtes der Primogenitur konnte der König einen neuen Streit über die Erbfolge vermeiden, als er seinen ältesten Sohn Wenzel zum König bestimmte.
Als Wenzel I. 1230 die Nachfolge übernahm, gab es für ihn keine Schwierigkeit, auf den Erfolgen des Vaters aufzubauen. Dennoch ließ er sich die böhmische Krone durch Kaiser Friedrich II. bestätigen. Mit seiner Hilfe versuchte er das Ziel zu realisieren, das Wenzel wie sein Vater anstrebte: die Erwerbung Österreichs. Zunächst schienen seine Erwartungen berechtigt zu sein, denn Friedrich beteiligte den böhmischen König an der Vollstreckung der Reichsacht über die Babenberger 1237. Jedoch bemühte sich der Kaiser selbst um den Besitz des Herzogtums Österreich. Der Versuch, über die Vermählung seines ältesten Sohnes Vladislav mit Gertrud von Babenberg sich des Erbes zu versichern, scheiterte, weil dieser frühzeitig starb. Erst die Eheschließung des jüngeren Sohnes Otakar mit der wesentlich älteren Margarete von Babenberg 1252 begründete den Anspruch auf den Erbfall. 1247 geriet König Wenzel in Konflikt mit dem erstarkten böhmischen Adel, weil er die Trennung von den Staufern plante. Otakar wurde zum »jüngeren König« gewählt, doch konnte Wenzel den gegen ihn gerichteten Handstreich niederschlagen und den Sohn in Haft nehmen, die allerdings nur kurz andauerte. Ausdruck der Versöhnung war die Berufung Otakars zum Markgrafen in Mähren und Statthalter in Österreich.
Von Anfang seiner Herrschaft an, die er 1253 nach dem Tod Wenzels I. antrat, strebte Přemysl Otakar II. nach Vergrößerung seiner Machtbasis. Nachdem ihm die österreichischen Stände 1251 die Herrschaft angetragen hatten, die er durch die Heirat mit Margarete von Babenberg festigte, setzte er sich gegen Ungarn durch. Im Frieden von Ofen mit dem ungarischen König Béla IV. im Jahr 1254 verschaffte er sich das Recht auf den Besitz eines größeren Teils von Österreich. 1257 mißlang ein Einfall in Bayern, 1260 schlug Přemysl Otakar II. die Ungarn bei Kressenstein im Marchfeld und gewann die Steiermark. Im Erbgang erwarb der böhmische König 1269 Kärnten, das er zusammen mit Krain und der Windischen Mark drei Jahre später in Besitz nahm. Als die Stände von Friaul Otakar II. 1272 zum Generalkapitän wählten, erstreckte sich das Herrschaftsgebiet vom böhmischen Erzgebirge bis nach Oberitalien. Der Versuch, im gleichen Jahr nach dem Tod Stephans V. auch Ungarn in seine Gewalt zu bringen, schlug jedoch fehl.
Der Aufstieg zum mächtigsten Fürsten des Reiches stieß allerdings auf den Widerstand der Kurfürsten, die am 1. Oktober 1273 mit der Wahl des habsburgischen Grafen

Rudolf I. das Interregnum beendet hatten. Die Krise um das deutsche Königtum, die »kaiserlose schreckliche Zeit« seit dem Tod Konrads IV., bot wohl den Anlaß, daß der böhmische König seine Macht überschätzte. An der Wahl des deutschen Herrschers hatte sich Přemysl Otakar II. nicht beteiligt, sogar Protest gegen die Abstimmung erhoben. Zwar hatte der Kölner Erzbischof Konrad von Hochstaden bereits 1255 König Otakar als Kandidaten vorgeschlagen, diesen Plan aber bald wieder aufgeben müssen. Die Verweigerung der Anerkennung und der Huldigung durch den Kurfürsten aus Böhmen für den neuen König gedachte Rudolf I. nicht hinzunehmen. Er forderte den Reichstag auf, den Herrschaftsanspruch Otakars in den österreichischen Ländern zu überprüfen. Der Nürnberger Reichstag 1274 leitete den Lehensprozeß mit der Einladung des böhmischen Königs zur Rechtfertigung ein. Nachdem ihm auf den folgenden Reichstagen in Würzburg und Augsburg die Gelegenheit zur Stellungnahme geboten worden war, Přemysl Otakar II. sie als unrechtmäßig ablehnte, zog die Verweigerung die Verhängung der Reichsacht 1275 und der Aberacht 1276 nach sich. Beide Entscheidungen ermächtigten den deutschen König zum militärischen Vorgehen gegen den Geächteten. Fast kampflos eroberte Rudolf I. auf dem Zug nach Wien Kärnten, Krain und die Steiermark. Weil auch der böhmische Adel seinem König die Unterstützung versagte, war Otakar gezwungen, im Wiener Frieden von 1276 auf jeglichen Besitz außer Böhmen und Mähren zu verzichten. Mit den Reichslehen über diese Territorien belehnte ihn König Rudolf I. ausdrücklich. Zugleich wurden die Verlobungen der Tochter Otakars, Agnes, mit einem Sohn Rudolfs und des Sohnes Wenzel mit der Tochter Rudolfs, Guta, vereinbart.

Zwei Jahre danach erschien Přemysl Otakar II. die Gelegenheit günstig, die verlorenen Herrschaften wieder in seinen Besitz zu bringen. Mit den schlesisch-polnischen Piastenherzögen, mit Heinrich von Niederbayern und Otto von Brandenburg verbündet, unternahm der böhmische König einen Feldzug gegen den deutschen König Rudolf I. Die deutschen Fürsten verhielten sich abwartend, weil sie die Politik des Habsburgers argwöhnisch beobachteten. Rudolf konnte sich daher allein auf den ungarischen König Ladislaus den Kumanen stützen. Bei Dürnkrut auf dem Marchfeld, 40 Kilometer nordöstlich von Wien, stellte sich der deutsche König dem Böhmenkönig entgegen. Die erbitterte Auseinandersetzung, die größte Ritterschlacht des Mittelalters, konnte Rudolf, der selbst in Lebensgefahr geriet, letztendlich für sich entscheiden. Auf der Flucht wurde Přemysl Otakar II. durch Berthold von Emerberg unritterlich ermordet. Nach Vernichtung des böhmischen Heeres zog König Rudolf I. durch Mähren nach Böhmen und besetzte Prag.

Mit der Niederlage und dem Tod des 35jährigen Königs am 26. August 1278 endete die größte Macht, die ein Přemyslide je ausgeübt hatte. Rudolf I. von Habsburg hatte einen Herrscher beseitigt, der seiner eigenen Macht und der des Reiches gefährlich geworden war. Jedoch verhinderte der deutsche König zugleich die theoretisch denkbare Ausgliederung der böhmischen Länder aus dem Verband des Deutschen Reiches. Es dürfte nicht zu entscheiden sein, inwieweit Přemysl Otakar II. dieses Ziel anstrebte. Obwohl er sich der Ausweitung der Machtstellung Böhmens und Mährens intensiv widmete, vernachlässigte er den inneren Landesausbau keineswegs. Der König setzte die von Otakar I. und Wenzel I. begonnene Ansiedlung von Bauern, Bergleuten und Bürgern aus allen deutschen Stämmen im Verein mit dem Adel und der Kirche fort. In diesem Bereich erwarb sich das Haus der Přemysliden ein dauerhaftes Verdienst. Eine Reihe von Städten wurde planmäßig gegründet und mit Magdeburger oder Nürnberger Recht ausgestattet; die Ansiedlung von deutschen Bauern im Umland erhöhte die Bedeutung der Markt- und Handelszentren.

In der Hauptstadt Prag hatten die deutschen Kaufleute unterhalb der Prager Burg bereits über 100 Jahre zuvor von Herzog Soběslav II. 1174/1178 ein besonderes Privileg erhalten. Unter Erneuerung früherer Vorrechte wurde den Deutschen gestattet, sich nach eigenem Recht selbst zu verwalten. Die Abgrenzung der Deutschen oder Theutunici von den Böhmen oder Boemi hatte keinen nationalen Charakter, das Privileg galt ebenso für Romanen und Juden in Prag. Diese Gruppen waren offensichtlich bereits von Vratislav mit personellen Immunitätsrechten ausgestattet worden, die Soběslav II. im sogenannten Deutschenprivileg erneuerte.

Ein besonderer Förderer der deutschen Ostsiedlung in Mähren war der Olmützer Bischof Bruno von Schauenberg. Über Lokatoren holte er seit der Mitte des 13. Jahrhunderts an die 25 000 deutsche Siedler ins Land und legte über 200 Dörfer und 30 Städte neu an. Von den Zisterziensern aus der Oberpfalz ging die Besiedlung des Osthangs des Böhmerwaldes und des Südrands des Erzgebirges aus. Auch die Prämonstratenser, die bereits im 12. Jahrhundert Klöster in den böhmischen Ländern gegründet hatten, beteiligten sich an der Ostsiedlung um diese Zeit. Die Ansiedlung von Bergleuten aus deutschen Gebieten löste eine wirtschaftliche Blüte vieler Städte aus. Iglau war neben Freiberg in Sachsen die zweitgrößte Fundstätte von Silber in Europa, bis die Silberfunde in Kuttenberg abgebaut wurden. Im Mittelalter galt Kuttenberg nach Prag als wichtigste Stadt des böhmischen Königreichs.

Der Sieg Rudolfs I. über Přemysl Otakar II. auf dem Marchfeld veränderte die Herrschaftsverhältnisse in Böhmen und Mähren nur vorübergehend. Mähren wurde der habsburgischen Regierung auf fünf Jahre unmittelbar unterstellt, während in Böhmen der deutsche König für Wenzel, den achtjährigen Sohn Otakars II., in der Person des brandenburgischen Markgrafen Otto V. einen Vormund einsetzte. Auf dessen Vermittlung belehnte Rudolf I. ihn mit Böhmen und Mähren als Lehen des Reiches. Vier Jahre später übernahm der minderjährige Herrscher als König Wenzel II. die Regierungsgewalt über beide Länder und heiratete 1285 mit 14 Jahren die gleichaltrige Tochter Rudolfs, Guta von Habsburg.

Der junge König verfolgte eine kluge Politik, indem er die Landeshoheit der Přemysliden gegenüber dem Adel straffte. 1289 ernannte König Rudolf I. ihn zum Kurfürsten. Auch das Verhältnis zu Schlesien vermochte Wenzel II. zu ordnen, als drei von vier oberschlesischen Herzögen ihn als Lehensherrn anerkannten. Nachdem seine Gemahlin Guta 1297 gestorben war, verlobte er sich 1300 mit Rixa Elisabeth, der einzigen Erbin des polnischen Königs Przemysł II., und konnte mit Unterstützung des Klerus Großpolen und Pommerellen in seinen Besitz nehmen. Auf die Krönung als böhmischer König 1297 folgte in Gnesen 1300 die als König von Polen. Zwei Jahre später ließ Wenzel II. seinen Sohn Wenzel in Stuhlweißenburg zum ungarischen König wählen. Als der König schon im Alter von 34 Jahren starb, waren weitere Pläne hinfällig. Als einziger Sohn folgte ihm 1305 Wenzel III. als Sechzehnjähriger auf

dem Thron. Sofort verzichtete er auf den ungarischen Königstitel und schuf damit die Voraussetzung, daß der deutsche König Albrecht I. alle Privilegien der böhmischen und polnischen Krone anerkannte. Zur Sicherung des Anspruchs, den von polnischer Seite Władysław Łokietek von Sieradz bestritt, plante König Wenzel III. militärisch vorzugehen. Auf dem Weg nach Polen wurde er in Olmütz im Haus des Domdekans von bis heute unbekannten Tätern am 4. August 1306 ermordet.
Mit König Wenzel III., der im Jahr seines Todes Viola von Teschen geheiratet hatte, starb das Geschlecht der Přemysliden im Mannesstamm aus Die Dynastie hatte rund 400 Jahre die Geschichte der Sudetenländer geprägt.

Böhmen und Mähren unter den Luxemburgern

Nach dem »Heimfall« des Reichslehens an den deutschen König setzte der Habsburger Albrecht I. 1306 seinen Sohn Rudolf als König von Böhmen ein. Die Eheschließung mit Rixa Elisabeth, der Witwe König Wenzels II., sollte als Legitimierung des Anspruchs dienen. Jedoch zerschlug sich diese Politik, als Rudolf 1307 starb. Knapp 14 Tage später wählten die böhmischen Stände Herzog Heinrich VI. von Kärnten zum König von Böhmen, der noch zu Lebzeiten Wenzels III. dessen Schwester Anna geheiratet hatte.
Die Begründung einer länger andauernden Herrschaft blieb König Heinrich versagt. Bald nach der Wahl wuchs bei Geistlichkeit und Ständen die Unzufriedenheit mit dem König, auch die Ermordung des deutschen Königs Albrecht I. 1308 veranlaßte den Adel zu einer politischen Neuorientierung. Als die deutschen Kurfürsten ohne Heinrich von Böhmen, der der Wahl in Frankfurt am Main fernblieb, den Luxemburger Grafen Heinrich am 27. September 1308 zum König Heinrich VII. wählten, fanden führende Vertreter der böhmischen Stände in seinem Sohn Johann einen geeignet erscheinenden Nachfolger in Böhmen und Mähren. Mit dem deutschen König Heinrich VII. vereinbarte der böhmische Landtag die Eheschließung des 14jährigen Johann mit Elisabeth, der jüngeren Schwester Wenzels III. Nachdem Heinrich VII. auch die Privilegien der Goldenen Sizilianischen Bulle von 1212 bestätigt hatte, stand der Wahl Johanns zum böhmischen König nichts mehr im Wege. Gegen den starken Widerstand, den Heinrich von Kärnten leistete, eroberten die Luxemburger das böhmische Königreich. Am 7. Februar 1311 wurden Johann und Elisabeth im Prager Veitsdom feierlich gekrönt. Die enge Bindung an das přemyslidische Erbe in dessen Nachfolge schien den Luxemburger zur Fortsetzung der böhmischen Politik zu verpflichten. Bereits in der Königswahl von 1314, die nach dem plötzlichen Ableben Heinrichs VII. 1313 notwendig geworden war, kam es zur Probe aufs Exempel. Die Luxemburger mußten auf eine eigene Kandidatur verzichten, die Kurfürsten entschieden sich gegen Johann von Böhmen für Ludwig den Bayern. Nur allmählich vermochte König Johann eine eigene politische Linie zu entwickeln, die er zur Vergrößerung seiner Hausmacht betrieb. Die Befreiung aus den zentralistischen Zwängen gelang erst, als sich der König durch die Einkünfte aus dem Silberbergbau die Mittel beschaffte, die er für die fast ständig andauernden diplomatischen und militärischen Reisen aufwenden mußte. Recht bald

kam für Johann die Bezeichnung »König Fremdling (Král cizinec)« auf, als er sich auch geistig von seiner Gemahlin Elisabeth entfernte.
Immerhin gelang es dem böhmischen Herrscher, den Besitz des Königreiches um fast das Doppelte zu vergrößern. Die Unterstellung der Herzogtümer Troppau und Ratibor als böhmische Lehen, die Eroberung Schlesiens und der Oberlausitz stellten die Ergebnisse der zielstrebigen Politik zugunsten des Hauses Luxemburg in Böhmen dar. Für die Unterstützung der Wittelsbacher in der Schlacht bei Mühldorf von 1322, in der Ludwig der Bayer den Gegenkönig Friedrich den Schönen besiegte, erhielt Johann von Böhmen die Pfandschaft über die Reichsstadt Eger. Zwar mißlangen die Vorstöße nach Polen und Litauen, die Grundlagen aber für die starke Hausmacht in Böhmen, auf welche die Nachfolger Johanns auch für die Politik im Reich bauen konnten, waren geschaffen. 1330 schien sich mit Unterstützung des Kaisers die Möglichkeit zu eröffnen, sich in Oberitalien festzusetzen. Ludwig der Bayer hatte dem böhmischen König die Reichspfandschaft in der Lombardei versprochen; die welfischen Städte übertrugen Johann von Böhmen die Stadtherrschaft, die vom Kaiser unmittelbar wahrgenommen worden war. Jedoch bildete sich, von Florenz ausgehend, eine Liga, an der sich die Adelsgeschlechter Scaliger, Este, Visconti und König Robert von Neapel beteiligten. Sie vertrieb den böhmischen König aus Bergamo, Pavia und Vercelli. 1333 wurde Johanns Heer bei Ferrara entscheidend geschlagen. Nach einem Waffenstillstand war der König gezwungen, auf das Vorhaben in Italien zu verzichten. Auch die Bemühungen um den Erwerb Kärntens und Tirols ließen sich nicht realisieren. Trotz seiner völligen Erblindung im Jahr 1340, die ihm den Namen Johann der Blinde einbrachte, war er rastlos tätig, um sein Lebensziel zu erreichen, über einen Sturz des wittelsbachischen Kaisers dem Sohn und Nachfolger die Vormachtstellung im Reich zu sichern. Viermal reiste er nach Avignon, um die Päpste Benedikt XII. und Clemens VI. zur Unterstützung bei der Königswahl gegen den gebannten Kaiser Ludwig zu bewegen. Am 11. Juli 1346 war Johann am Ziel seiner Wünsche. In Rhens am Rhein, wo sich die drei geistlichen Kurfürsten und Herzog Rudolf von Sachsen-Wittenberg mit Johann von Böhmen auf Einladung des Trierer Erzbischofs Balduin, des Bruders seines Vaters, versammelt hatten, wählten sie Karl, den Markgrafen von Mähren, zum deutschen König. Die wittelsbachischen Kurfürsten waren der Einladung nicht gefolgt. Sechs Wochen nach dieser gegen den regierenden Kaiser gerichteten Entscheidung fand Johann von Böhmen in der Schlacht bei Crécy südlich von Calais, in der er seinem Neffen Philipp VI. von Frankreich zu Hilfe geeilt war, am 26. August 1346 den Tod.
Die Regierung in Böhmen ging auf König Karl über. Mit den Aufgaben eines Herrschers war er bereits im Alter von 15 Jahren vertraut. 1316 in Prag geboren und auf den Namen Wenzel getauft, ließ ihn Johann seit 1323 am Hof des französischen Königs Karl VI. von Valois, seines Schwagers, fern von der böhmischen Hauptstadt erziehen. Von seinem Onkel übernahm der junge Wenzel in der Firmung den Namen Karl. Erzieher des Thronfolgers war Petrus Rogerii von Fécamp, der nach seiner Wahl zum Papst 1342 den Namen Clemens VI. annahm. 1329 heiratete Karl die gleichaltrige Margareta von Valois, genannt Blanche. Ein Jahr später mußte der Vierzehnjährige Aufgaben im Stammland Luxemburg übernehmen, 1331 bis 1333 vertrat er seinen

Eger, Marktplatz mit »Stöckl«

Vater als Reichsvikar. Die Ernennungen zum Landeshauptmann von Böhmen und Markgraf von Mähren stellten Stationen auf dem Weg zur Macht dar, die Johann ihm zunehmend übertrug. 1341 legitimierte eine Landesversammlung die Stellung des Sohnes, als sie Karl zum Erben und Nachfolger in Böhmen bestimmte. Seit 1342 überließ ihm Johann die Verwaltung Böhmens; es gelang Karl, sich gegenüber dem erstarkten Adel zu behaupten und dem Königtum Glanz und Ansehen zu verleihen. Die unbestrittene Herrschaft als deutscher König – er wurde 1346 gewählt – mußte im Unterschied zu der Böhmens erkämpft werden. Anerkannt war Karl IV. zunächst nur in den Territorien, deren Landesherren ihn gewählt hatten, und in einigen Bistümern, während die meisten Fürsten und Reichsstädte an Kaiser Ludwig festhielten. Auch die Stadt Aachen weigerte sich, den Luxemburger als König zu akzeptieren. Aus diesem Grund erhielt er die deutsche Krone vom Kölner Erzbischof am 26. September 1346 in Bonn. Ernsthafte Anstrengungen, die deutsche Königswürde militärisch zu erobern, unternahm Karl IV. erst im September 1347. Mitten in den Vorbereitungen wurden sie eingestellt. Der unerwartete Tod Kaiser Ludwigs des Bayern am 11. Oktober schuf eine neue Situation. Dennoch versuchten die Wittelsbacher weiterhin, die Anerkennung Karls zu verhindern.

In Frankfurt am Main wählte am 30. Januar 1349 eine Koalition aus Erzbischof Heinrich von Mainz, Ludwig von Brandenburg, Erich von Sachsen-Lauenburg und den Pfalzgrafen Rudolf und Ruprecht mit Günther von Schwarzburg-Blankenburg einen Gegenkönig. Bereits schwer erkrankt, verzichtete dieser auf Drängen Karls IV. im Vertrag von Eltville auf das neue Amt. Sein Tod am 14. Juni 1349 bewahrte Karl vor neuen Auseinandersetzungen. Am 17. Juni wählten die Kurfürsten den Luxemburger Karl einstimmig zum deutschen König, der am 25. Juli in Aachen die Krone empfing. Ein Jahr danach versöhnte er sich mit den Wittelsbachern.

Im Jahr 1354 unternahm Karl IV. seinen ersten Zug nach Italien und ließ sich am 5. April 1355 in Rom zum Kaiser krönen. Die Wiederaufnahme der Politik in der Lombardei, wie sie seine Vorgänger und auch sein Vater Johann betrieben hatten, lag Karl IV. völlig fern. Deshalb kehrte er anschließend nach Deutschland zurück. Ausgehend von den Erfahrungen bei seiner Wahl zum deutschen König, ließ er ein Gesetz ausarbeiten, das zum wichtigsten Erfolg seiner Reichspolitik werden sollte: die Goldene Bulle von 1356. Sie wurde vom Reichstag am 10. Januar in Nürnberg angenommen und am 25. Dezember in Metz verkündet.

Damit wurde das Verfahren der Königswahl, wie es sich seit 1198 herausgebildet hatte, erstmals auf Dauer festgeschrieben. In dem Bestreben, die sieben Kurfürsten, die das Wahlkolleg bildeten, an die Politik des deutschen Königs und damit an die Reichspolitik zu binden, erhielten sie besondere Vorrechte für ihre Territorien, die künftig nicht mehr geteilt werden durften und einen Machtzuwachs erfuhren. Das Wahlrecht des Kurkollegiums wurde im Einvernehmen mit den Kurfürsten festgelegt, um jeden Streit und Kampf bei künftigen Wahlen auszuschließen. Zur rechtsgültigen Wahl genügte die Mehrheit der von den Kurfürsten oder ihren Vertretern abgegebenen Stimmen. Dem Erzbischof von Mainz, der das Kolleg einzuladen hatte und die Wahl leitete, stand das Recht zu, seine Stimme als letzter abzugeben. Als Erbkönigreich wurde Böhmen das Recht auf eigene Königswahl ausdrücklich bestätigt, ein Privileg, das die anderen Kurfürsten nicht erhielten. Mit keinem Wort war von einer Mitwirkung des Papstes mehr die Rede.

Karl IV. mußte in den Sudetenländern eine anders orientierte Politik als im Reich betreiben. Die Macht des Adels gefährdete ernsthaft das Königtum, wie sich dieses unter Johann hatte entwickeln können. Zielstrebig bemühte sich der König, die ständische Vorherrschaft zu überwinden, den Adel in den Dienst des Staates zu zwingen und ihn dem Willen des Herrschers unterzuordnen. Der Aufbau einer planmäßigen Landesverwaltung und die Schaffung einer allgemeinen Rechtssicherheit waren nur im Kampf gegen die hochadligen Familien durchzusetzen. Noch 1355 gelang es Karl IV., die Zustimmung zu einem Grundgesetz zu erhalten, das das böhmische Landesrecht kodifizierte: die sogenannte Majestas Carolina. Mit ihren Bestimmungen sollte die Krone gestärkt, die Macht des Adels aber eingeengt werden. Wenn auch die Neuordnung, mit der die Umwandlung in einen modernen Staat beabsichtigt war, faktisch nicht in Kraft trat, genoß sie in der Praxis hohes Ansehen. Karl IV. hatte wenigstens für einen Teil der Königsrechte die Unabhängigkeit von den Ständen erreicht und für die Zukunft gewahrt. Die Hausmachtpolitik diente dem Zweck, die Macht des Reiches auf die Macht Böhmens zu gründen.

Böhmen und Mähren-Schlesien, 1378

In den böhmischen Ländern sorgte der König für die Sicherheit des Verkehrs und der Straßen, förderte den Fernhandel und die einheimischen Gewerbe, den Bergbau und die Landwirtschaft. Das besondere Interesse galt dem Ausbau der Residenz in Prag, die gleichzeitig Hauptstadt der historischen Länder und des Reiches werden sollte. Nachdem Papst Clemens VI. 1344 das Prager Bistum zum Erzbistum erhoben hatte, erhielt es mit dem Neubau des Domes St. Veit auf dem Hradschin ein wichtiges Zentrum. 1348 wurde nicht nur mit der Neustadt in Prag neben der Altstadt und der Kleinseite eine dritte Prager Stadt gegründet, im gleichen Jahr erließ der König eine Goldene Bulle, mit der in Prag die älteste Universität des Reiches ins Leben trat. Nach dem Vorbild der Pariser Universität war in Prag ein Generalstudium für alle Fakultäten errichtet worden.

Die Ausweitung der Hausmacht nahm der böhmische König mit zumeist friedlichen Mitteln vor. Kennzeichnend waren Heiratspolitik, Erwerb von Territorien durch Kauf, selten diplomatischer Druck. Die Hausmachtpolitik errang größere Bedeutung als zur Zeit Johanns von Böhmen, weil sie in Verbindung mit der Reichspolitik stand. Ausgerichtet war sie auf die Nachbarschaft Böhmens, auf Franken und die Oberpfalz. Durch die Heirat mit Anna von der Pfalz hatte Karl einen Ämterblock in der Oberpfalz erworben, den er zu einem straff verwalteten Territorium ausbaute und 1355 der Corona regni Bohemiae, der Krone des Königreichs Böhmen, einverleibte. Das Neuböhmen genannte Land grenzte bis an das Gebiet der Reichtsstadt Nürnberg und die Besitzungen der Nürnberger Burggrafen. Im Norden konnte Karl IV. 1368 Schlesien und die Lausitz angliedern. 1373 verkauften die Wittelsbacher dem böhmischen König die Mark Brandenburg, nachdem er vergeblich versucht hatte, sie von dort gewaltsam zu vertreiben. Auch der mit den Habsburgern 1364 vereinbarte Erbvertrag, der beim Aussterben des einen Geschlechts dem anderen seinen Besitz zusprach, wirkte sich unerwartet günstig für den böhmischen König aus. 1365 nach dem Tod Herzog Rudolfs IV. erbten die Luxemburger das Land Österreich. Auch im Reich erwarb Karl IV. Besitzungen; in Schwaben, Franken und Bayern wurden adlige Herren Vasallen des böhmischen Königs.

Mit großen Geldsummen versuchte der Kaiser, die Nachfolge im Reich zugunsten des luxemburgischen Hauses zu sichern. Aus der dritten Ehe mit Anna von Schweidnitz stammte der 1361 geborene Thronfolger Wenzel, aus der vierten Ehe mit Elisabeth von Pommern waren Sigmund, Johann und Heinrich hervorgegangen. Im Alter von zwei Jahren wurde Wenzel zum böhmischen König gekrönt. Dagegen konnte die Nachfolge im Reich erst mit Erreichen der Volljährigkeit endgültig geklärt werden. Nach zähen Verhandlungen, in denen der Kaiser Forderungen auf finanzielle Ausstattungen und besondere Privilegierungen zu erfüllen hatte, gelang es ihm, alle sieben Kurfürsten auf die Wahl Wenzels zu verpflichten. Einstimmig wählten sie am 10. Juni 1376 in Frankfurt am Main den fünfzehnjährigen König von Böhmen auch zum deutschen König. Die Krönung fand am 6. Juli in Aachen statt.

Als Kaiser Karl IV. am 29. November 1378 im Alter von 62 Jahren starb, traten die Bestimmungen seines Testaments von 1377 in Kraft. Der älteste Sohn Wenzel erbte neben der Kaiserwürde Böhmen, Mähren und Schlesien und den größten Teil der Lausitz, der zweite Sohn Sigmund die Mark Brandenburg, der dritte Johann das

Prag, Hradschin

Herzogtum Görlitz und den kleineren Teil der Lausitz, der jüngste Sohn Heinrich die Nachfolge im Stammland Luxemburg.
Zwei Aufgaben, die Karl IV. nicht mehr bewältigen konnte, belasteten von Anfang an die Regierung König Wenzels. Die Spaltung der Kirche mit der Doppelwahl der Päpste Urban VI. und Clemens VII. im Jahr 1378 führte zu einem Konflikt, in dem sich Karl IV. für Urban einsetzte und den Reichsfürsten gebot, ihn als rechtmäßig gewählten Papst anzuerkennen. Erst im Konzil von Konstanz 1414 bis 1418 sollte es gelingen, das 40jährige Schisma zu überwinden.
Aus der sozialen und politischen Unruhe, die in Deutschland in den letzten Jahrzehnten der Regierung Karls im Prozeß der Territorienbildung entstand, hatten sich Gegensätze zwischen Fürsten und Städten herausgebildet, die von der Zentralgewalt nicht mehr aufgehalten werden konnten. Die Vereinigungen wie der Schwäbische Städtebund von 1376, der Rheinische von 1381 und der Sächsische Städtebund von 1382 wurden zu wichtigen Faktoren in der Reichspolitik. Insgesamt war König Wenzel den Herausforderungen, welche die Regierung des Reichs an ihn stellte, nicht gewachsen. Negativ für seine Position gegenüber den Kurfürsten wirkte sich aus, daß er es versäumt hatte, sich in Rom krönen zu lassen.
Auch in den böhmischen Ländern konnte Wenzel die erfolgreiche Politik seines Vaters nicht fortsetzen. Seine mangelnde politische Initiative und labile Haltung nutzten die böhmischen Stände ebenso aus wie die finanziellen Nöte. Zudem geriet der böhmische

König in unlösbare Konflikte mit der Kirche. Als er 1393 den Generalvikar des Prager Erzbistums, Johannes von Pomuk, der gegen die Beschränkung der Freiheiten der böhmischen Kirche protestiert hatte, von der Karlsbrücke in die Moldau stürzen ließ, griff der Hochadel ein. Der »Herrenbund« unter Führung Heinrichs von Rosenberg setzte den König 1394 gefangen. Auf Protest der Reichsstände und durch die Vermittlung Ruprechts II. von der Pfalz mußte er aus der Haft freigelassen werden, er löste aber einen Bürgerkrieg aus, als er den vom Herrenbund eingesetzten Reichsverweser Jobst von Mähren 1395 seinerseits in Haft nehmen ließ. Erst nach Jahresfrist gelang es seinem Bruder Sigmund, seit 1387 gewählter ungarischer König, den Konflikt beizulegen. 1396 ernannte König Wenzel diesen zum Generalvikar des Reiches.
Infolge der schwierigen Lage in Böhmen mußte der König die Angelegenheiten des Reiches vernachlässigen. In weiten Kreisen des Volkes entstand aus der Mißstimmung die Ansicht, dem Reich und der Christenheit fehle der rechte Herrscher. Das Kurfürstenkolleg entschloß sich zum Handeln. Entscheidend für die gegen Wenzel erhobene Anklage war weniger das Versagen in der Verwaltung des Reiches und in der Beseitigung des Schismas der abendländischen Kirche als vielmehr der Widerstand gegen die Ausweitung der luxemburgischen Hausmacht. Über das Bündnis der Nassauer und Wittelsbacher von 1396 in Oppenheim bis zur Einigung der rheinischen Erzbischöfe mit dem Pfalzgrafen von 1399 in Boppard am Rhein vollzog sich die Revolution der Kurfürsten. König Wenzel leistete der Vorladung der rheinischen Kurfürsten zum 4. Juni 1400 nach Oberlahnstein keine Folge. So wurde am 20. August mit vier Kurstimmen die Absetzung wegen Unfähigkeit beschlossen und am folgenden Tag Pfalzgraf Ruprecht III. zum deutschen König gewählt.
Die Entscheidung hatte Wenzel, trotz schwacher Reaktion, nicht akzeptiert und auf die deutsche Krone ausdrücklich nicht verzichtet. Die Krone Böhmens versuchte sein Bruder Sigmund an sich zu reißen, der Wenzel 1402 gefangennahm und den Habsburgern überstellte. Aus deren Obhut konnte Wenzel im November 1403 fliehen. Die Unterstützung des böhmischen Hochadels erkaufte er mit Privilegien und Zugeständnissen. Als Ruprecht 1410 starb, entschieden sich die Kurfürsten nicht erneut für Wenzel, sondern am 20. September für Sigmund, am 1. Oktober für Jobst von Mähren, der allerdings bereits Mitte Januar 1411 starb. In der notwendig gewordenen Neuwahl fielen alle Stimmen der Kurfürsten auf Sigmund, der nun faktisch deutscher König war, neben seinem Bruder Wenzel.
Nachhaltig wurde die Stellung Wenzels als böhmischer König durch die Unzufriedenheit in der Bevölkerung über die politische, soziale und religiöse Entwicklung erschüttert. Vor allem die Diskussion über die Reform der Kirche an der Prager Universität sollte den Bestand des Königreiches ernsthaft gefährden. Führer der Reformbewegung wurde der an der Prager Universität lehrende Magister Jan Hus. In seinen Predigten, die er seit 1402 in der Bethlehemskapelle hielt, vertrat er die Lehre des englischen Theologen John Wiclif. Kern der Kritik war die Zahlung des königlichen Lehenszinses an den Papst. Diesem Gedanken schloß sich Hus an und forderte die Kirche auf, ihren weltlichen Besitz aufzugeben. Als Anhänger König Wenzels unterstützte er auch die Universitätsreform im Kuttenberger Dekret von 1409. An der als Reichsuniversität gegründeten Prager Institution hatte sich das Verhältnis der nach Herkunftsländern in

vier »nationes« eingeteilten Studenten und Professoren ausgangs des 14. Jahrhunderts verschoben. Die böhmische Nation, welche die Mehrheit der Studierenden stellte, war an Entscheidungen mit einem Viertel der Stimmen gegenüber den drei anderen benachteiligt. Nun sollte die böhmische Nation im Senat der Universität drei Viertel der Stimmen erhalten, während den drei nichtböhmischen Nationen zusammen nur ein Viertel am Anteil der Gesamtstimmenzahl eingeräumt wurde. Aus Protest verließen Professoren, Magister und Studenten der nichtböhmischen Nationen die Stadt und zogen nach Leipzig. Dort gründeten die Markgrafen Friedrich und Wilhelm eine neue Universität, deren erste akademische Lehrer die Prager Professoren und Magister wurden.

Als Hus in seinen Predigten, die unter der Prager Bevölkerung viel Beifall erhielten, die Kritik an der Kirche verschärfte, exkommunizierte ihn die Synode in Prag. Von der Kurie in Rom wurde ein Prozeß gegen Hus in Gang gesetzt, weil er den Ablaß der kirchlichen Sündenstrafen mit Entschiedenheit in Frage stellte und die Kirche zum Verzicht auf jeglichen Besitz aufforderte. Auf Anraten des Königs entfernte er sich 1412 aus der Hauptstadt und lebte auf Schlössern des Landadels. Dort schrieb er 1413 sein Hauptwerk »De ecclesia«, die Zusammenfassung seiner Lehre. Aus dieser Schrift entnahm die Anklage auf dem Konzil später das Belastungsmaterial. Hus leugnete die Autorität des Konzils nicht, er erhoffte sich von der Kirchenversammlung die Anerkennung seiner Reformideen. Nach manchen Zweifeln und trotz Warnungen seiner Anhänger nahm Hus die Einladung zum Konzil an und erhielt vom deutschen König Sigmund einen Geleitbrief. Die Konzilsväter verdächtigten Hus der Ketzerei und ließen ihn verhaften. In dieser Situation lehnte er die gerichtliche Kompetenz des Konzils ab, über ihn zu richten. Dennoch wurde Hus in 39 Anklagepunkten schuldig gesprochen. Obwohl ihm die Gelegenheit zum Widerruf seiner Auffassung geboten wurde, war Hus entschlossen, für seine Überzeugung zu sterben. Am 6. Juli 1415 wurde Jan Hus auf dem Scheiterhaufen in Konstanz verbrannt.

Nach seinem Tod fanden sich seine Anhänger zur Verteidigung der Lehre zusammen. Die Bewegung trugen sehr verschiedene Gruppen mit unterschiedlichen Zielen, die Universität, die Kleinbürger in den Städten, die Bruderschaften mit politisch utopischen Idealen und nicht zuletzt der Adel, der seine Unabhängigkeit gegenüber dem König forderte. Die hussitische Revolution war kein Klassenkampf, aber auch nicht allein identisch mit der religiösen Strömung, die sie auslöste. Sie vereinigte in sich soziale, nationale und religiöse Züge und steigerte das tschechische Selbstbewußtsein. Die kriegerischen Auseinandersetzungen zwischen den Hussiten und dem böhmischen Herrscher setzten nach dem Tod König Wenzels ein, der am 16. August 1419 starb. Wenzel hatte der Bewegung durchaus kritisch gegenübergestanden, obwohl er Hus unterstützt hatte. Im Frühjahr war es in Folge der von König Wenzel verfügten Ausweisung der Priester, welche der Lehre von Hus anhingen, aufgrund des von Papst Martin V. 1417 erlassenen Banns zu Massenwallfahrten gegen diese Entscheidung gekommen. Im Juli 1419 drangen Teilnehmer an einer Prozession in Prag unter Führung des früheren Prämonstratensermönchs Johannes von Seelau (Jan Želivský) gewaltsam in die Stephanskirche und in das Rathaus der Neustadt ein. Als der Rat die Freilassung inhaftierter Anhänger verweigerte, wurden der tschechische Richter

Nikolaus von Podvina und 13 katholische Ratsherren aus dem Fenster des Rathauses auf Lanzen und Spieße, auf Schwerter und Hellebarden der »Prozessionsteilnehmer« geschleudert und von der aufrührerischen Menge getötet.
Als König Sigmund, wie vorgesehen, auch in Böhmen die Nachfolge antreten wollte, flammten überall Aufstände auf. Ihm wurde die Mitverantwortung an der Hinrichtung des Reformators Hus vorgeworfen und die Anerkennung als böhmischer König verweigert. Bereits 1420 hatten Theologen an der Prager Universität in vier Artikeln ein Reformprogramm formuliert, das als Grundlage für die Diskussion über die Lösung der Konflikte dienen sollte. Die Forderungen waren gemäßigt, sie betonten aber die wesentlichen Ziele: Lesung des Evangeliums in tschechischer Sprache, Kommunion in beiderlei Gestalt (»sub utraque specie«), freie Predigt und evangelische Armut der Priester. Die radikalen Taboriten verlangten darüber hinaus weit mehr, wie völlige Umgestaltung des Gottesdienstes, Aufhebung der Sakramente und Abschaffung des Priesteramtes.
Um die Anerkennung in Böhmen zu erreichen, die er in Mähren und Schlesien sofort durch Huldigung der Stände erlangt hatte, versuchte Sigmund, den Reichstag zu bestimmen, er solle die Unterwerfung der Hussiten zur Reichssache erklären. Das Anliegen fand nur ein geringes Echo. So verliefen die folgenden Feldzüge kläglich, es fehlte eine einheitliche Führung. Die Reichsaufgebote unterlagen in vielen Schlachten, die entscheidenden Niederlagen erlitten sie bei Deutsch Brod 1422 und bei Aussig 1426. Ihre Erfolge verdankten die Hussiten dem militärischen Können der Führer Jan Žižka von Trocnov und seinen Nachfolgern Prokop dem Großen und Prokop dem Kleinen, aber auch der neuen Kriegstechnik. Die Kampfwagen konnten rasch zu unüberwindlichen Wagenburgen zusammengeschoben werden, die Hussiten verwendeten Handfeuerwaffen und Geschütze in gezieltem Einsatz. Auf diese Weise waren sie in ihrer Schlagkraft den Ritterheeren in der starren Ordnung überlegen. Um den Einfall der Hussiten nach Schlesien, Sachsen und Franken zu verhindern, beschloß 1431 der Reichstag schließlich einen Reichskrieg, der aber in der Schlacht bei Taus wenige Monate später ohne Wirkung auf den Gegner blieb. Aus der Niederlage des Reichsheeres zog König Sigmund die Konsequenz, Verhandlungen mit den Hussiten den Vorrang einzuräumen. 1433 kam es zur Einigung der beiden Parteien, als die gemäßigten Vertreter der Hussiten zu den Prager Kompaktaten, wie die Vereinbarungen genannt wurden, ihre Zustimmung erklärten. Grundlage der Beratungen waren die Vier Artikel von 1420, die auch vom Adel akzeptiert wurden. Sie waren in der Mehrheit Anhänger der utraquistischen Lehre, der Kurzbezeichnung für die Bewegung nach der Ausformung der Vier Artikel. Nachdem die Taboriten diese Absprache zwischen König Sigmund und den Utraquisten für sich ablehnten, kam es 1434 zur Entscheidungsschlacht bei Lipany. Erstmals konnte das hussitische Aufgebot geschlagen werden. Immerhin war die hussitische Bewegung noch so stark, daß Sigmund in den Prager Kompaktaten vom 5. Juli 1436 den utraquistischen Ritus für ganz Böhmen anerkennen mußte, mit Ausnahme der Gebiete, in denen sich der katholische Glaube behauptet hatte.
Am 23. August 1436 wurde Sigmund, der seit 1433 auch römischer Kaiser war, aufgrund der in Iglau beschworenen Prager Kompaktaten in Prag feierlich empfangen.

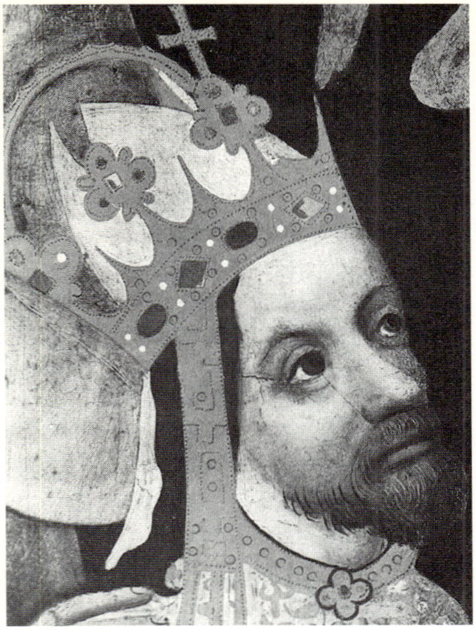

Kaiser Karl IV. (1316–1378)
Ausschnitt aus dem Votivbild des Prager Erzbischofs Očko von Vlaschim um 1375

Jan Hus (1370?–1415)
Aus der Aulendorfer Handschrift des Ulrich von Richenthal

Albrecht von Wallenstein (1583–1634)

František Palacký (1798–1876)

Er hatte die mehr als 15jährigen Anstrengungen um die Macht in Böhmen und Mähren erfolgreich abschließen können. Die politische Lage war auch nach dem Einzug des Herrschers nicht leicht zu stabilisieren. Er versuchte zwar in einigen Fällen die Kompaktaten zu brechen, scheiterte aber am sofort entstehenden Widerstand der Utraquisten. Seine Bemühungen, in Zusammenarbeit mit den Städten gegen den Adel vorzugehen, blieben erfolglos. Gut ein Jahr später starb König Sigmund am 9. Dezember 1437 auf der Reise nach Ungarn in Znaim. Mit ihm erlosch das Haus der Luxemburger in den böhmischen Ländern und im Reich. Böhmen verlor die zentrale Stellung in der Reichspolitik und schied für lange Zeit als Machtfaktor aus der Geschichte des Heiligen Römischen Reichs Deutscher Nation aus.

Die böhmischen Länder als Ständestaat

Die Nachfolge in Böhmen sollte, nachdem Sigmund ohne männliche Erben geblieben war, sein Schwiegersohn Herzog Albrecht V. von Österreich antreten. 1421 war er zum Markgrafen in Mähren eingesetzt worden, 1422 hatte Albrecht Sigmunds einzige Tochter Elisabeth geheiratet. Im Reich und in Ungarn vollzog sich der Übergang ohne Probleme. Jedoch in Böhmen stieß der Plan auf den Widerstand einer einflußreichen Adelsgruppe. Während die gemäßigte Mehrheit von Katholiken und Utraquisten unter der Führung von Ulrich von Rosenberg und Meinhard von Hradec sich für Albrecht aussprach, wählten die oppositionellen Utraquisten im Hochadel den Bruder des polnischen Königs Władysław III., den elfjährigen Kazimierz, zum böhmischen König. Albrecht wurde am 29. Juni 1438 im Veitsdom gekrönt und konnte erst im Februar 1439 die Jagiellonen zur Aufgabe ihrer Ansprüche auf die böhmische Krone zwingen. Als die Auseinandersetzung zwischen den beiden politischen Gruppierungen ihren Höhepunkt erreicht hatte, starb König Albrecht am 27. Oktober 1439.
In dieser Situation ergriff der böhmische Landtag die Initiative. Albrechts einziger Sohn Ladislaus war 1440 nach dem Tod seines Vaters geboren und erhielt den Beinamen Postumus – der Nachgeborene. Im Alter von zwei Monaten wurde Ladislaus zum ungarischen König gekrönt. Die Vormundschaft hatten die Königinwitwe Elisabeth und der deutsche König Friedrich III. übernommen. Die Nachfolge in Böhmen blieb ungeklärt, erst nach 13 Jahren fiel die Entscheidung. 1440 wählte der Landtag den Schwager König Wenzels, den Herzog Albrecht II. von Bayern, zum König, doch lehnte dieser die Wahl ab. Nach dem Erbfolgegesetz kam Ladislaus Postumus in Frage, der böhmische Adel vermochte sich zu dieser Entscheidung nicht durchzuringen. Erst nachdem Georg von Podiebrad auf Kunstadt 1444 zum Staří – zum obersten Hauptmann – der vier vereinigten böhmischen Kreise und damit zum Führer der utraquistisch-nationalen Adelspartei gewählt worden war, zeichnete sich eine Befriedung ab. 1452 wählten ihn die Stände zum Reichsverweser, und er erreichte die Wahl von Ladislaus zum böhmischen König, dem im Juli 1453 die Stände der Markgrafschaft Mähren huldigten. Am 24. Oktober zog Ladislaus in Prag ein, vier Tage später krönte ihn der Olmützer Bischof Johann XIII. im Dom St. Veit.

Mit tatkräftiger Unterstützung Georg von Podiebrads bemühte sich der junge König um die Konsolidierung der böhmischen und zur Krone Böhmens gehörenden Länder. Ebenso versuchte er, die böhmischen Streitkräfte gegen die Türken zu mobilisieren, die 1453 Konstantinopel erobert hatten und Ungarn bedrohten. Aber noch vor einer Realisierung seiner politischen Ziele starb Ladislaus. Nach den Erbfolgevorschriften und dem Vertrag Karls IV. mit den Habsburgern wären Herzog Wilhelm III. von Sachsen, als Gemahl von Ladislaus' Schwester Anna, ferner Erzherzog Albrecht IV. und sein Vetter Herzog Sigismund von Österreich zur Nachfolge berechtigt gewesen.

Über diese Bestimmungen setzte sich der böhmische Landtag von 1458 hinweg und rief am 2. März den Reichsverweser Georg von Podiebrad zum König aus. Die Anerkennung, die der böhmische Adel ihm zollte, mußte König Georg gegen die Konkurrenten erkämpfen. Unterstützung fand er in dem Humanisten Enea Silvio Piccolomini, mit dem ihn persönlich gute Kontakte verbanden, auch als dieser zum Papst – er nannte sich Pius II. – gewählt worden war. Über ihn hoffte Georg auch die Wahl zum deutschen König erreichen zu können. Der Adel im Königreich Böhmen beobachtete die Verbindung zur römischen Kurie mit Besorgnis und zwang schließlich den König, die Kompaktaten zu beschwören und mit dem Papst zu brechen. Trotz beiderseitiger Bemühungen um Ausgleich konnte eine Verbesserung des Verhältnisses zur katholischen Kirche nicht erzielt werden. In einem Prozeß in Rom, den auch der Nachfolger des 1464 verstorbenen Pius II., Paul II., fortsetzte, wurde Georg von Podiebrad 1466 verurteilt und zum »Ketzer, Unterdrücker, Verfolger der wahren Christen« und zum »Kirchenräuber« erklärt. Die Untertanen wurden vom Treueid gegenüber dem König entbunden.

Der gleichzeitig verkündete Aufruf zum Kreuzzug fand unter den deutschen Fürsten und dem böhmischen Adel wenig Widerhall. Die böhmischen Städte, mit Ausnahme Pilsens, stellten sich auf die Seite des Königs, während die Städte in Mähren mit katholischen Mehrheiten sich der Liga der Katholiken anschließen mußten. Eine erhebliche Anzahl des katholischen Adels hielt ebenfalls zu König Georg. Den Auftrag, den Kreuzzug gegen den böhmischen König zu führen, hatte Matthias I. Corvinus, der König von Ungarn und Schwiegersohn Georgs, übernommen. Der Feldzug begann mit dem Vorrücken eines böhmischen Heeres nach Österreich, dem sich Matthias entgegenstellte. Nach verschiedenen militärischen Gefechten schlossen Georg von Podiebrad und Corvinus einen Waffenstillstand, der infolge der Wahl von Matthias Corvinus zum böhmischen König Anfang Mai 1469 nur kurz eingehalten wurde. Nachdem jedoch auch die Reichsstände Georg unterstützten, verbesserte sich seine Position. Der Konflikt wurde nach seinem Tod am 23. März 1471 beendet, nicht gesichert war jedoch seine Nachfolge. Als Gegenspieler von Matthias Corvinus trat der polnische Königssohn Władysław auf, ein Neffe von Ladislaus Postumus. Am 27. Mai 1471 wurde der 15jährige Jagiellone Władysław in Kuttenberg zum böhmischen König gewählt und in Prag von polnischen Bischöfen gekrönt. Von beiden Seiten wurde versucht, die Entscheidung militärisch herbeizuführen, was jedoch trotz erheblichen Einsatzes von Truppen nicht gelang. Die Kontrahenten einigten sich schließlich 1478 in Brünn und Ofen dahingehend, daß Matthias Corvinus und Władysław beide den Titel des böhmischen Königs führen sollten. Der Jagiellone behielt die Herrschaft über Böhmen, während Matthias über die Nebenländer der böhmischen Krone einschließlich Mährens zu bestimmen hatte. Der Tod des ungarischen Königs Matthias am 6. April 1490 bot für die Jagiellonen neue Möglichkeiten einer Herrschaft auch über Ungarn. Ein eilig berufener Wahlreichstag wählte Władysław am 25. Juli zum ungarischen König, der am 14. September 1490 in Stuhlweißenburg die Stephanskrone empfing.

Unter der Regierung des Königs, in Böhmen als Vladislav II., gelang es der Kirche und den katholischen Adelsgeschlechtern, die reformatorischen Bestrebungen der Utraquisten zurückzudrängen. Die Vereinbarung eines Religionsfriedens von 1485 war geeignet, die Bekenntnisfreiheit für Katholiken und Utraquisten zu sichern. Der König hatte die Anerkennung der Prager Kompaktaten zu versprechen, sich aber zugleich für die Berufung eines Erzbischofs einzusetzen.

Nach seiner Wahl zum ungarischen König vernachlässigte Vladislav II. seine Aufgaben in den böhmischen Ländern. Sein Interesse galt vor allem Ungarn, dessen Stände die Politik des Königs beeinflußten. Während seiner siebenjährigen Abwendung von den Regierungsangelegenheiten Böhmens hatten sich Konflikte zwischen den Städten und dem Adel in einem Ausmaß entwickelt, daß die Landesbeamten sie nicht mehr zu lösen in der Lage waren. Ein großes Problem blieb die Rückkehr Mährens, Schlesiens und der Ober- und Niederlausitz zur böhmischen oder ungarischen Krone. Unter Vladislav II. orientierten sich die böhmischen Länder nach dem slawischen Osten Mitteleuropas. Eine gewisse Absonderung vom Reich war vollzogen.

Als Vladislav II. 1516 starb, trat sein Sohn Ludwig mit zehn Jahren seine Nachfolge an. Im Alter von zwei Jahren zum ungarischen, im Alter von drei Jahren zum böhmischen König als Ludwig II. gekrönt, sicherte er die Erbfolge der Jagiellonen. 1515 hatte in Wien die Doppelhochzeit stattgefunden, in der Ludwig aufgrund älterer Vereinbarungen seines Vaters mit Maximilian die Habsburgerin Maria heiratete und seine Schwester Anna dem alten Kaiser in Vertretung für einen seiner Enkel, der noch zu bestimmen war, vermählt wurde. Die Ehen wurden noch einmal geschlossen: die Ehe Annas mit Ferdinand, dem Bruder Karls V., 1521 in Linz, die Ehe Ludwigs mit Maria 1522 in Ofen. Mit der Übertragung der Herrschaft war Ludwig II. wohl überfordert. Ausgestattet mit Körperkraft, musischem Talent und Sprachbegabung, soll er entschlußschwach gewesen sein. Die politische Initiative zur Regierung Böhmens und Ungarns ging von der Königin Maria aus. Die Sonderinteressen des ungarischen und böhmischen Adels hatten sich stark entwickelt. Angesichts der Gefahr des Vordringens der Türken wirkte sich der Kampf gegen das schwache Königtum in beiden Ländern hemmend für eine zielgerichtete Aktion zu ihrer Abwehr aus. Vom Reich war auch keine Unterstützung zu erwarten, obwohl mit der Zurückdrängung der Osmanen eine Ausweitung nach dem Osten hätte erreicht werden können. Die Wirren des Bauernkrieges, die Auseinandersetzung um die Reformation Martin Luthers und die Neuorientierung der Wirtschaft infolge der Entdeckung Amerikas hatten das Interesse an der Bedrohung aus dem Osten abgelenkt. Die Einnahme Belgrads 1521 setzte kein Zeichen. Als am 29. August 1526 der junge König Ludwig II. mit 25 000 Mann der fünffachen türkischen Übermacht unter Sultan Suleiman II. bei Mohács entgegentreten wollte, erlitt das ungari-

sche Aufgebot eine vernichtende Niederlage. Auf der Flucht ertrank der König, ebenso verloren fast alle weltlichen und kirchlichen Würdenträger ihr Leben. Die Kontingente des Wojwoden Johann Zápolyai und die böhmischen Truppen erreichten das Schlachtfeld erst nach dem Sieg Suleimans II.
Der Zusammenbruch der Herrschaft Ludwigs II. wurde zum Wendepunkt in der Geschichte Europas. Nicht nur die böhmischen Länder, auch Ungarn wurde zum Teil in das Reich der Habsburger eingebunden. Vom Königreich Ungarn kamen die westlichen und nördlichen Gebiete, Oberungarn oder die heutige Slowakei, und Kroatien in den Besitz der Habsburger. Die Erwerbung aller dieser Länder bedeutete für die habsburgische Herrschaft einen gravierenden Zuwachs, etwa das Doppelte an Land und Einwohnern, die die Erblande Österreichs bis dahin umfaßt hatten.
Die böhmische Krone war auch für andere Dynastien von großem Interesse, nachdem die böhmischen Stände das Recht der Königswahl für sich in Anspruch nahmen. Um den Thron in Prag hatten sich unter anderen Franz I. von Frankreich, die Herzöge Wilhelm und Ludwig von Bayern, ferner Ferdinand von Habsburg, der Schwager des gefallenen Königs Ludwigs II., beworben. Aufgrund verschiedener Erbverträge konnte dieser allerdings einen Rechtsanspruch auf die Nachfolge geltend machen. Jedoch beharrten die Stände in Böhmen, im Unterschied zu denen in Mähren und Ungarn, auf ihrem Wahlrecht. Angesichts der vielfältigen Probleme im Land und der drohenden Türkengefahr rang sich ein von den drei Ständen eingesetzter Wahlausschuß am 23. Oktober 1526 zur Wahl Ferdinands durch. Er sollte aber in einer Wahlkapitulation erklären, daß die Stände ihn aus »freiem und gutem Willen« zum König gewählt hätten und er nicht aufgrund seiner Erbansprüche die Nachfolge in Böhmen antreten würde. Ferdinand verweigerte dies, und erst nach zähen Verhandlungen bestätigte er das Wahlrecht der Stände. In anderen strittigen Fragen kam es zu einem Kompromiß, so daß es Ferdinand noch zu seinen Lebzeiten möglich war, den Sohn Maximilian zum Nachfolger in Böhmen wählen zu lassen. Am 24. Februar 1527 wurde Ferdinand zum böhmischen König gekrönt. Als ihn die Kurfürsten 1531 auch zum deutschen König wählten, nachdem ihm sein Bruder Kaiser Karl V. die Gewalt über das Reich übertragen hatte, wurde wichtigstes Ziel seiner Politik die Wiederherstellung der religiösen Einheit und die Stärkung der habsburgischen Macht. Gegen den Ausbau seines Herrschaftssystems in den böhmischen Ländern erwuchs ihm unter dem Adel, den Utraquisten und den Städten seit Anfang der vierziger Jahre eine Opposition. Als schließlich in den Städten die offene Rebellion ausbrach, gelang es König Ferdinand I., sie bald niederzuschlagen. Durch den Sieg der kaiserlichen Truppen über den Schmalkaldischen Bund 1547, mit dem die böhmischen Stände sympathisiert hatten, erlahmte der Widerstand rasch. Im Juni 1547 nahm der König die Huldigung der Mehrzahl der Ritter, der Herren und der Städte entgegen. Die Besetzung der Prager Burg, des Hradschin, Anfang 1547 brach den Widerstand der Hauptstadt. Die Strafen, mit denen Ferdinand I. gegen die Aufständischen vorging, richteten sich gegen einzelne führende Familien und gegen die meisten Städte. Zunächst wurden ihnen ihre Privilegien entzogen, bald darauf wurden ihnen neue, wenn auch nicht mehr ähnlich gewichtige Vorrechte verliehen.
Die Unterwerfung der Städte und der Adelsfamilien eröffnete Ferdinand I. die Mög-

lichkeit zum Ausbau der königlichen Machtstellung. In der Erneuerten Landesordnung von 1549 zwang er die Stände, ihm die Rechte in Böhmen einzuräumen, um die er seit Übernahme der Herrschaft gerungen hatte. Das in der Wahlkapitulation von 1526 festgelegte Wahlrecht der Stände wurde jetzt durch das Erbrecht ersetzt, und damit war Böhmen zum Erbkönigtum umgestaltet worden.
In der Gegenreformation erzielte König Ferdinand wichtige Erfolge. Er mußte sich nicht nur mit den Utraquisten auseinandersetzen, sondern auch mit den Lutheranern, die sich seit 1521 in Prag und Iglau sowie auch im Norden und Nordwesten ausbreiten konnten. Einerseits versuchte der König zusammen mit Katholiken und Utraquisten gegen die anderen religiösen Gemeinschaften in einer Union gemeinsam vorzugehen, scheiterte aber an der Stärke der lutherischen Kirche. Immerhin gelangen die Einrichtung eines Collegiums für die Jesuiten 1556 und die Einsetzung eines Erzbischofs 1562, nachdem dieser Stuhl seit 1421 verwaist geblieben war. Andererseits steigerte eine Maßnahme, vom König selbst getroffen, den Einfluß der lutherischen Kirche. Er berief protestantische deutsche Bergleute nach Böhmen, die sich in Gebieten niederließen, in denen bereits Deutsche wohnten. Viele von ihnen wandten sich dem neuen Glauben zu. So belebte die Förderung des Silberbergbaus zwar die wirtschaftliche Kraft des Königreiches, verstärkte aber zugleich die Opposition gegen die landesfürstlichen Bestrebungen der Gegenreformation. Die nationale Frage war von der erneuten Ansiedlung von Deutschen nicht berührt.
Als Ferdinand I. 1564 starb, folgte ihm sein ältester Sohn als Maximilian I. in Böhmen und im Reich als Maximilian II. Bereits 1547 formell vom Landtag gewählt, der lediglich den Wahlvorschlag anzunehmen hatte, wurde er 1562 gekrönt. Seine zwölfjährige Regierungszeit war durch religiöse Konflikte bestimmt. Er versuchte, die gegenreformatorische Politik seines Vaters fortzusetzen, mußte sich aber mit der schwachen Minderheit der Katholiken auf ein enges Feld beschränken. Die Stärke der utraquistischen und protestantischen Glaubensgemeinschaften gegenüber dem Zehntel an katholischen Einwohnern des Königreichs Böhmen fand ihren Ausdruck in der Confessio Bohemica von 1575. In enger Anlehnung an die Augsburgische Konfession von 1555 verabschiedeten die nichtkatholischen Christen eine Bekenntnisschrift zur Sicherung des Rechts auf einen eigenen Glauben. Die Confessio beruhte auf hussitischen, calvinistischen und lutherischen Traditionen, die der König allerdings nur mündlich anerkannte.
Nachfolger des im Alter von 49 Jahren 1576 überraschend verstorbenen Kaisers wurde sein 24jähriger Sohn Rudolf. Er übernahm die Macht in einer Zeit, als die konfessionellen und ständisch-religiösen Wirren in den böhmischen Ländern und im Reich bedrohlich zunahmen. Kaiser Rudolf II. galt bei vielen Zeitgenossen als glaubensstarker Katholik, dessen politisches Hauptziel in der Einschränkung der Religionsfreiheit bestand. Sein Scharfblick und seine Urteilsfähigkeit, aber auch seine herrscherliche Haltung waren sehr ausgeprägt, sie wurden jedoch überdeckt durch Schüchternheit und Depressionen. Kennzeichnend für die kaiserliche Politik war die Untätigkeit in vielen entscheidenden Angelegenheiten. Einen großen Einfluß auf die Politik gewannen die in seiner unmittelbaren Umgebung tätigen Diener, die ein »Kammerdienerregiment« einrichteten, auf das sich der Kaiser stützte. Mit der Verlegung der Residenz

Olmütz, St. Wenzel

von Wien nach Prag 1582 verließ er das traditionelle Zentrum der habsburgischen Politik. Von den Ständen wurde die Übersiedlung auf die Prager Burg begrüßt, die böhmische Hauptstadt erlebte aber nicht den Glanz, wie ihn Kaiser Karl IV. ihr einst als Hauptstadt des Reiches verliehen hatte. In Prag war der Kaiser den Kerngebieten des Römischen Reiches Deutscher Nation näher gerückt.

In den böhmischen Ländern setzte sich Rudolf II. für die Zurückdrängung der ständischen Macht und die Verbreitung eines erneuerten Katholizismus ein. Mehr und mehr wurde der nichtkatholische Adel aus den ständischen Ämtern verdrängt und seine Positionen mit katholischen Herren besetzt. In Zusammenarbeit mit den geistlichen Orden und der Kurie in Rom gelang es, das Ansehen der katholischen Kirche in Böhmen und Mähren wiederherzustellen. Insbesondere in Mähren fand die Politik Rudolfs II. starke Unterstützung durch den Olmützer Bischof Kardinal Franz von Dietrichstein, der mit Hilfe der Jesuiten die Zahl der mährischen Pfarreien von 50 im Jahr 1560 auf 280 im Jahr 1619 erhöhen konnte. Auch die führenden Adelsgeschlechter, wie die Slavata und Liechtenstein, nahmen den katholischen Glauben wieder an.

Den böhmischen Ständen kam die sich entwickelnde Auseinandersetzung im habsburgischen Haus sehr gelegen. Die Ideen zur Entmachtung des Kaisers erreichten in den ersten Jahren des 17. Jahrhunderts einen Höhepunkt. Nachdem der Kaiser unverheira-

tet blieb und ein rechtmäßiger Erbe ihm nicht nachfolgte, bemühte sich sein Bruder Erzherzog Matthias um die Krone Böhmens und des Reiches. In einem Geheimvertrag vom April 1606 ermächtigten ihn sein jüngerer Bruder Maximilian, der Deutschmeister, und seine Vettern, die Grazer Erzherzöge Ferdinand und Maximilian Ernst, zur Kandidatur um die Würde eines deutschen Königs. Sie betrauten Matthias mit der Regierung in Österreich. In dieser Funktion schloß er ohne Zustimmung Kaiser Rudolfs II. einen Friedensvertrag mit Stephan Bocskay, dem Fürsten von Siebenbürgen, als ungarischem Gegenkönig und vereinbarte mit den Türken einen Waffenstillstand. Als der Kaiser diese Abkommen nicht anerkannte, schien die militärische Auseinandersetzung unausweichlich zu sein. Matthias hatte die österreichischen und ungarischen Stände, denen sich auch die Stände Mähren anschlossen, für sich gewinnen können. Rudolf II. gelang es seinerseits, sich der Hilfe der böhmischen Stände zu versichern. Vor kriegerischen Auseinandersetzungen kam es jedoch zu einem Ausgleich, dem Vertrag von Lieben bei Prag am 25. Juni 1608. Die Einigung bestand darin, daß Rudolf II. die Kaiserkrone und die Herrschaft über Böhmen, Schlesien, die Lausitzen, Tirol und Vorderösterreich behielt, dagegen Matthias der Besitz Ungarns, Mährens und Österreichs eingeräumt wurde. Die Frage der Nachfolge hatte Matthias für sich entscheiden können.
Die böhmischen Stände ließen sich ihre Parteinahme reich entgelten. Mit dem Brief vom 9. Juli 1609, dem Majestätsbrief, behauptete sich der böhmische Landtag durch gemeinsame Front von Protestanten und Katholiken nach schweren Auseinandersetzungen gegen den Kaiser. Rudolf II. mußte den nichtkatholischen Adligen die gleiche freie Ausübung der Religion gewähren wie den Katholiken. Er erhielt die Befugnis, Geistliche nach seiner Wahl einzusetzen und ordinieren zu lassen. Den Ständen wurde erlaubt, Kirchen und Schulen neu zu errichten, und sie bekamen die Prager Universität in ihre Gewalt. Die Zugeständnisse gingen weit über die Rechte hinaus, welche der Augsburger Religionsfriede von 1555 den Reichsunmittelbaren im Reich zuwies. Mit dem Majestätsbrief Kaiser Rudolfs II. war der jahrelangen Rekatholisierungsarbeit in den böhmischen Ländern ein Ende gesetzt.
Die böhmischen Stände griffen in den Konflikt ein zweites Mal ein, als Erzherzog Leopold, der Koadjutor des Bischofs von Passau, mit einer Kriegstruppe des »Passauer Volkes« Ende Januar 1611 in Böhmen und in Prag einfiel, um den Widerruf des Majestätsbriefs mit Waffengewalt zu erzwingen. Die Stände gingen zu Matthias über und beschlossen in einer Generalversammlung die Absetzung Rudolfs und die Wahl von Matthias zum böhmischen König. Er zog am 24. März 1611 in Prag ein. Von seiner Machtfülle war Rudolf II. nur die Kaiserwürde geblieben.
Nach dem Tod Kaiser Rudolfs II. im Januar 1612 trat Matthias ein schweres Erbe an. Die Krise des Reiches und der böhmischen Länder hatte bedrohliche Ausmaße angenommen. Zwar wählten ihn die Kurfürsten im Mai 1612 auch zum Kaiser, aber eine Verbesserung der politischen Verhältnisse schien sich ebensowenig abzuzeichnen wie die Lösung der Nachfolgefrage, da der Kaiser und die habsburgischen Erzherzöge kinderlos waren.
Ernsthaft bedroht war vor allem die Position des Königs in den böhmischen Ländern. Die formelle Anerkennung des Majestätsbriefes belastete sein Verhältnis zu den

Böhmen und Mähren-Schlesien um 1547

Ständen, mit deren Hilfe Matthias den böhmischen Thron für sich erobert hatte. Der Streit um die Glaubensfreiheit flammte erneut auf, jetzt jedoch unter den einzelnen religiösen Gemeinschaften selbst. Die dem König willkommene Schwächung ermöglichte ihm die Besetzung hoher Landesämter mit katholischen Adeligen.

Der Widerstand der böhmischen Stände entzündete sich auch an der Frage, wem die Regelung der Nachfolge zustehen sollte. In Erinnerung an die Wahl Ferdinands I. von 1526 wollte die ständische Opposition verhindern, daß Erzherzog Ferdinand III. von Steiermark, ein Vetter von Matthias, den böhmischen Thron erbte. Auf ihn hatten sich die Habsburger nach langem Ringen einigen müssen, um die Nachfolge für die Familie im Reich und in den böhmischen Ländern zu sichern. Als im Landtag 1617 die Frage zur Abstimmung stand, zeigten sich die Stände uneins: Sie stimmten in der Mehrheit dem Wahlvorschlag zu, obwohl Ferdinand als Gegner ständischer Freiheiten galt. Hinnehmen mußten sie ebenso den Verzicht auf Prag als Hauptstadt des Reiches zugunsten von Wien, sicherlich eine bewußte Maßnahme gegen die ständischen böhmischen Interessen.

Allerdings war es der Opposition gelungen, zum deutschen Fürstenbund und zu dessen protestantischen Repräsentanten Kurfürst Friedrich von der Pfalz und Christian I. von Anhalt-Bernburg Verbindung aufzunehmen. Gemeinsames politisches Ziel war der Sturz der habsburgischen Macht im Reich. Zugleich erhoben sich in Böhmen gegen den König religiös bedingte Proteste. Als im Dezember 1617 von der königlichen Kanzlei in Prag die evangelische Kirche in Braunau geschlossen und ein Bethaus in Klostergrab abgerissen wurde, riefen die Ständevertreter für März 1618 eine Versammlung nach Prag ein, um gegen die Verletzung der Confessio Bohemica zu protestieren. Die Zurückweisung der Beschwerde steigerte den Widerstand zur Volksbewegung. An der Spitze eines großen Demonstrationszuges Prager Einwohner am 23. Mai 1618 drangen Vertreter der Stände unter Führung von Heinrich Matthias Graf Thurn in die Prager Burg ein. Sie warfen zwei der zehn versammelten Statthalter, Wilhelm Slavata und Jaroslav Graf Martinic, sowie den Landtafelschreiber Philipp Fabricius aus dem Fenster der Böhmischen Kanzlei. Alle drei Opfer des ständischen Zorns kamen mit dem Leben davon.

Mit dem Prager Fenstersturz gaben sich die Aufständischen jedoch nicht zufrieden. Sie konstituierten einen Landtag, der eine neue Verwaltung des Königreichs aus 30 Direktoren berief. Je zehn gehörten dem Stand der Herren, der Ritter und Städte an. An der Spitze stand Wenzel von Ruppau. Noch vor einer Einigung verstarb Matthias. Sein Tod am 20. März 1619 ermöglichte den Habsburgern in Wien, eine harte Linie zur Niederwerfung des Aufstands zu verfolgen. In Böhmen und Mähren, in Niederösterreich und Oberösterreich formierte sich aus den Gegnern der habsburgischen Politik eine Koalition, der sich auch der Fürst von Siebenbürgen Gabriel Bethlen anschloß. Eine Versammlung von Standesvertretern setzte am 22. August 1619 Ferdinand II. als König ab und wählte am 26. August Kurfürst Friedrich V. von der Pfalz an seine Stelle. Er nahm die Wahl an und ließ sich am 3. November feierlich im Prager Veitsdom zum böhmischen König krönen. Der innerhabsburgische Aufstand weitete sich zur Reichsangelegenheit aus, als die Kurfürsten Ende August 1619 Ferdinand II., ohne die pfälzische Kurstimme, zum Kaiser wählten.

Nun konnte der böhmische König als Rebell angesehen und wegen Landfriedensbruchs verfolgt werden. Kaiser Ferdinand beschritt diesen Weg und war fest entschlossen, die Stände zu entmachten und die »Ketzer« aus Böhmen zu vertreiben. Er versicherte sich der Unterstützung der spanischen Habsburger, des polnischen Königs und des Papstes. Dem Kaiser verbündete sich Maximilian von Bayern als Oberhaupt der katholischen Liga, dem im Fall des Sieges die Kurstimme der Pfalz versprochen, und Kurfürst Johann Georg von Sachsen, dem der Erwerb der Lausitzen in Aussicht gestellt wurde. In dieser Situation ließ die protestantische Union den böhmischen König Friedrich im Stich und erklärte ihre Neutralität.
Ende Juli 1620 begann der Feldzug. Die Armee der katholischen Liga unter Führung des Generals Johann Tserclaes Tilly nahm innerhalb von zwei Wochen Oberösterreich ein und setzte ihren Vormarsch auf Niederösterreich fort. In Böhmen vereinigten sich die Truppen Tillys mit den Kaiserlichen, die von Karl Graf Bucquoy angeführt wurden. In den gleichen Tagen griff General Ambrosio Spinola die Pfalz an und öffnete die Front weit in den Westen. Nur äußerlich geschlossen, weil Tilly und Bucquoy sich auf einen Oberbefehl nicht zu einigen vermochten, zogen beide Heere in Richtung Prag. Von Seuchen und Krankheiten geschwächt, belagerten sie Pilsen, das Ernst von Mansfeld verteidigen sollte. Graf Bucquoy hatte in geheimen Verhandlungen mit Mansfeld erreicht, daß er sich gegen die Zahlung von 100 000 Forint als neutral erklären und den Durchmarsch beider Heere gestatten würde. Am 11. Oktober war der Weg nach Prag frei. Zur gleichen Zeit hatte Christian I. von Anhalt-Bernburg sein Verteidigungsheer sammeln können und zum Schutz der Hauptstadt aufgestellt. Nach kleineren Gefechten mit den bayerischen Truppen verschanzte sich Christians Aufgebot in einem Hügelgebiet bei Rakonitz.
Maximilian von Bayern und Bucquoy verständigten sich Anfang November darauf, daß die Entscheidung in Prag gesucht werden müßte. Am 4. November hatte der kaiserliche Oberst Albrecht von Waldstein, bekannt als Wallenstein, die Stadt Laun besetzen können, am 5. November brachen die vereinigten Heere nach Osten auf. Über ihre Strategie erzielten die Verteidiger Prags keine einheitliche Linie. In der Nacht vom 7. auf den 8. November 1620 standen sich die feindlichen Heere am Weißen Berg westlich von Prag gegenüber. Rund 21 000 Mann zählte das böhmisch-pfälzische Aufgebot, das Heer der Liga rund 25 000 Soldaten. Die Schlacht mit einschneidenden Folgen für Böhmen, aber auch für das Reich, brachte der Liga und den Kaiserlichen den Sieg. Am 9. November besetzten sie die Hauptstadt Prag und ließen sich zwei Tage später huldigen. Die Flucht Friedrichs V. über Breslau und Berlin zu seinen oranischen Verwandten beendete die pfälzische Herrschaft über Böhmen, faktisch noch ehe sie richtig begonnen hatte.
Kaiser Ferdinand II. und Papst Paul V. sahen in dem Sieg am Weißen Berg ein Wirken der göttlichen Vorsehung, die Böhmen gerettet hatte. Die Maßnahmen, die der Kaiser ergriff, um über die Beleidiger der kaiserlichen Macht zu richten und das Reich Gottes wiederherzustellen, lösten die Konflikte indes nicht. Die Spannungen setzten sich fort. Das Strafgericht gegen die aufbegehrenden Stände konnte durch Vermittlungsversuche nicht aufgehalten werden. Alle Personen, die der Beteiligung an der Erhebung der Stände und der Unterstützung Friedrichs V., des »Winterkönigs«, verdächtig erschie-

nen, wurden verhaftet. Zum Tod verurteilt wurden 27 »Rädelsführer«, Böhmen und Deutsche, Katholiken, Utraquisten, Protestanten: drei Herren, sieben Ritter und 17 Bürger, unter ihnen der frühere Rektor der Prager Universität, Johann Jessenius, der Lutheraner Joachim Andreas Graf von Schlick, der Direktor der böhmischen Stände, Wenzel Budowetz von Budov, und der Komponist und Geograph Christoph Harant von Polžic. Am 21. Juni 1621 fand die Hinrichtung am Altstädter Ring vor dem Rathaus öffentlich statt. Drei der Verurteilten wurden am Galgen gehenkt, alle anderen enthauptet. Begnadigt wurden die 20 ebenfalls zur Todesstrafe verurteilten »Rebellen« aus Mähren. Dieser Akt der kaiserlichen Justiz verfehlte seine Wirkung nicht. Etwa 150 000 Menschen nahmen den Weg ins Exil. Nachdem das Vermögen der Hingerichteten und Geflüchteten konfisziert worden war, vertrieb die Böhmische Kanzlei alle calvinistischen und evangelischen Prediger und Pfarrer in ganz Böhmen und schloß die Universität.

An die Stelle der alten Adelsfamilien traten militärische Söldner, auf die sich Kaiser Ferdinand II. gestützt hatte. Aus Geldmangel bezahlte er sie mit Gütern. Der Franzose Charles Bucquoy de Longueval, die Spanier Baltazar Marradas und Guillermo Verdugo, der Niederländer Martin Huerta waren die ersten Nutznießer des habsburgischen Sieges. Aus Böhmen stammten Pavel Michna, als Graf von Weizenhofen der größte höfische Emporkömmling, und Albrecht von Wallenstein, dem die steilste Karriere gelang. Doch auch loyale katholische Familien wie die Thun, Colloredo und Collalto in Böhmen, wie die Liechtenstein und Dietrichstein in Mähren stiegen in jener Zeit auf.

Ausschaltung der Stände und Wiedereinführung des katholischen Glaubens wurden zum Kern der Politik Ferdinands II. in den böhmischen Ländern. Nach Vorarbeiten stellte der Kaiser die Verfassung auf eine neue Grundlage. Die »Verneuerte Landesordnung«, in Böhmen am 10. Mai 1627 und in Mähren am 26. Juni 1628 in Kraft gesetzt, errichtete den Staat als Erbmonarchie für die Habsburger mit nur einer, der katholischen Religion. Der Majestätsbrief von 1609 wurde ausdrücklich widerrufen und der katholischen Geistlichkeit im Landtag wieder der erste Rang unter den Ständen eingeräumt. Das neue Staatsgrundgesetz sicherte dem Herrscher das primäre Recht der Gesetzgebung, das Recht zur Besetzung hoher Landesämter und das Recht zur Aufhebung gerichtlicher Entscheidungen des Landtags. Dennoch blieb die gesamte Landesverwaltung in ständischer Hand, weil Legislative und Exekutive noch nicht getrennt waren.

Der Krieg, der mit dem böhmischen Aufstand seinen Anfang genommen hatte, verschärfte sich, als die niedersächsischen Stände und der dänische König Christian IV. sich gegen den Kaiser erhoben. Zur Niederwerfung der antihabsburgischen und antikatholischen Strömungen nahm Ferdinand II. das Angebot von Wallenstein an, kostenlos für den Kaiser ein Heer aufzustellen. Als Wallenstein und General Tilly ganz Deutschland militärisch kontrollierten, verzichtete Christian IV. in einem Friedensschluß von Lübeck 1629 auf weitere Aktivitäten. Wallenstein errang die Zusage, mit Mecklenburg als Herzog belehnt zu werden, nachdem ihn der Kaiser zuvor zum Herzog von Friedland in Nordböhmen ernannt hatte. Die Politik Ferdinands II., eine straffe Zentralverwaltung im Reich zu konstituieren, stieß auf den Widerstand der

Königreich Böhmen
(1759)

evangelischen und katholischen Reichsfürsten. Auf dem Kurfürstentag in Regensburg 1630 mußte Ferdinand II. den Feldherrn Wallenstein fallenlassen. Als jedoch der schwedische König Gustav Adolf II. im gleichen Jahr auf der Insel Usedom landete und rasch militärische Erfolge erzielte, stattete der Kaiser Albrecht von Wallenstein im Dezember 1631 erneut mit weitgehenden Vollmachten aus. Die Niederlage des kaiserlichen Heeres in der Schlacht bei Lützen gegen die schwedischen Truppen am 6. November 1632, in der aber Gustav Adolf sein Leben verlor, schwächte die Position des Feldherrn Wallenstein. Als dieser auch das schwedische und protestantische Vorgehen tatenlos hinnahm, mit den Generalen konspirierte und das kaiserliche Lager verlassen wollte, war für Ferdinand II. das Delikt des Verrats erfüllt. Der Befehl zur Gefangennahme vom 18. Februar 1634, der eine Tötung Wallensteins nicht ausschloß, spiegelte die schwierige Lage wider, in der sich der Kaiser befand. Am 25. Februar 1634 wurde Wallenstein in Eger zusammen mit seinen engsten Vertrauten Adam Graf Trčka und Christian Freiherr von Illow ermordet.
Die Schlacht bei Nördlingen 1634, in der kaiserliche und spanische Truppen die Schweden und die protestantischen Stände des fränkischen, schwäbischen und rheinischen Reichskreises schlugen, leitete das Ende des Krieges ein. Dem Prager Frieden zwischen dem Kaiser und Kursachsen von 1635 schlossen sich die meisten evangelischen Stände an. Vorgesehen war eine begrenzte Festschreibung des konfessionellen Status. Die Übertragung des Oberbefehls an den Kaiser über ein Heer, das die Reichsstände zu stellen hatten, wurde festgelegt. Die Bemühungen um die Beendigung des Krieges setzte Kaiser Ferdinand III. fort, den die Kurfürsten noch zu Lebzeiten seines Vaters Ferdinand II. zum Kaiser gewählt hatten, nachdem er seit 1626 König von Ungarn und 1627 König von Böhmen geworden war. Die Nachfolge trat er nach dem Tod seines Vaters 1637 an. Die Verhandlungen zogen sich über Jahre hin, denn Mißtrauen und Verbitterung waren tief verwurzelt, die Fürsten traten selbstsüchtig und eigennützig auf, die Rechtsverhältnisse waren verwirrt. Als die Erschöpfung unter den kriegführenden Parteien allgemein wurde, zeigte sich endlich Verhandlungsbereitschaft. Nach vielen Versuchen konnte Kaiser Ferdinand III. am 24. Oktober 1648 den Westfälischen Frieden mit Frankreich in Münster und mit Schweden in Osnabrück schließen.
Nach Abschluß des Westfälischen Friedens hörten die Kampfhandlungen allenthalben auf. Auch in Böhmen und Mähren erreichte Kaiser Ferdinand III. die Zusicherung des allmählichen Rückzuges der schwedischen Feldarmee im Dezember 1648 bis Januar 1649. Einstweilen verblieben die schwedischen Garnisonen noch im Land. Diese Demobilisierung der etwa 120 000 bis 150 000 Soldaten, zumeist Söldner, verlängerte den Krieg um nahezu zwei Jahre. Für viele Menschen begann erst 1650 der eigentliche »Friedenszustand« als soziale Wirklichkeit. Das gesamte Land war durch die Zerstörungen des Krieges erheblich verödet. Die Einwohnerzahl Böhmens war 1638 auf 780 000 Menschen gesunken. Schwere Schäden hatten die Städte erleiden müssen. 1654 standen rund ein Drittel, in Prag über die Hälfte der Wohnungen leer. In Mähren hatte die Bevölkerung durch die kriegerischen Auseinandersetzungen, die Hungersnöte und die Pest erhebliche Verluste hinnehmen müssen. Sie zählte am Ende des Dreißigjährigen Krieges weniger als eine halbe Million Einwohner. Aber nicht nur die

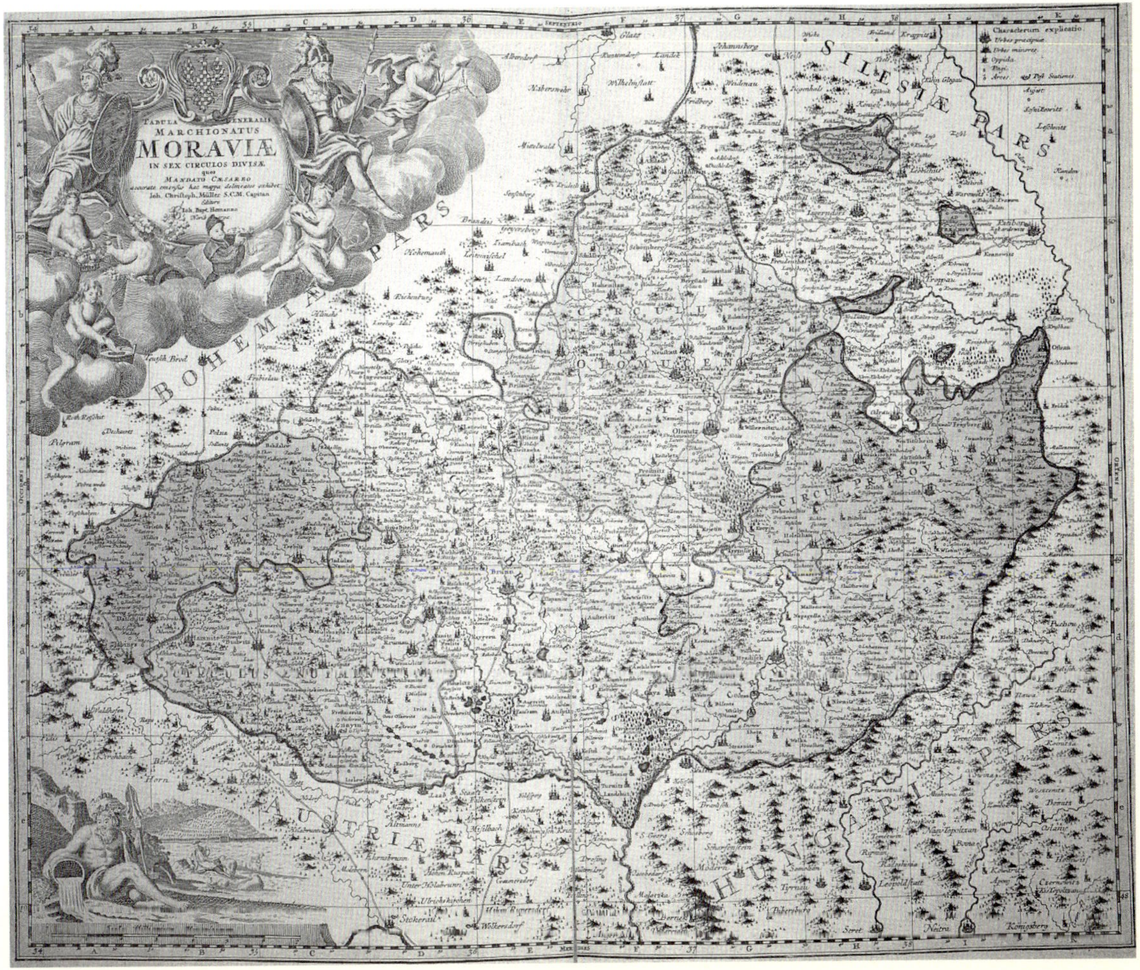

Markgrafschaft
Mähren (1759)

Stadtbewohner waren sehr in Mitleidenschaft gezogen, auch jeder zweite Bauernhof in Böhmen und Mähren war aufgegeben oder zerstört worden.
Die Erneuerung der Wirtschaft und der Finanzen war daher ein wichtiges Anliegen. Aus Böhmen zog die österreichische Steuerverwaltung fast zwei Drittel ihres gesamten Aufkommens. In Böhmen wurde eine neue Steuerrolle für 1654 bis 1656 eingeführt, in Mähren 1664 ein neuer Kataster für das Land der Untertanen erlassen. Die Grundherren wie auch die Krone belasteten die Bauern mit drückenden Abgaben und mit der Robot, der unmittelbaren Arbeitsverpflichtung für den Herrn. Die zu Beginn der fünfziger Jahre des 17. Jahrhunderts sich entwickelnden Unruhen unter den Bauern breiteten sich um 1680 auf ganz Böhmen aus. Erst das Robotpatent Kaiser Ferdinands vom 28. Juni 1680 mit seiner wichtigsten Bestimmung, daß die Robotpflicht nicht mehr als drei Tage wöchentlich dauern durfte, beruhigte die Landbevölkerung. Jedoch wenige Jahre später flammten die Unruhen erneut auf, vor allem in Nordböhmen und im Böhmerwald.
In der Unterwerfung des böhmischen Ständestaates durch die Niederlage am Weißen Berg sah die spätere tschechische Geschichtsschreibung den Beginn der Zeit der »Finsternis«, tschechisch »temno«. Im historischen Ablauf konstruierte sie eine Zäsur. Die Geschichte Böhmens und Mährens wurde in eine »vorweißenbergische« und in eine »nachweißenbergische« Periode eingeteilt. Die erste, in der die hussitisch-utraquistische Bewegung eine entscheidende Rolle gespielt hätte, fand eine glorifizierende Verklärung. Die zweite, die bis zur Gründung der ersten tschechoslowakischen Republik reichte, wurde negativ beurteilt, mit stark antideutscher und antihabsburgischer Einstellung. Dies wurde begründet mit dem Kampf um die eigene Sprache und Volkszugehörigkeit, die angeblich von den Habsburgern besonders unterdrückt worden waren. Die Interpretation, die Rekatholisierung der böhmischen Länder sei prodeutsch und antitschechisch gewesen, fand unter tschechischen Historikern weite Verbreitung. Nicht die Unterdrückung war das Ziel der habsburgischen Politik, sondern Ziel war der Ausbau der Großmachtstellung, nach der die Habsburger strebten. Die böhmischen Länder sollten sich finanziell und wirtschaftlich im hohen Maß daran beteiligen. Ihr Beitrag war unbedingt notwendig als Ausgleich für die Verluste, die Kaiser Ferdinand III. durch den Westfälischen Frieden territorial und machtpolitisch im Reich erlitten hatte. Die Habsburgermonarchie wollte zugleich den absolutistischen Staat verwirklichen, in dem ein österreichischer Patriotismus Platz greifen sollte. In der Verfolgung des Ziels, eine Großmacht zu werden, hatten die Habsburger auf zwei Seiten zu kämpfen. Der Einfall der Türken in Oberungarn, ihr Vorrücken auf Wien 1683 und die Konflikte mit dem ungarischen Adel beschäftigten die habsburgischen Herrscher. Der Krieg gegen Frankreich zur Sicherung der Westgrenze des Reiches und der Spanische Erbfolgekrieg erforderten zudem einen besonderen Einsatz. Erfolge erzielte Kaiser Karl VI. nur in der Zurückdrängung der Türken im Frieden von Passarowitz 1718. Das Banat, fünf Bezirke der Kleinen Walachei und Serbien fielen an Österreich. Gegenüber Frankreich war der Erfolg wesentlich bescheidener. Im Frieden von Rastatt 1714 erhielt der Kaiser zwar die Niederlande, Mailand, Neapel und Sardinien, aber französisch blieben das Elsaß, Straßburg und Landau.

Seit 1716 beschäftigte Karl VI. fast ausschließlich die Regelung der Thronfolgefrage in seinen Ländern. Wie schon Joseph I. hatte auch Karl VI. keine Söhne, denen die Nachfolge hätte übertragen werden können. Die 1713 erlassene Pragmatische Sanktion, die neue Thronfolgeordnung, bestimmte, daß die Töchter Karls VI. vor den Töchtern seines Bruders Josephs I. Vorrang haben sollten. Als Nachfolgerin des Kaisers war Maria Theresia vorgesehen. Alle Erbländer, Ungarn, das Reich und alle europäischen Großmächte konnte Karl VI. zur Zustimmung bewegen.
In der Regierungszeit Kaiser Karls VI. erlitt der Adel Böhmens eine weitere Einschränkung seines politischen Gewichts. Hatte Kaiser Leopold I. bei der Besetzung der Regierungsämter die Angehörigen aus böhmischen Adelsfamilien besonders bevorzugt, drängte Karl VI. den Einfluß des böhmischen Adels am Wiener Hof fast völlig zurück. An ihre Stelle setzte er Mitglieder aus niederländischen und spanischen Familien. Die Pragmatische Sanktion nahmen die böhmischen Stände ohne jede Kritik mit nur mäßiger Zustimmung an. Unter Karl VI. wurde die Zusage Kaiser Josephs I. auf eine Revision der Landesordnung in bescheidenem Ausmaß erfüllt. Nur in deren Rahmen fand die Bestätigung der ständischen Privilegien statt. Die Königswahl wurde ihnen lediglich für den Fall zugestanden, daß die Habsburger aussterben würden. Versprochen wurde ferner, daß die Landesämter ausschließlich mit einheimischen Beamten besetzt würden. Die Mehrheit des böhmischen Adels hielt sich allerdings von der Regierungsarbeit fern und lebte auf den Schlössern und Gütern zumeist dem eigenen Interesse.

Die böhmischen Länder zur Zeit des aufgeklärten Absolutismus

Die Herrschaft des Hauses Habsburg-Lothringen begann mit der Übernahme der Regierungsgewalt durch Maria Theresia am 21. November 1740, die nach dem Tod Kaiser Karls VI. am 20. Oktober 1740 entsprechend der Pragmatischen Sanktion die Nachfolge antrat. Sie war seit 1736 mit Franz I. Stephan von Lothringen verheiratet.
Den Einwendungen gegenüber der Pragmatischen Sanktion, wie sie der preußische König Friedrich II., der am 30. Mai 1740 auf den Thron gelangt war, und Kurfürst Karl Albrecht von Bayern sofort geltend machten, konnte die österreichische Herrscherin kaum Widerstand entgegensetzen. Friedrich erhob Anspruch auf Schlesien aufgrund eines machtpolitisch sowie legalistisch argumentierenden Entwurfs von 1671, der Wittelsbacher Karl Albrecht erhob Anspruch auf den Wiener Thron und stützte sich auf das durch die Pragmatische Sanktion an sich aufgehobene Erbrecht seiner Frau Maria Amalia, der Tochter Josephs I. Mit dem Überschreiten der schlesischen Grenze durch preußische Truppen löste Friedrich am 16. Dezember 1740 den Ersten Schlesischen Krieg aus, der sich zum Österreichischen Erbfolgekrieg ausweitete, denn Sachsen, Sardinien, Spanien und Frankreich fochten nun ebenfalls die Pragmatische Sanktion an.
Der bayerische Kurfürst meldete seine Ansprüche auf die Thronfolge in Österreich mit der Eroberung Oberösterreichs an und ließ sich in Linz im Herbst 1741 durch die Stände huldigen. Das Vordringen auf Wien stellte Karl Albrecht zurück, nachdem

Maria Theresia den Wiener Hof in die ungarische Hauptstadt Preßburg verlegt hatte, und wandte sich auf französischen Druck nach Böhmen. Ohne größeren Widerstand eroberte das bayerisch-französische Heer die böhmische Hauptstadt Prag. Am 7. Dezember 1741 wurde Karl Albrecht zum böhmischen König ausgerufen, dem die Mehrzahl der böhmischen Stände huldigte. Anfang Januar 1742 eilte er in das Reich, und am 24. Januar 1742 entschied er den Kampf um die Kaiserkrone für die Wittelsbacher. In Frankfurt am Main wurde der bayerische Kurfürst zum Kaiser gewählt, und er nahm den Namen Karl VII. an.

Maria Theresias Position stärkte allein der ungarische Landtag, der als einzige Ständevertretung die Krone im Sinne der Pragmatischen Sanktion verteidigte. Rasch gelangen im Gegenschlag die Rückeroberungen von Oberösterreich mit der Hauptstadt Linz, Mitte Februar 1742 besetzten die österreichisch-ungarischen Truppen die bayerische Hauptstadt München.

Das Vordringen eines preußisch-sächsischen Heeres in die Kreise Jungbunzlau, Leitmeritz und Königgrätz im Dezember 1741 und die Besetzung Nordmährens mit Olmütz und Troppau standen am Beginn eines Plans, der die Eroberung von ganz Mähren Anfang 1742 vorsah. Von dort sollte der Angriff auf Wien erfolgen und mit der Einnahme der Hauptstadt der Krieg siegreich beendet werden. Als der Widerstand, den die Stadt Brünn Anfang April leistete, den Feldzug scheitern ließ, fanden die Kämpfe in Böhmen statt. Die Preußen siegten in der Schlacht von Chotusitz bei Kuttenberg. Jedoch zog Friedrich II. statt weiterer militärischer Aktionen Verhandlungen mit Maria Theresia vor, die auf englische Vermittlung zustande kamen. Im Vorfrieden von Breslau und im Frieden von Berlin am 28. Juli 1742 erhielt Preußen ganz Schlesien mit der Grafschaft Glatz, aber ohne die Herzogtümer Troppau und Jägerndorf; um den Besitz des letzteren hatte Friedrich II. den Eroberungsfeldzug angestrengt. 1743 erkannte der Landtag in Prag den Verlust Schlesiens an, das vier Jahrhunderte mit der böhmischen Krone verbunden gewesen war.

Seit Juni 1742 kämpfte Maria Theresia um die Rückeroberung der westböhmischen Gebiete und die Befreiung Prags. Nach einer mehrere Monate dauernden Belagerung konnten die französischen Truppen vertrieben werden, die Österreicher nahmen am 2. Januar 1743 Prag wieder in Besitz. Viele Anhänger der Wittelsbacher waren geflohen. Mit der Leitung der Landesverwaltung wurde Johann Ernst Graf Schaffgotsch betraut, der die Magistrate der Prager Städte ihrer Stellen enthob. Am 12. Mai 1743 ließ sich Maria Theresia im Prager Veitsdom durch den Bischof von Olmütz krönen, anstelle des auf seine Güter verbannten Erzbischofs Moritz Gustav Reichsgraf Manderscheid, der Karl Albrechts Krönung vollzogen hatte. Trotz Vorgehens gegen die Kollaborateure der Wittelsbacher und Franzosen ließ die neue Königin insgesamt Milde walten. Sie begnadigte alle Adligen, die König Albrecht gehuldigt hatten, oder bestrafte sie mit geringen Geldbußen. Sieben Bürger wurden des Landes verwiesen, nur einer zum Tod verurteilt, kurz vor der Hinrichtung aber zu lebenslanger Haft begnadigt.

Durch die politischen Erfolge, die Maria Theresia im Verhältnis zu England, Spanien und Frankreich erzielte, fühlte sich der preußische König Friedrich veranlaßt, Maßnahmen gegen die Machterweiterung Österreichs zu ergreifen. Als im Sommer 1744 unter Karl von Lothringens Führung ein österreichisches Heer in das Elsaß einfiel, antwor-

Olmütz, Oberring (um 1915)

tete Friedrich mit dem Einbruch von 80 000 Mann in Böhmen. In drei Armeen – aus dem Nordwesten, dem Norden und dem Nordosten – marschierten preußische Soldaten in Böhmen ein und eroberten am 17. September 1744 die Hauptstadt Prag, am folgenden Tag zog der Preußenkönig ein. Mit diesem Feldzug eröffnete er den Zweiten Schlesischen Krieg. Nur zwei Monate konnten sich die Preußen in Prag halten. Jedoch siegte Friedrich II. in allen Schlachten und zwang die österreichische Herrscherin zum Abschluß des Friedens von Dresden am 25. Dezember 1745. Zum zweiten Mal mußte Maria Theresia auf den Besitz Schlesiens verzichten, erlangte aber von Friedrich die Zusicherung, für Großherzog Franz als Nachfolger Kaiser Karls VII., der am 20. Januar 1745 gestorben war, im Kurfürstenkolleg zu votieren.
Der Kampf um das habsburgische Erbe, insbesondere um die Rückgabe Schlesiens, war damit nicht beendet, sondern blieb wichtigstes Anliegen Maria Theresias. Die Wahl Franz Stephans zum Kaiser Franz I. am 13. September 1745 stärkte die habsburgische Stellung in Europa. Eine zielstrebige Rüstungspolitik sowie die auf Bündnisse mit Frankreich und Rußland ausgerichtete Außenpolitik bedeuteten für Friedrich den Großen eine ernsthafte Bedrohung. Er vermochte die Gefahr auch durch seine geplante Annäherung an England nicht zu beseitigen. Der Besitz Schlesiens war daher für Preußen nicht nur als Sicherungsfeld gegenüber Böhmen und Mähren wichtig, Schlesien bildete auch einen Ausgangspunkt für den Einfluß auf Nord- und Osteuropa. Die bestehende Mächtekonstellation auf dem europäischen Kontinent hätte dem preußi-

schen König im Prinzip genügt, wenn ihm nicht ein erneuter Krieg unvermeidlich erschienen wäre. Er wollte einer militärischen Auseinandersetzung zuvorkommen, die seit dem französisch-österreichischen Verteidigungsbündnis sich anbahnte.
Schauplatz des Angriffskrieges, der am 29. August 1756 mit dem Einmarsch in Kursachsen begann, waren die böhmischen Länder. Siegreich verliefen die Schlachten bei Lobositz an der Elbe und bei Prag, hingegen erlitt der preußische König bei Kolin am 18. Juni 1757 schwere Verluste. Sein Sieg über die Truppen des Reiches und Frankreichs bei Roßbach in Sachsen-Anhalt Anfang November 1757 brachte ihm große Popularität ein. Er wandte sich nun nach Schlesien und schlug bei Leuthen in Niederschlesien die an Zahl überlegenen Österreicher am 5. Dezember 1757. Den Feldzug 1758 eröffnete Friedrich mit dem Einmarsch in Mähren. Vor Olmütz mußte er den Versuch einer Offensive aufgeben. Schlesien ging für Preußen in der Schlacht bei Kunersdorf an der Oder in der Mark Brandenburg im August 1759 verloren. Nordböhmen und Nordmähren hatten unter den ständigen Kriegshandlungen schwer zu leiden. Als das englische Bündnis mit Preußen auseinanderbrach, suchte der preußische König Unterstützung bei den Türken und Tataren. Die Koalition zwischen Maria Theresia und Elisabeth von Rußland wurde für ihn immer bedrohlicher.
Die Rettung für Friedrich den Großen brachte der Tod der russischen Kaiserin Anfang Januar 1762. Ihr Nachfolger Peter III., Verehrer des Preußenkönigs, erneuerte das Bündnis mit Österreich nicht. Die erschöpften Mächte Österreich und Preußen vereinbarten Ende November 1762 einen Waffenstillstand. Auf Vermittlung Kursachsens schlossen die Kriegsgegner am 15. Februar 1763 in Hubertusburg bei Leipzig den Frieden und beendeten den Siebenjährigen Krieg. Die in den Friedensverträgen von Breslau 1742 und von Dresden 1745 festgelegte Abtretung Schlesiens mußte die Kaiserin als definitiv anerkennen. Eine Parallele zum Vertrag von 1745 gab es auch jetzt. Friedrich II. erklärte sich bereit, die Wahl Erzherzog Josephs, des ältesten Sohnes Maria Theresias, zum deutschen König zu unterstützen.
Nach dem Ersten Schlesischen Krieg leitete Maria Theresia die Reform der Staatsverwaltung ein. Eine Neuordnung war vor allem in den schlesischen Distrikten notwendig, die bei Österreich verblieben waren. Bereits Ende Januar 1743 richtete Maria Theresia in Troppau das Landesgubernium ein, das als oberstes Verwaltungsorgan mit politischen, juristischen und fiskalischen Aufgaben betraut wurde.
In Böhmen amtierte als Landesregierung seit 1747 das Statthaltereikollegium. Der böhmische Adel versagte sich, soweit es ihm nach der »Verneuerten Landesordnung« von 1627 möglich war, der Zusammenarbeit mit den neuen Verwaltungsbehörden. Der mährische Adel unterstützte die Reformen in der Absicht, sich von der Vorherrschaft des Adels in Böhmen lösen zu können. Reformiert wurde das gesamte Finanzwesen und die Erhebung der Steuern auf eine neue Grundlage gestellt. Auch der Adel, der seinen Beitrag regelmäßig, aber nach freiwilliger Einschätzung geleistet hatte, wurde zur Entrichtung von allgemeinen Steuern verpflichtet.
1749 erfolgte die Auflösung der Statthalterei in Prag, deren Aufgaben die Königliche Repräsentation und Kammer übernahm. Die gleichen Institutionen wurden in Mähren und Österreichisch-Schlesien eingeführt. Sie standen an der Spitze der Landesverwaltung und übten die Aufsicht über alle Landesämter aus. Vorgesetzte Behörde war das

»Directorium in publicis et cameralibus«, das Direktorium für öffentliche und Kammerangelegenheiten.
Die Zentralisierung der Verwaltung wirkte sich gegen die Stände aus, deren Einfluß mehr und mehr zurückgedrängt wurde. So zögerte Maria Theresia nicht, den Ständen 1748 das Steuerbewilligungsrecht zu entziehen. Drei Jahre später drängte die Hofkanzlei die Ansprüche der Stände erneut zurück. Böhmen wurde in 16, Mähren in 6 Kreise eingeteilt, an deren Spitze ein staatlich eingesetzter Kreishauptmann stand. Lediglich die lokale Verwaltung in den Bereichen Finanzen, Justiz und allgemeine Aufgaben war dem Adel geblieben. Während des Siebenjährigen Krieges setzte die Kaiserin die Reform von Regierung und Verwaltung fort. Eingeleitet wurde die zweite Phase 1760 mit der Berufung des Staatsrates als Beratungsorgan. Der Staatsrat, dem der Staatskanzler, der Hofkanzler und je drei Repräsentanten des Hochadels und des Ritterstandes angehörten, hatte zwar keine Vollmachten in der Regierungsgewalt, konnte aber durch die Koordination der Arbeit von Zentralbehörden und Hofstellen die Politik entscheidend beeinflussen. Alle Planungen mußten ihm zur Genehmigung vorgelegt werden, das Recht zur Kontrolle und Prüfung der Maßnahmen der Landesstellen in den deutschen Erblanden stand ihm als dem vornehmsten Rat der Krone zu.
Das Direktorium wurde 1761 aufgelöst, seine Funktion übernahm die Vereinigte Österreichische und Böhmische Kanzlei. Zwei Jahre später stellten die Königlichen Repräsentationen und Kammern ihre Tätigkeit ein. An ihre Stelle trat in Böhmen, Mähren und Schlesien jeweils das Gubernium. In Prag gehörten ihm zwei Räte aus dem Adel ohne Besoldung und sechs beamtete Räte an, deren Beratungen der Oberstburggraf als Vorsitzender leitete. In der Zusammensetzung dieser Gremien fand die Tendenz, den Einfluß des Adels zurückzudrängen und durch Berufsbeamte zu ersetzen, ihren Ausdruck. Geleitet wurden die Landesbehörden durch die Hofkanzlei, die über sie die politischen, finanziellen und militärischen Angelegenheiten kontrollieren konnte. Der Binnen- und Außenhandel, ausgerichtet nach den Prinzipien des Merkantilismus, unterstand dem Kommerzdirektorium in Wien. Diese vom Landesherrn gelenkte Wirtschaftspolitik führte zur Umbildung des ständischen Staates in einen zentralistischen Beamtenstaat. In den österreichischen Ländern war das merkantilistische System durch die Bevölkerungspolitik geprägt.
In den Verwaltungsreformen für die Städte und Dörfer kam der Stärkung des Staates, aber auch dem Schutz der Rechte der wirtschaftlich Schwachen eine neue Bedeutung zu. In ähnlichem Maße wie in der Auseinandersetzung mit dem Adel wurde die Macht der Zünfte eingeschränkt. Ebenso mußten die von den städtischen Räten gewählten Bürgermeister und ihre Vertreter von der Regierung bestätigt werden, die ihrerseits die Beamten der Magistrate aus der staatlichen Verwaltung berief.
Wenn auch in den folgenden Jahren hin und wieder Änderungen vorgenommen wurden, blieb das von Maria Theresia eingeführte System der Verwaltung bis in die Revolutionszeit 1848 in Kraft. In der Regierungszeit Josephs II. wurde der Gedanke der Zentralisierung verstärkt und in Staat und Verwaltung durchgesetzt.
Mit 23 Jahren 1764 in Frankfurt am Main zum deutschen König gewählt, erlangte Joseph II. ein Jahr später, nach dem Tod seines Vaters Franz Stephan 1765, beinahe selbstverständlich die Kaiserwürde. Im gleichen Jahr berief ihn seine Mutter zum

Mitregenten in den Ländern der habsburgischen Herrschaft. Die als Einführung in die Regierungsgeschäfte gedachte Regentschaft war durch immer häufigere Zwistigkeiten zwischen Maria Theresia und Joseph II. bestimmt. In den ersten Jahren unternahm der Kaiser zahlreiche Reisen in alle österreichischen Provinzen. Seine erste galt den Schlachtfeldern des Siebenjährigen Krieges, den Truppenlagern und Festungen in Böhmen und Mähren. Alljährlich besuchte er die böhmischen Länder, nicht immer zu militärischen Zwecken. So galt die Reise im Jahr 1771 der Sorge um die Linderung einer Hungersnot, die ganz Böhmen und Mähren getroffen hatte.

Das große Vorbild seiner Politik sah Joseph II. in dem Preußenkönig Friedrich II. Die persönlichen Begegnungen in Neisse 1769 und in Mährisch Neustadt 1770 führten zur losen politischen Zusammenarbeit. Nach dem Tod der Kaiserin Maria Theresia am 29. November 1780 konnte Joseph II. seine Politik allein bestimmen. In der Außenpolitik erzielte er kaum Erfolge, weil ihn in erster Linie die Reformideen beschäftigten. Er setzte zwar die von Maria Theresia eingeleiteten Maßnahmen fort, jedoch unterschied er sich durch eine kompromißlose Radikalität von seiner Mutter. Das Experiment des Wandels durch Anwendung der aufklärerischen Prinzipien war an die Person des Herrschers gebunden. Joseph II. forcierte es, weil er fürchtete, sein Nachfolger würde es nicht fortsetzen.

Die böhmischen Länder hatte Joseph II. öfter bereist als die anderen Kronländer. Die Aufhebung der Leibeigenschaft wurde 1781 dort vorbereitet. Sein Mißtrauen richtete sich gegen den Adel und dessen ständische Vorrechte. So lehnte er die Krönung zum böhmischen König in Prag ab, verbot 1783 eine Initiative zur Einberufung der Stände und löste 1784 die ständischen Landesausschüsse auf.

Die wichtigsten Reformen setzte Joseph II. in den Bereichen Verwaltung, Justiz und Kirche durch. Als absoluter Fürst schränkte er die Vorrechte des Adels erheblich ein. Gleichzeitig beseitigte der Kaiser die historischen Rechte und Privilegien der einzelnen Nationen und Provinzen der Monarchie. Die Maßnahmen zur Zentralisierung der Verwaltung erstreckten sich nicht nur auf die regionalen Verwaltungsbehörden, sondern auch auf die Zentralorgane. Die innere und finanzielle Verwaltung wurde gestrafft und 1782 in fünf Behörden zusammengefaßt. Die neue Zentrale bestand aus Staatsrat, Haus-, Hof- und Staatskanzlei, Vereinigte Hofstellen, Hofkriegsrat und Oberste Justizstelle.

Ausdruck der Zentralisierung war ferner die Einführung des Deutschen als Amtssprache in der Gesamtmonarchie mit Dekret vom 18. Mai 1784. Sie sollte nicht einer Germanisierung den Weg bereiten, sondern der Kaiser erwartete dadurch eine Stärkung des Staates und die Vereinheitlichung der Verwaltung. Obwohl Joseph II. offiziell erklärte, daß der nationalsprachliche Eigencharakter der Landschaften und der nichtdeutschen Bevölkerung gepflegt werden sollte, erregte die Maßnahme überall Widerstand. Der schärfste Protest gegen die deutsche Sprache ging von den Ungarn aus, die die Beibehaltung des Lateinischen als Amtssprache forderten.

Die Reorganisation der Gerichte hatte schon unter Maria Theresia begonnen. Diese trat für die Rechtsgleichheit aller Untertanen und für die Kodifikationen des bürgerlichen Rechts und des Strafrechts ein. Joseph II. hatte in diesen Bereichen wenig Erfolg erzielen können. Jedoch gelang es ihm, die niedere Gerichtsbarkeit des Adels abzu-

schaffen. An ihre Stelle traten in den böhmischen Ländern die auf der Basis von Richterkollegien eingerichteten Appellationsgerichte in Prag und Brünn, die als Berufungsinstanzen allen Landesbewohnern, einschließlich dem Adel, offenstanden. Die Neuordnung des Strafverfahrens sah die Abschaffung der Todesstrafe vor, dafür ließ Joseph II. neue harte Strafen für Kapitalverbrechen einführen. Im Zivilrecht schuf er eine Neuerung mit der Definition der Ehe als bürgerlichem Vertrag, wie es das Ehegesetz vom 16. Januar 1783 ausdrücklich festlegte.
Die Kirchenpolitik Kaiser Josephs II. löste die größte Unruhe aus. Sie strebte die Unterordnung der Kirche unter die Staatsgewalt an und führte zur Ausbildung des Staatskirchentums. Das Toleranzpatent vom 13. Oktober 1781 sicherte den nichtkatholischen christlichen Konfessionen politische Gleichberechtigung und freie Ausübung der Religion zu. Gegen die nicht anerkannten Sekten ging die österreichische Regierung mit Härte vor. Die Ausbildung der katholischen Priester übernahm der Staat; die Kurie in Rom und die Bischöfe blieben ausgeschaltet. Die Aufhebung sämtlicher Klöster, die nur das beschauliche Leben pflegten, die wirtschaftlich oder sittlich schlecht geführt waren, sowie der Bettelorden wurde in einem Dekret vom 12. Januar 1782 verfügt. In Böhmen schloß die Regierung 61 Männerklöster mit 960 Mönchen und 13 Frauenklöster mit 380 Nonnen. Zu ihnen gehörten Königsaal, Sazawa, Sedletz und Braunau. Von den mährischen Klöstern wurden 33 Ordensgemeinschaften mit 837 Angehörigen und sieben Nonnenklöster mit 380 Ordensfrauen geschlossen. Der Staat zog das Vermögen ein und fügte es einem Religionsfonds zu. Aus ihm finanzierte er die Priesterausbildung und die Einrichtung neuer Bistümer und Pfarrstellen.
Als Kaiser Joseph II. am 20. Februar 1790 im Alter von 49 Jahren starb, erweckte sein Tod in der Monarchie nur wenig Trauer. Sein Nachfolger wurde Leopold II., der jüngere Bruder. Den Großherzog von Toskana begrüßte die Öffentlichkeit als »Friedensfürst« oder als »Leopold den Weisen«. Am 9. Oktober zum Kaiser, am 15. November 1790 zum ungarischen König und am 6. September 1791 zum böhmischen Kaiser gekrönt, blieb ihm nur wenig Zeit, seine weitreichenden Ideen zur Umgestaltung der Verfassung der österreichischen Länder durchzusetzen. In Böhmen und Mähren begann Leopold eine Politik, die die Unterdrückung der Stände, wie Joseph II. sie praktiziert hatte, zurücknehmen sollte. Ein erster Schritt war die Aufhebung des Steuerpatents, ein weiterer die Zulassung der Landesausschüsse, deren Tätigkeit 1783 eingestellt worden war. Der Adel erhielt wieder das Recht, die niedere Gerichtsbarkeit auszuüben, die allerdings jetzt der staatlichen Aufsicht unterstand. Zurücknehmen mußte Leopold II. auch die Einführung des Deutschen als allgemeine Amtssprache. Auf dem Gebiet der Kirchenpolitik nahm er ebenfalls Änderungen vor. Der Kaiser ließ einige der aufgehobenen Klöster wieder zu. Trotz anfänglicher Sympathie für die revolutionäre Bewegung in Frankreich und in Polen fürchtete Leopold die Ausbreitung des revolutionären und antimonarchischen Gedankengutes in der Habsburgermonarchie, er verschärfte deswegen die Zensur von Druckschriften und Zeitungen und die polizeiliche Kontrolle der Staatsbürger. Am 1. März 1792 starb Leopold II. mit 45 Jahren eines so plötzlichen Todes, daß Gerüchte über die Todesursache entstanden, die bisher nicht geklärt werden konnten. Mit ihm endete die Periode des aufgeklärten Absolutismus im Reich der Habsburger.

Die nationale Wiedergeburt der Tschechen und die Deutschen

Im Alter von 24 Jahren wurde Leopolds II. ältester Sohn Franz am 5. Juli 1792 zu seinem Nachfolger gewählt und am 14. Juli als Kaiser Franz II. in Frankfurt gekrönt. Drei Wochen später erhielt er die böhmische Krone im Prager Veitsdom. Jedoch zeigte Franz an der Politik in Böhmen und Mähren kaum Interesse. Die ersten Kriege einer Koalition europäischer Mächte gegen Frankreich, um das europäische Gleichgewicht wiederherzustellen, gingen an den böhmischen Ländern vorüber. Der dritte Koalitionskrieg in den Jahren 1805 bis 1806 hatte dagegen Mähren zum Schauplatz. Napoleons Vormarsch richtete sich gegen Österreich und Rußland als Verbündete. Nachdem die Franzosen bei Ulm ein österreichisches Heer geschlagen hatten, besetzte Joachim Murat, Napoleons Schwager, Ende November 1805 die Hauptstadt Wien. Der kaiserliche Hof hatte sich über Brünn nach Olmütz zurückziehen können, während die russischen Truppen sich in Nordmähren einquartiert hatten. Napoleon forderte als Kriegskontribution für seinen Rückzug aus Südmähren 12 Millionen Gulden, weitere 1,5 Millionen Gulden Kontributionen aus den Gebieten um Budweis und Tabor. Als diese Zahlungen verweigert wurden, ging Napoleon militärisch vor. In der Dreikaiserschlacht – Kaiser Franz II., Kaiser Alexander I. von Rußland und Kaiser Napoleon – von Austerlitz östlich von Brünn am 2. Dezember 1805 errangen die Franzosen einen glänzenden Sieg. Rußland schied sofort aus dem Bündnis aus. Unter diesen Umständen zwang Napoleon Österreich zum Abschluß eines Friedens, der am 26. Dezember 1805 in Preßburg vertraglich vereinbart wurde.
Venetien, Tirol, Vorarlberg und Vorderösterreich um Freiburg im Breisgau gingen der österreichischen Herrschaft verloren. Gravierender für die Position des Kaisers erwies sich der Zusammenschluß der wichtigsten deutschen Fürsten zum Rheinbund am 12. und 16. Juli 1806 in Paris. Über diese Vereinigung gegen das noch bestehende Reich verstärkte Napoleon den Druck auf Kaiser Franz, den die Reichsfürsten im Stich gelassen hatten. Als er sich den Forderungen zum Verzicht auf die Kaiserkrone nicht mehr widersetzen konnte, legte Franz II. die deutsche Krone am 6. August 1806 nieder. Er nahm an deren Stelle die Würde eines österreichischen Kaisers an und nannte sich Franz I. Das Heilige Römische Reich deutscher Nation war nach fast tausend Jahren zu Ende gegangen und mit ihm die Verbindung der böhmischen Länder zum Reich, die in der Kurwürde bestanden hatte.
In der Doppelschlacht bei Jena und Auerstedt wurden 1806 die Preußen, in den Schlachten von Aspern und Wagram 1809 die Österreicher von den französischen Truppen entscheidend geschlagen. Preußen mußte die Stärke Napoleons im Frieden von Tilsit 1807 anerkennen, der Friede von Schönbrunn am 14. Oktober 1809 beendete den Krieg Österreichs mit Frankreich. Erst nachdem Napoleons Zug nach Rußland 1812 scheiterte, obwohl er Moskau eingenommen hatte, gelang es den Gegnern sich zusammenzuschließen. Die Konvention von Tauroggen vom 30. Dezember 1812 zwischen Preußen und Rußland leitete die Wende ein. Vertraglich wurde die Koalition zwischen Rußland und Preußen in Kalisch am 28. Februar 1813 bestätigt, ihr schloß sich Österreich am 12. August 1813 an. Nach wechselnden Erfolgen der Kriegsgegner

Preßburg

kam es vom 16. bis 19. Oktober 1813 zur Völkerschlacht bei Leipzig, in der die Verbündeten den Sieg davontrugen und Napoleon zum Rückzug über den Rhein zwangen. Ende 1813 war das rechtsrheinische Deutschland frei. Als die verbündeten Heere Paris erstürmten und König Friedrich Wilhelm III. und Kaiser Alexander I. am 31. März 1814 in die französische Hauptstadt einzogen, mußte Napoleon kapitulieren. Auf Drängen seiner Generale dankte er am 6. April 1814 in Fontainebleau bei Paris ab. Als er nach 100 Tagen aus der Verbannung zurückkehren konnte, wurde er am 18. Juni 1815 von englischen und preußischen Truppen bei Belle-Alliance (Waterloo) vernichtend geschlagen. Paris wurde am 7. Juli 1815 erneut eingenommen.

Dem Wiener Kongreß, der vom 18. September 1814 bis 9. Juni 1815 um die Neuordnung Europas und Deutschlands rang, brachte Kaiser Franz I. nur wenig Interesse entgegen. Im Mittelpunkt seines politischen Denkens und Handelns stand die Erbmonarchie, das Kaisertum. Die Bemühungen seines Ministers Clemens Lothar von Metternich, in dem sich allmählich entwickelnden Deutschen Bund dem österreichischen Kaiserstaat die Vorherrschaft zu begründen, spielten für Kaiser Franz I. nur eine untergeordnete Rolle. Nach der Bedrohung Österreichs aus dem Westen und dem Sieg über Napoleon stand das Kaisertum glanzvoller da als vor 1806. Mit der Einbeziehung der deutschen Erblande und des Königreiches Böhmen mit der Markgrafschaft Mähren und dem Herzogtum Schlesien in den Deutschen Bund war der Kaiser

einverstanden. In der Bundesversammlung, dem einzigen Verfassungsorgan des Deutschen Bundes, waren die böhmischen Länder insgesamt durch die österreichische Krone vertreten.
Innenpolitisch war Österreich auf die Festigung der Monarchie ausgerichtet. Erheblich ausgebaut wurden Überwachungsmaßnahmen zur Abwehr von revolutionären Ideen. Franz I. hatte die Stände zwar formal wieder eingesetzt, politisches Gewicht konnten sie aber nicht mehr erringen. Metternich fand für seinen Plan der Einberufung eines Reichsrates auf altständischer Basis keine Unterstützung. Eine neue innenpolitische Entwicklung bahnte sich durch die Entfaltung eines nationalen Bewußtseins unter den Völkern des habsburgischen Reiches an. Unverkennbar hatte in der Regierungszeit Josephs II. ein tschechischer kultureller Aufschwung begonnen. An der Schwelle zum 19. Jahrhundert vollzog sich die nationale Erneuerung zunächst auf geistigem und vornehmlich literarischem Gebiet. Vermittler war die 1790 errichtete Königlich-Böhmische Gesellschaft der Wissenschaften. Herder und Goethe, Leibniz und Rousseau waren im Rahmen der allgemeinen Erweckungsbewegung der Slawen die Paten der eigentlichen tschechischen geistigen Erneuerung.
Ihren ersten Höhepunkt hatte die Bewegung in der wissenschaftlichen Tätigkeit von Josef Dobrovský (1753–1829), dem Nestor der slawischen Sprachforschung. Bereits 1792 erschien die Geschichte der böhmischen Sprache und Literatur und 1800 das »Deutsch-böhmische Wörterbuch«. Ein anderer geistiger Vorkämpfer der Tschechen, Josef Jungmann (1773–1847), wurde zum eigentlichen Schöpfer der modernen tschechischen Literatursprache und wies ihr auch in seinen wissenschaftlichen Bemühungen den Rang des Fundaments der Nation zu. Der dritte bedeutende Erneuerer war der Historiker František Palacký (1798–1876), der nach 1848 der erste politische Führer seines Volkes wurde. Seine Interpretation der Geschichte zeigte die Tschechen als östliche Vorposten des liberalen Westens und nicht als westliche Repräsentanten des slawischen Ostens.
Jedoch vollzog sich die Entwicklung des tschechischen Nationalbewußtseins nicht feindlich gegenüber den deutschen Landesbewohnern, sondern eher im Sinn eines böhmischen Landespatriotismus. Die geistige und finanzielle Unterstützung durch Kreise des Adels spielte eine wichtige Rolle. Sein Anteil am Aufbau wesentlicher Bildungseinrichtungen zur Aufklärung und zur Erweckung des Nationalbewußtseins, seine Mitwirkung in der Zeit des Übergangs von der agrarischen zur industriellen Gesellschaft entsprangen seiner patriotischen Gesinnung und seiner Sorge um den allgemeinen Fortschritt der böhmischen Gesellschaft. Auf gleicher Grundlage erwuchs auch zu Beginn des 19. Jahrhunderts im sich stärker formierenden Bürgertum ein wichtiger Partner. Zwischen Deutschen und Tschechen bestand in jenen Jahren keine Kluft. Nach 1800 griffen deutsche Autoren Böhmens die mythischen Themen der slawischen Frühgeschichte auf. In einem Teil der deutschen Führungsschicht entwikkelte sich die Idee von der notwendigen Zusammenarbeit der Völker zu einer neuen Bewegung. Der auf diese Weise entstandene »Bohemismus« stellte nicht das national Trennende, sondern das binationale Element in den Vordergrund, die gemeinsame Geschichte im Königreich Böhmen. Angestrebt wurde der Ausgleich der beiden Stämme. Gefördert wurde der Bohemismus am stärksten durch den Religionswissen-

schaftler und Philosophen an der Prager Universität Bernard Bolzano. Bei den Deutschen spielten nationale Aspekte eine geringere Rolle als bei den Tschechen.
Das von staatlicher Seite 1818 nach dem Vorbild des Johanneums in Graz gegründete Prager Königlich Böhmische Landesmuseum sollte beiden Nationen dienen und als eigenes wissenschaftliches Zentrum die Idee der Einheit des böhmischen Königreiches fördern. Jedoch gewannen vor allem Jungmann und Palacký auf die Entwicklung des Museums einen starken Einfluß. Dies zeigte sich 1827, als zu Beginn des Jahres die Zeitschrift des Museums in zwei Sprachen erschien. Neben die »Monatsschrift der Gesellschaft des vaterländischen Museums in Böhmen« trat die erste Nummer des »Časopis společnosti vlasteneckého Museum v Čechách« und hob die tschechische Sprache auf eine internationale Ebene. Die deutsche Zeitschrift stieß in den böhmischen, aber auch in den deutschsprachigen Ländern auf geringes Interesse und mußte ihr Erscheinen nach vier Jahren einstellen. Aus der tschechischen Zeitschrift entwikkelte sich ein kulturelles Forum von beachtlichem Rang, das noch heute besteht. Eine wesentliche Belebung des Tschechischen schuf Palacký mit der Begründung eines Literaturfonds als Fachabteilung der Museumsgesellschaft am 1. Januar 1831. Die »Matice Česká« erhielt ihren Namen nach einer ähnlichen Institution in Serbien. Mit ihrer Hilfe bestand die Möglichkeit, Bücher publizieren zu lassen. 1835 konnte das fünfbändige tschechisch-deutsche Wörterbuch Jungmanns gedruckt werden.
Eine starke antideutsche Tendenz hatten die in jener Zeit vorgelegten mittelalterlichen Handschriften, die von Václav Hanka »entdeckt« wurden und in Wirklichkeit seine Fälschungen waren. Die von ihm 1817 verbreitete »Königinhofer Handschrift« enthielt zwei lyrisch-epische Dichtungen, sechs Liebeslieder und sechs Kurzepen aus dem 13. Jahrhundert. Eine 1818 angeblich auf Schloß Grünberg gefundene Handschrift sollte aus dem 9. Jahrhundert stammen. Sie umfaßte 119 Verse, die unter anderem »Libušas Gericht« beschrieben. Obwohl beide Handschriften bald als Fälschungen erkannt waren, konnten die Beweise erst 1886 einwandfrei erbracht werden. Die Texte wurden in viele Literatursprachen übersetzt und von den Tschechen mit großer Begeisterung als Boten einer frühen Blütezeit nationaler Dichtung begrüßt. Auch Johann Wolfgang von Goethe formte sein Gedicht »Das Sträußchen« nach einer Übersetzung ins Deutsche um. Palackýs 1836 erschienene Geschichte Böhmens in deutscher Sprache stand unter dem Einfluß der Fälschungen Hankas.
Zu Beginn der dreißiger Jahre bestanden zwischen Deutschen und Tschechen weiterhin Gemeinsamkeiten, obwohl das Verhältnis immer häufiger Belastungen ausgesetzt war. Der polnische Aufstand vom November 1830 und der Kampf der Polen gegen die russische Unterdrückung stieß unter Deutschen und Tschechen auf große Sympathie. Als Zar Nikolaus I. die Aufständischen besiegte und viele Polen auch in die böhmischen Länder flüchteten, wurden sie von der Bevölkerung unterstützt. Die tschechische Nationalbewegung spaltete sich in zwei Flügel. Der eine, der sich um die Matice česká gruppierte, nutzte die polnische Bewegung für die eigene Forderung nach staatlicher Selbständigkeit und Gleichberechtigung der tschechischen Sprache mit der deutschen aus. Gegenüber diesem radikalen Standpunkt lehnten die Konservativen eine gewaltsame Veränderung im Rahmen der Rechtsstellung ab und setzten auf eine allmähliche Verbesserung der staatlichen Gesetzgebung. Weil auch der politisch orientierte Adel

dieser Richtung den Vorzug einräumte, errang sie wieder die führende Stellung. Sie behauptete sie auch in der neuen Strömung des Austroslawismus, der unter den acht in der Habsburgermonarchie lebenden slawischen Völkern entstand. Im Austroslawismus, in dem sich Tschechen, Mährer und Slowaken, Polen, Ruthenen, Kroaten, Serben und Slowenen zusammenfanden – etwa 40 Prozent der Gesamtbevölkerung –, sah vor allem der Adel die Abwehr einer Schwärmerei für Rußland. Kennzeichnend für die neue Bewegung war die Einbindung in den österreichischen Staat, sie führte auch die getrennten Richtungen unter den tschechischen Politikern wieder zusammen.
Mehr und mehr übernahm das Bürgertum die führende Rolle in der nationalen Bewegung. An der Durchsetzung von sozialen Forderungen, die sich aus der entstehenden Industrialisierung ergaben, waren die bürgerlichen Politiker nicht interessiert. Weder Arbeiter noch Bauern zeigten an den nationalen Strömungen Interesse. Die von den Politikern erhobenen Forderungen fanden im agrarischen Bereich nur hin und wieder Unterstützung. Eine Ausnahme in der Bewegung stellte die böhmische Hauptstadt Prag dar. Sie galt für die Tschechen als Mittelpunkt, von dem das nationale Leben ausging. Unter der ländlichen Bevölkerung in den Dörfern und in den Kleinstädten verzettelte sich die nationale Bewegung, sie errang nur Teilerfolge. In Prag dagegen nahm seit Beginn des 19. Jahrhunderts der Zuzug von tschechischen Landbewohnern stark zu, sie bildeten die unteren und mittleren Schichten der städtischen Bevölkerung. Für sie wurden zahlreiche Wohnungen gebaut, und von ihnen ging die Umgestaltung Prags zu einer tschechischen Stadt aus. In diesen neuen Schichten fand die politische Arbeit der Tschechen ein weites Betätigungsfeld, weil die sozialen Fragen mit den nationalen unmittelbar verknüpft werden konnten.

Die Nationsbildung der Tschechen

Der Funke der Pariser Revolution vom 24. Februar 1848, in der sich Frankreich gegen den Bürgerkönig Louis Philippe erhob, entzündete eine Volksbewegung in ganz Europa, die auch auf die böhmischen Länder übergriff. Am 11. März 1848, zwei Tage bevor der Staatskanzler Clemens Fürst Metternich in Wien gestürzt wurde, fanden sich 3000 Prager, meist tschechische, aber auch deutsche Bürger, in der Neustädter Gaststätte »St. Wenzelsbad« zu einer Versammlung ein. Die Mehrheit der Teilnehmer sprach sich für eine Petition aus, in welcher der Kaiser Ferdinand gebeten wurde, die Länder Böhmen, Mähren und Schlesien zu vereinigen, zentrale Behörden in Prag zu errichten, der deutschen und tschechischen Nation gleiche Rechte in der Schule und in Ämtern zu gewähren. Als die Delegation, die am 19. März 1848 zur persönlichen Übergabe der Forderungen nach Wien gereist war, acht Tage später mit einer unverbindlichen Zusage nach Prag zurückkehrte, spitzte sich in der Kritik an dem Mißerfolg die nationale Auseinandersetzung zu. Hatten sich die tschechischen und deutschen Bürger in der Forderung auf Gleichberechtigung auf ein gemeinsames Vorgehen verständigen können, die auch von der Regierung in Wien in Aussicht gestellt wurde, forderte der tschechische Schriftsteller Karl Havlíček Borovský die Vorherrschaft der Tschechen im Lande. Diese Auffassung publizierte er in der ersten Nummer der

Zeitung Národní noviny – Nationalzeitung – vom 5. April 1848. Auch die unbestimmte Zusage, zu der sich die Regierung in Wien am 8. April verstand, konnte die Auseinandersetzung nicht eindämmen. Die Gleichstellung der tschechischen mit der deutschen Sprache, die Einsetzung von zentralen Behörden und die Einberufung eines Landtages, wie sie das Kabinettsschreiben versprach, vermochten die Fronten nicht mehr aufzuweichen.

Um den Einfluß des St.-Wenzelsbad-Ausschusses zurückzudrängen, hatte Oberstburggraf Rudolf Graf Stadion am 1. April bereits eine Gubernialkommission einberufen. Ihr gehörten, wie es in dem Gründungserlaß hieß, 25 Repräsentanten des Hochadels, des Grundbesitzes, der Intelligenz und der Industrie an. In Prager tschechischen Kreisen wurde die Kommission abgelehnt, Zustimmung fand jedoch der Vorschlag, die Gubernialkommission mit dem St.-Wenzelsbad-Ausschuß zu vereinigen. Die Zahl der Mitglieder wurde von 28 auf 100 erhöht. Am 13. April 1848 konstituierte sich das aus dem Ausschuß und der Kommission zusammengesetzte Gremium als »Nationalausschuß«. Seine wichtigste Aufgabe, die Wahlen zu einem Landtag vorzubereiten, konnte er nicht erfüllen. Die Regierung in Wien hatte sich für die Einberufung eines Reichstages für die gesamte Monarchie entschieden.

Die Märzrevolution in Österreich ließ die nationale Komponente stärker hervortreten als in den anderen Staaten des Deutschen Bundes. Die österreichische Regierung verhielt sich gegenüber der Entwicklung in den eigenen Ländern abwartend, beobachtete gleichzeitig die Beratungen des Frankfurter Vorparlaments mit Mißtrauen. Als sich seine Mitglieder für die Einberufung eines Gesamtparlaments des Deutschen Bundes ausgesprochen hatten, widersetzte sich die Wiener Zentralregierung dem Beschluß der Deutschen Bundesversammlung vom 7. April 1848 nicht, in dem die Wahlen für die konstituierende Nationalversammlung auf den 22. April festgesetzt wurden, obwohl sie gerade diese Institution nicht akzeptierte.

Im Vorparlament waren nur zwei Vertreter aus Österreich an den Beratungen beteiligt gewesen, in dem aus diesem Gremium gewählten permanenten Ausschuß von 50 Mitgliedern nur ein Österreicher. Um dieses Mißverhältnis auszugleichen, hatte der sogenannte Fünfzigerausschuß die Ergänzung um sechs österreichische Politiker beschlossen. Unter diesen sollte auch František Palacký zur Mitarbeit gewonnen werden, aber nicht als Vertreter der Tschechen, sondern als Bundesgenosse zur Durchsetzung der künftigen Verfassung in den böhmischen Ländern. Nach Ansicht des Fünfzigerausschusses sollte die Einbeziehung Böhmens der beabsichtigten Erneuerung des historischen Zusammenhangs dienen. In seinem umfangreichen Absagebrief vom 11. April 1848 lehnte Palacký als »ein Böhme slawischen Stammes« gerade diesen Gedanken ab, weil nach seiner Meinung kein unmittelbares Verhältnis von Volk zu Volk, sondern nur unter den Herrschern bestanden hätte. Zum zweiten sah Palacký in Wien das Zentrum für die Erhaltung des Friedens, der Freiheit und des Rechts aller Slawen. Die Mitarbeit der Tschechen an einem deutschen Parlament würde drittens die Habsburgermonarchie unheilbar schwächen und sie damit ihrer Schutzfunktion für die kleineren slawischen Völker vor den Gefahren des »Pangermanismus« auf der einen und des russischen Absolutismus auf der anderen Seite berauben. Den deutschen Fürsten sprach Palacký die Fähigkeit ab, ein freies Deutschland aufzubauen. Der

Fünfzigerausschuß nahm den Brief zur Kenntnis, beharrte aber auf seiner Auffassung, daß die zum Deutschen Bund gehörenden Gebiete Österreichs in der künftigen Nationalversammlung vertreten sein sollten. Die Mission der Ausschußmitglieder Karl-Eberhard von Wächter-Spittler und Ignaz Kuranda mit einer persönlichen Vorsprache bei Palacký am 28. April 1848 in Prag brachte keinen Erfolg. Sie erhielten die Antwort, der Prager Nationalausschuß hätte die Beteiligung an den Wahlen zur Nationalversammlung einstimmig abgelehnt. Man erklärte, Böhmen und Mähren gehörten nicht mehr zum Deutschen Bund.

Dank der Bemühungen des »Vereins der Deutschen aus Böhmen, Mähren und Schlesien zur Aufrechterhaltung ihrer Nationalität«, den der Arzt Ludwig von Löhner in Wien als nationale Selbsthilfeorganisation gegründet hatte, konnten jedoch in zahlreichen Kreisen die Vorbereitungen für die Wahlen getroffen werden. Der Fünfzigerausschuß unternahm am 5. Mai 1848 einen letzten Versuch, die »Brüder und Bundesgenossen« in den böhmischen Ländern für die Wahlen zu gewinnen, und erzielte wenigstens einen Teilerfolg: In Böhmen wurde in 22, in Mähren in 18 und in Schlesien in sieben Wahlbezirken gewählt. Nach den Vorstellungen des Ausschusses hätte Böhmen 87, Mähren 35 und Schlesien neun Abgeordnete in die Frankfurter Nationalversammlung entsenden können. Der stärkste Verlust ergab sich für Böhmen. Insgesamt 59 Abgeordnete vertraten die böhmischen Länder vom 18. Mai 1848 bis 18. Juni 1849 im ersten gesamtdeutschen und frei gewählten Parlament.

Als Reaktion auf die Frankfurter Nationalversammlung trat am 2. Juni 1848 in Prag ein Kongreß zusammen, auf dem sich alle in Österreich lebenden Slawen mit Polen, Serben und Bulgaren sowie einem Vertreter aus Rußland, dem Anarchisten Michail Bakunin, trafen. Der Einladung waren 340 Teilnehmer gefolgt, von denen zwei Drittel aus Böhmen und Mähren kamen. In der deutsch geführten Debatte stießen bald die verschiedenen Interessen der slawischen Völker aufeinander. Palacký, der den Slawenkongreß mit anderen initiiert hatte, konnte sich mit seinem Programm nicht durchsetzen, das auf die Stützung Österreichs und die Gewährung historischer Rechte ausgerichtet war. Die Mehrheit verabschiedete einen romantisch-pathetisch geprägten Appell. Gefordert wurden ein allgemeiner Völkerkongreß zur Lösung aller internationalen Fragen, die volle Gleichberechtigung der österreichischen Slawen und eine Reorganisation Österreichs. Trotz dieser mageren Ergebnisse wurde der Prager Slawenkongreß, der erste in seiner Art, zu einer politischen Manifestation, dessen Bedeutung seinerzeit unterschätzt wurde.

Bevor die Kongreßteilnehmer ein Programm beschließen konnten, brach am Pfingstmontag, dem 12. Juni 1848, ein Aufstand aus, um, wie es hieß, die slawische Idee und die Beratungen des Kongresses zu unterstützen. Die Revolte, von den führenden Repräsentanten des Kongresses verurteilt, konnte von der Prager Garnison unter dem Kommando von Alfred Fürst zu Windischgrätz nach fünf Tagen beendet werden. Von der tschechischen Bevölkerung hatte sie keine Unterstützung erfahren. Als einige Demonstranten die Waffenstillstandsbedingungen nicht anerkannten, setzten Bomben des Militärs die Altstädter Mühlen in Brand. Damit war der Aufstand niedergeschlagen. Er hatte der tschechischen Nationalbewegung schweren Schaden zugefügt. Die Regierung in Wien nahm die Vorfälle zum Anlaß, den Nationalausschuß aufzulösen, und die Zusage, einen böhmischen Landtag einzuberufen, wurde zurückgenommen. Der Aufstand in der Hauptstadt Böhmens hatte das Vertrauen der Regierung zur Bevölkerung im Königreich zerstört. Kleine Aufstandsversuche in Kuttenberg, Kolin und Leitomischl konnten im Ansatz unterdrückt werden.

Im Unterschied zu den Ereignissen in Böhmen hatte sich in Mähren eine Bewegung entwickelt, die parlamentarische Ziele verfolgte und die Abgrenzung von Böhmen vertrat. Die Slawen in Mähren fühlten sich nicht als Tschechen, sondern als mährische Slawen oder Mährer. Das Verhältnis zu den Deutschen war spannungsfrei, anders als in Böhmen spielte ein nationaler Gegensatz keine Rolle. Ausdruck dieser Entwicklung waren allgemeine Wahlen zu einem Landtag Ende Mai 1848. Dem sogenannten Bauernlandtag gehörten 261 Abgeordnete in drei Kurien an: in der ersten waren 58 alte Stände, 18 Repräsentanten des Großgrundbesitzes und fünf Deputierte der Universität in Olmütz vertreten. Die zweite Kurie umfaßte die 77 Abgeordneten der Städte und die dritte Kurie die der 103 Landgemeinden. Auch in Schlesien gab es keine revolutionären Unruhen. Die Stände galten als legale Vertreter des Landes. Der zu wählende Landtag sollte sich aus insgesamt 48 Abgeordneten zusammensetzen, jeweils 16 Mandate waren für den Großgrundbesitz, die Städte und die Bauern vorgesehen.

Mit der Kapitulation am 17. Juni 1848 endete der Aufstand in Prag, am 26. Juni wurde der Nationalausschuß aufgelöst. Mitte Juni fanden auch in Böhmen Wahlen zum ersten österreichischen Verfassunggebenden Reichstag statt. In diesem Parlament, das Erzherzog Johann am 22. Juli 1848 feierlich eröffnete, waren die böhmischen Länder mit 138 Abgeordneten von insgesamt 383 vertreten. Die deutschböhmischen Parlamentarier setzten sich für die großdeutsche Lösung ein, während die Tschechen, unter anderen auch Palacký, vor allem an der Stützung des föderativen Aufbaus der Monarchie interessiert waren.

Von der deutschen Vertretung ging bereits drei Tage nach Eröffnung eine wichtige Entscheidung aus. Der in Schlesien gewählte Student Hans Kudlich, dessen Bruder Hermann in der Frankfurter Nationalversammlung wirkte, beantragte die Aufhebung des bäuerlichen Untertänigkeitsverhältnisses. Nach heftigen Diskussionen wurde der Beschluß des Reichstages am 7. September 1848 durch kaiserliches Dekret zum Gesetz. In der Habsburgermonarchie war damit für alle Bauern die Erbuntertänigkeit aufgehoben. Die Abwicklung in finanzieller Hinsicht konnte in Mähren 1852, in Böhmen 1855 abgeschlossen werden.

Über die Verfassung und die nationale Frage wurde im Reichstag, der nach einer einmonatigen Unterbrechung wegen Unruhen in Wien nach Kremsier in Südmähren verlegt worden war, hart gerungen. Die Beratungen vom 22. November 1848 bis 7. März 1849 beherrschten die konservativen Abgeordneten, die liberalen konnten kaum Gehör finden. Die Nationalitätenproblematik wurde zwar lebhaft diskutiert, eine Lösung aber nicht gefunden. Der Vorschlag, den der Verfassungsausschuß am 4. März 1849 unterbreitete, konnte im Reichstag nicht mehr beraten werden. Drei Tage später, am 7. März 1849, wurde er vom jungen Kaiser Franz Joseph, seit dem 2. Dezember 1848 Nachfolger Ferdinands I., gewaltsam aufgelöst. Mit Wirkung vom 4. März 1849 wurde dann eine neue Verfassung in Kraft gesetzt, mit der in Österreich absolutistische Tendenzen wieder auflebten.

Parlamentarische Formen konnten erst zu Beginn der sechziger Jahre diskutiert werden, denn nach den österreichischen Niederlagen 1859 in der Lombardei sah sich der Kaiser gezwungen, zur Sicherung der Monarchie eine Reform der Verfassung in Aussicht zu stellen. Nach verschiedenen Ansätzen wurde schließlich durch das Februardekret von 1861 ein Parlament mit zwei Kammern ins Leben gerufen, zusammengesetzt aus Reichsrat und Herrenhaus. Die Länder hatten Landtage mit beschränkten Gesetzgebungsrechten zu wählen, aus denen die Mitglieder für den Reichsrat durch Wahl zu bestimmen waren. Die Ernennung der Mitglieder des Herrenhauses war dem Kaiser vorbehalten.
Nach dem Wahlgesetz für Böhmen erhielten bei den Wahlen im März 1861 fast ausschließlich deutsche Abgeordnete ein Mandat im Prager Landtag. Von seinen 236 Mitgliedern waren 70 aus dem Großgrundbesitz, 87 aus den Städten und Gewerbekammern und 79 aus den Landgemeinden gewählt worden. Auch in Mähren dominierten im Landtag die deutschen Abgeordneten. Vertreten waren die Wähler durch 30 Großgrundbesitzer, 37 Repräsentanten der Städte und Kammern sowie 31 der Landgemeinden. Bei den aus den Landtagen für den Reichsrat gewählten Abgeordneten kamen 54 aus Böhmen, 22 aus Mähren und sechs aus Schlesien. Von den insgesamt 82 Reichsratsmitgliedern aus den böhmischen Ländern waren 58 Deutsche und 24 Tschechen, von denen 20 aus Böhmen, nur vier aus Mähren stammten. Zu den Mitgliedern des Herrenhauses gehörte auch Palacký.
Die Zahlen entsprachen den ethnischen Verhältnissen keineswegs. 1851 lebten in Böhmen 2,64 Millionen Tschechen mit 1,7 Millionen Deutschen zusammen. Sechs Jahre später hatten die Tschechen die Zahl von 3 Millionen erreicht, während die der Deutschen nur unwesentlich angestiegen war. In Mähren verschob sich das Zahlenverhältnis von Jahr zu Jahr zuungunsten der Deutschen. Das Wachstum der tschechischen Bevölkerung bewirkte weitere Verschärfungen der Lage. Als 1867 die Wahlordnung so verändert wurde, daß der böhmische Landtag nur deutsche Abgeordnete in den Reichsrat entsandte, suchten die tschechischen Nationalvertreter erneut den Anschluß an den Panslawismus. Auf dem zweiten Slawenkongreß in Moskau 1867, an dem eine tschechische Delegation mit Palacký und seinem Schwiegersohn Ladislav Rieger teilnahm, kehrte diese mit der Erkenntnis zurück, daß die Bewegung für die Tschechen ohne Interesse sei. In Moskau herrschten Panrussismus und Panorthodoxismus vor; die »slawische Wallfahrt« war ohne Ergebnis für die Lösung der nationalen Frage geblieben.
Die Einberufung eines gesamtösterreichischen Reichsrates seit 1861 hatte bei Deutschen und Tschechen eine unterschiedliche Reaktion hervorgerufen. Eine Anknüpfung an die Bewegung von 1848 und den Kremsierer Reichstag war für die Deutschen von Bedeutung, während die Tschechen den Gedanken des Parlamentarismus nur in einem eigenen Landtag in Prag realisiert sehen wollten. Verstärkt wurde die Abneigung auch durch das Wahlrecht, das nach einem Zensus ausgeübt wurde. Teilnehmen an den Wahlen konnte nur derjenige Bürger, der mindestens 10 Gulden direkter Steuern in einem Jahr bezahlte. Damit waren 94 Prozent der Bevölkerung von den Wahlen ausgeschlossen, und das deutsche Großbürgertum erzielte eine deutliche Übermacht. Auch nach 1867 blieben die Tschechen dem Reichsrat fern, als eine neue Verfassung

Böhmen und Mähren-Schlesien vor 1866

beschlossen wurde. Nur in einem eigenen Landtag sahen sie den Ort für die parlamentarische Arbeit.

Die Niederlage im Krieg mit Preußen in der Schlacht bei dem Dorf Sadová nahe Königgrätz am 3. Juli 1866 hatte die Habsburgermonarchie zwar nicht militärisch, aber politisch erheblich geschwächt. Vor allem die Ungarn, aber auch die Tschechen erhoben erneut die Forderung der Gleichstellung aller Nationalitäten mit der deutschen. In Böhmen wurde 1866 ein Schritt in diese Richtung unternommen, als in den höheren Schulen Tschechisch als Pflichtfach eingeführt werden sollte. Die Realisierung dieser Regelung stieß allerdings auf den Widerstand der deutschen Liberalen.

Der Friedensvertrag vom 23. August 1866, den Österreich und Preußen in Prag unterzeichneten, leitete die Strukturänderung des habsburgischen Reiches ein. Obwohl nur Venetien an Italien abgetreten werden mußte und die Monarchie ihren territorialen Bestand insgesamt wahren konnte, vermochten die Ungarn ihre alten Forderungen jetzt durchzusetzen. Die ungarischen Politiker Guyla Graf Andrássy und Franz Deák von Kehida als Repräsentanten der Mittelpartei waren die Verhandlungspartner. Das Bewußtsein, eine Nation mit dem Recht auf einen eigenen Staat zu sein, hatten die Magyaren am lebendigsten von allen anderen Nationen bewahrt. Stärkstes Argument in der Diskussion über die Neuordnung wurde die These Deáks, daß die Großmachtstellung für Österreich nur zusammen mit Ungarn gesichert werden könne. In einem feierlichen Akt erkannte Franz Joseph am 8. Juni 1867 die Länder der ungarischen Krone als souveränes Königreich an; es war mit den »im Reichsrat vertretenen Königreichen und Ländern« in einer Realunion verbunden. Gemeinsame Ministerien wurden im »kaiserlichen und königlichen« (k. u. k.) Staat für die auswärtigen Angelegenheiten, den Krieg und die Finanzen eingerichtet, während die Regierungen und die Parlamente selbständig waren. Einen besonderen Ausdruck fand die Souveränität Ungarns in der Krönung Franz Josephs in der Matthiaskirche in Buda am 8. Juni 1867.

Die Verfassung vom 21. Dezember 1867 berücksichtigte die neue Ordnung. Sie verankerte zwar die bisherige zentralistische Struktur, erkannte aber die Gleichberechtigung aller »Volksstämme« an und gewährte erweiterte Grundrechte. Ungelöst blieb die Nationalitäten- und Sprachenfrage in der westlichen Reichshälfte, die Cisleithanien genannt wurde, weil der Fluß Leitha die Grenze bildete.

Im böhmischen Landtag setzte die Diskussion zwischen Deutschen und Tschechen nach dem Sieg Preußens über Frankreich und der Gründung des Deutschen Reiches von 1871 mit voller Schärfe ein. Der konservative Adel und die tschechische bürgerliche Partei strebten ähnlich dem ungarischen auch einen böhmischen »Ausgleich« an. So schwankend auch die Politik der Wiener Regierung auf der einen Seite und der tschechischen Politiker auf der anderen sich zeigte, eine Lösung schien kaum erreichbar zu sein. Die tschechischen Nationalisten aber nutzten die Rückführung der Wenzelskrone aus Wien in die böhmische Hauptstadt am 28. August 1867 und die Grundsteinlegung für das tschechische Nationaltheater Mitte 1868 als propagandistische Kundgebungen für die Erreichung ihrer Autonomie aus. Grundlage eines Ausgleichs mit Böhmen sollte das sogenannte »Böhmische Staatsrecht« bilden. Gemeint

war der Anspruch auf die Gesamtheit der Länder der Wenzelskrone unter böhmischer Führung. Ähnlich der Krönung Kaiser Franz Josephs in Ungarn sollte auch in Prag ein Krönungsakt stattfinden. Zwar bekundete Franz Joseph 1871 seine Absicht, vollzogen wurde die Krönung zum böhmischen König aber nicht. Indirekt akzeptierte er damit das Böhmische Staatsrecht. Nur in Böhmen fand das Programm Unterstützung. Die Landtage in Brünn und Troppau lehnten es ab, sich für die Wenzelskrone einzusetzen.
Von der Wiener Regierung ging das Bemühen aus, die tschechischen Politiker zur Mitarbeit im Reichsrat zu gewinnen. 1871 schlug sie dem Landtag in Prag vor, die tschechische neben die deutsche und ungarische als dritte Nation treten zu lassen, um aus dem 1867 entwickelten Dualismus einen Trialismus zu schaffen. Jedoch wurde diese Idee von den Ungarn, von den Deutschen in Böhmen und Mähren sowie schließlich auch von den Tschechen abgelehnt. Die deutschen Abgeordneten des Landtages verweigerten ihrerseits die Mitarbeit, als die Regierung in Wien dem Landtag zwei Gesetzesvorlagen zuleitete. In der ersten sollte die Landtagswahlordnung geändert und in der zweiten die böhmische und deutsche Nationalität im Königreich Böhmen in gleicher Weise geschützt werden. Der Auszug der deutschen Abgeordneten aus dem Landtag ließ die Vorlagen scheitern. In den Reichsrat traten die tschechischen Politiker erst 1879 ein. Die Mitarbeit im Wiener Zentralparlament bedeutete für sie die Anerkennung der Dezemberverfassung und den Verzicht auf die staatsrechtlich begründeten historischen Ansprüche. Der Kaiser und die Regierung honorierten die veränderte Einstellung zur parlamentarischen Arbeit mit drei Zusagen. Versprochen wurde den Tschechen die Errichtung einer eigenen Universität, die Unterstützung ihres Anspruchs auf die Mehrheit im Landtag und eine Regelung der Sprachenfrage. Der Kurswechsel vollzog sich auf Kosten der deutschen Liberalen.
Die erste Maßnahme leitete Kaiser Franz Joseph mit einer Entschließung vom 11. April 1881 ein. Die Universität in Prag wurde in eine deutsche mit deutscher Unterrichtssprache und eine tschechische mit tschechischer Sprache geteilt. Der Name Carolo-Ferdinandea wurde beiden Hochschulen zugestanden. Eine Tschechisierung der Universität war verhindert worden. Gegen die Zweiteilung, die gesetzlich am 28. Februar 1882 verankert wurde, hatte es deutschfeindliche Ausschreitungen gegeben, die in der »Schlacht am Kuchelbad« am 28. Juni 1881 ihren Gipfel erreichten. Im Wintersemester 1882/83 nahmen die Universitäten ihre Tätigkeit getrennt auf. Gemeinsam blieben die Universitätsbibliothek und das Universitätsarchiv.
Mit der Änderung des Wahlrechts löste die österreichische Regierung die zweite Zusage ein. In der Reform vom 4. Oktober 1882 wurde bestimmt, daß die Bürger wahlberechtigt waren, die 5 Gulden an direkten Steuern jährlich zahlten. Diese Verminderung des Zensus von ursprünglich 10 Gulden kam vor allem der Bevölkerung in den Stadt- und Landgemeinden zugute. Besonders die deutsch-liberalen Großbürger mußten Einbußen zugunsten kleinbürgerlicher Wähler hinnehmen. Aber auch die Tschechen waren von der Reform betroffen. Die Herabsetzung des Zensus stärkte die politische Bewegung der Jungtschechen, die in erster Linie von den kleinbürgerlichen Bevölkerungsschichten gewählt wurden. Diese Partei, die Volksfortschrittliche Partei

oder die Jungtschechen, hatte sich von der Nationalpartei oder den Alttschechen Ende Dezember 1874 getrennt, nachdem sich 1863 die Kluft zwischen den beiden Gruppierungen erweitert hatte. Ausgelöst wurde der Konflikt durch die Einstellung zum polnischen Aufstand. Hatten Palacký und sein Schwiegersohn Rieger sich entschieden gegen die Revolution als Kampfmittel ausgesprochen, begrüßten die Jungtschechen die Erhebung gegen die russische Vorherrschaft und kritisierten die Parteinahme der Alttschechen für Rußlands Politik. In ihren Zielen unterschieden sich beide Parteien nur wenig, die Jungtschechen traten stärker für den Nationalismus ein und kämpften gegen die Vorrechte des Adels und der Kirche, die eher mit der alttschechischen Nationalpartei verbündet waren. Die Ablösung der Alttschechen durch die Jungtschechen vollzog sich in den Landtagswahlen 1889. Die jungtschechische Partei errang 37 Sitze, bei den Wahlen zum Reichsrat von 1891 erhielt sie 51 Mandate, während die Alttschechen 39 Abgeordnete stellten.

Das dritte Versprechen konnte nur allmählich erfüllt werden. 1882 ordnete die Wiener Regierung die Doppelsprachigkeit bei Behörden und vor Gerichten an. Seit 1886 war die Dienstsprache bei den Oberlandesgerichten Prag und Brünn Tschechisch. Als die deutschen Abgeordneten im Prager Landtag gegen diese Bestimmung Protest erhoben, blieben sie damit erfolglos. Sie verließen nach einer Grundsatzerklärung den Landtag. Erst im folgenden Jahr wurden die Repräsentanten der Deutschen zu Vermittlungsgesprächen eingeladen, die jedoch ergebnislos verliefen. Im Januar 1890 wurden die Gespräche erneut aufgenommen und auch vom Kaiser unterstützt. Von tschechischer Seite nahmen neben den Vertretern des Großgrundbesitzes nur Abgeordnete der Alttschechen und von deutscher Seite die Abgeordneten Ernst von Plener und Franz Schmeykal teil. Die rasch erzielte Einigung stieß jedoch unter den Deutschen und Tschechen auf ein unterschiedliches Echo. Konnten die deutschböhmischen Abgeordneten, die sich auf einem Parteitag in Teplitz am 9. Februar 1890 versammelten, den Ausgleich akzeptieren, entstanden unter den Tschechen politische Auseinandersetzungen. Gegen die alttschechischen Verhandlungspartner entfachte die jungtschechische Partei eine scharfe Agitation. An ihr beteiligten sich vor allem die kleinbürgerlichen Kräfte und der seit 1862 bestehende Turn- und Sportverband »Sokol« (Falke), der panslawische Ziele in kleinbürgerlich-demokratischer Ausrichtung verfolgte. Diesem Druck weichend, wurden weitere Ausgleichsverhandlungen auf 1892 vertagt. Entscheidend waren die Verluste, welche die Alttschechen bei den Reichsratswahlen 1891 erlitten hatten. Sie mußten alle ländlichen Wahlbezirke an die Jungtschechen abtreten. Deren radikale Agitation ließ die Großgrundbesitzer, die eine Stütze in der nationalen Frage gewesen waren, auf politische Aktivitäten verzichten. Jedoch mußten auch die Jungtschechen erkennen, daß nicht allein das nationale Moment für die Politik von Bedeutung war, sondern soziale Fragen zusehends an Gewicht gewannen. Wie eng die nationale Frage mit der sozialen verbunden war, erwies sich 1884, als die Industriearbeiter der Reviere Falkenau und Mährisch Ostrau gegen die niedrigen Löhne und den Zuzug von tschechischen Arbeitern streikten. Diese wurden als »Lohndrücker« empfunden. Der Streik wurde von der Regierung unterdrückt. Tschechische Arbeitskräfte wanderten aus den agrarisch geprägten Gegenden auch in das nordböhmische Braunkohlerevier und das Gebiet der Gablonzer Schmuckwarenindustrie ein. Im Zeitraum

Mährisch Ostrau (um 1900)

von 1890 bis 1910 stieg der tschechische Anteil in den Bezirken Dux, Brüx, Oberleutensdorf, Bilin und Teplitz von 8 auf über 20 Prozent. Nationale Tendenzen traten auch in der Arbeiterbewegung zutage. Ausdruck war die Gründung einer Tschechoslawischen Sozialdemokratischen Arbeiterpartei in Prag 1878, die zwar als Teil der österreichischen Arbeiterpartei konstituiert wurde, sich jedoch erst 1888 auf dem Parteitag in Hainfeld mit ihr vereinigte. Aus der deutsch-österreichischen und der tschechischen Arbeiterbewegung war die österreichische sozialdemokratische Partei entstanden. Ihr politischer Einfluß blieb in der Doppelmonarchie relativ gering.
Jedoch leitete die Sozialdemokratie ein wichtiges Kapitel zu Theorie und Praxis über den Aufbau des Vielvölkerstaates ein. In ihrem Programm wandten sich die Teilnehmer des Parteitages von 1899 in Brünn von dem Schlagwort des »Völkerkerkers Österreich« ab und traten gegen die Ideen von Karl Marx für die Erhaltung eines reformierten österreichischen Gesamtstaates ein. Grundidee des Brünner Programms bildete die Umwandlung des Reiches in einen Bund nationaler Mitgliedsstaaten auf ethnischer Basis. In dieser Richtung setzte die österreichische Sozialdemokratie das Erbe des Kremsierer Reichstages von 1848–1849 fort. Es war kein deutsches Programm, hielt aber am Zentralismus fest. Der Konflikt mit den tschechischen Sozial-

demokraten, die stark nationalistisch ausgerichtet waren, wurde unausweichlich. Sie traten ihrerseits für eine lockere bundesstaatliche Form ein; ihnen war die Bindung an den Nationalismus offensichtlich wichtiger als die an den Sozialismus. Die Folge war die Gründung einer eigenen selbständigen sozialdemokratischen Partei im Jahr 1911, die das Brünner Programm von 1899 ablehnte.
In den neunziger Jahren entstanden auch in den böhmischen Ländern analog zur Entwicklung in der Doppelmonarchie die modernen Parteien. Aus den christlichen und klerikalen Gruppierungen wurde 1894 in Leitomischl durch den Wiener Bürgermeister Karl Lueger die Christlich-Soziale Partei gegründet, 1896 die Katholische Nationalpartei und 1899 die Sozialreformerische Christlich-Soziale Partei. Grundlage dieser politischen Gruppierungen war eine vom Katholizismus geprägte Weltanschauung. Die Parteien setzten die Arbeit der deutschen Liberalen fort, wenn auch unter anderem Vorzeichen. Ihr Beitrag zur nationalen Frage blieb in den böhmischen Ländern ohne größeren Einfluß. Eines ihrer Ziele war der Erhalt des Kaiserreiches.
Die Sicherung der Belange der tschechischen Bauern vertraten seit der Mitte der achtziger Jahre die politischen Klubs in den Kleinstädten und auf dem Land. Sie bildeten die Keimzelle für den Bauernbund des Königreichs Böhmen, den 1500 Bauern auf einer Versammlung in Prag 1889 gründeten. Die Bauernbewegung in Mähren hatte sich unter Führung des niederen Klerus entwickelt und wurzelte daher im Katholizismus. Der dominierende Einfluß ging ebenfalls von den Großbauern aus. Als die Jungtschechen ähnlich wie in Böhmen die Bauern zu politisieren begannen, trat eine Spaltung ein. Die liberal eingestellten Landwirte gründeten den Bauernbund für Mähren, während die konservativen unter dem Schutz der Katholischen Nationalpartei sich zum Katholischen Verein der tschechischen Bauern zusammenschlossen. Die Verbindung der bäuerlichen Vereinigungen mit den Jungtschechen brachte der Bauernschaft eher Nachteile, weil sich die politischen Interessen unterschiedlich entwikkelt hatten. Den Bruch nahm der Bauernbund selbst vor und gründete 1899 die Tschechische Agrarpartei. Sie wurde zur stärksten Gruppierung im Landtag und im Reichsrat.
Neben die christlichen Parteien und die Agrarpartei trat 1900 die von Tomáš G. Masaryk, Josef Gruber und František Drtina gegründete Tschechische Volkspartei, seit 1906 in Fortschrittspartei umbenannt. Diese Partei, deren Repräsentanten sich als »Realisten« empfanden, strebte eine mittlere Linie zwischen der Statik der Alttschechen und der heftigen Dynamik der Jungtschechen an. Sie entfaltete sich zu einer bedeutenden politischen Kraft, obwohl nur wenige Wähler sie unterstützten und sie höchstens zwei Abgeordnete in den Reichsrat entsenden konnte. Programmatisch hatte Masaryk, Professor für Philosophie an der tschechischen Universität in Prag und führender Kopf der Partei, in seinem Buch die »Tschechische Frage« unmißverständlich gefordert, daß die permanente Nationalitätenkrise der Monarchie auf dem Weg des Selbstbestimmungsrechtes der Völker zu lösen wäre. Masaryks Kritik war nicht gegen Österreich gerichtet, sondern gegen übertriebene politische Strömungen, wie den Panslawismus oder »Pangermanismus«.
1898 entstand als Gegenspielerin der sozialdemokratischen Partei die Partei der Tschechischen Nationalen Sozialisten. Sie trat in ihren ersten Jahren vor allem in

lärmenden Demonstrationen auf der Straße in Erscheinung. Ihr Hauptziel war die Politik des Widerstandes und der Verweigerung der Zusammenarbeit mit den staatlichen Behörden.
Die deutschen Parteien orientierten sich um die Mitte der neunziger Jahre ebenfalls neu. Im sich verschärfenden deutsch-tschechischen Nationalitätenkampf war die deutsche Linke auseinandergebrochen. 1896 gründeten die deutschen Abgeordneten aus Böhmen die Deutsche Fortschrittspartei, die wenig Erfolg hatte. Größere Bedeutung kam der ebenfalls 1896 entstandenen Deutschen Volkspartei zu. Ihr Programm sah die Förderung der Gesamtmonarchie vor. Dagegen strebte die seit 1901 existierende Deutschradikale Partei die politische Aktivierung der deutschen Bevölkerung an. Auf Böhmen beschränkten sich die 1904 gegründete Deutsche Arbeiterpartei und die ein Jahr später entstandene Deutsche Agrarpartei.
Der tschechisch-deutsche Gegensatz wurde durch die slawenfreundliche Politik des österreichischen Ministerpräsidenten Kasimir Graf Badeni verschärft. Um eine Mehrheit im Reichsrat für die Verlängerung des Ausgleichs mit Ungarn zu gewinnen, räumte Badeni der stärksten Oppositionspartei, den Jungtschechen, erhebliche Konzessionen ein. Die am 5. April für Böhmen und am 22. April 1897 für Mähren erlassenen Sprachverordnungen räumten beiden Sprachen den gleichen Rang im Verkehr mit den Behörden nach außen und innen ein. Die tschechische Sprache wurde im Sinne des »Böhmischen Staatsrechts« aufgewertet, und ihre Kenntnis war für die deutschen Beamten auch in den überwiegend deutsch besiedelten Gebieten eine Voraussetzung für die Einstellung. Die Diskussionen um die Sprachenverordnungen führten zu offenen Auseinandersetzungen zwischen Tschechen und Deutschen bei jeder sich bietenden Gelegenheit. Straßenkämpfe zwischen Tschechen und korporierten deutschen Studenten waren an der Tagesordnung. Die deutschen Parteien organisierten große Partei- und Volksversammlungen in Eger, Reichenberg und Teplitz. Als sich im November 1897 im Reichsrat Tumulte erhoben, in Graz und Wien die Unruhen sich zu Revolten ausweiteten, sah sich Kaiser Franz Joseph zur Entlassung Badenis gezwungen.
Die wiederholten Versuche eines Ausgleichs in Böhmen scheiterten stets an dem Mangel an Versöhnungsbereitschaft auf beiden Seiten. Weder im Reichsrat noch im böhmischen Landtag konnte eine Annäherung unter den Abgeordneten erzielt werden. Weil die österreichische Verfassung den Grundsatz, Reichsrecht bricht Landesrecht, nicht kannte, waren die Entscheidungen des Landtags gleichberechtigt mit denen des Reichsrats. Als die deutschen Landtagsabgeordneten ihre Empfehlungen in einer Adresse an den Kaiser nicht durchsetzen konnten, traten sie 1898 aus dem Landtag aus. Die tschechischen Parteien verließen ihrerseits den Reichsrat, als die Regierung 1899 die Aufhebung der Badenischen Sprachenverordnungen verfügte. Auch in den folgenden Jahren bemühten sich Kaiser und Regierung um einen Ausgleich. Geplant war, Böhmen und Mähren aufgrund des Prinzips einer territorialen Autonomie in eine Anzahl selbständiger Kreise von national einheitlichem Charakter einzuteilen. Als Amtssprache war in den deutschen Kreisen Deutsch, in den tschechischen Kreisen Tschechisch vorgesehen. Obwohl diese Lösung vernünftig war, ließ sie sich nicht realisieren, weil die Sprachenfrage in den gemischten Kreisen ungelöst blieb.

Allein in Mähren hatte die Regierung bei ihren Ausgleichsbemühungen Erfolg. In diesem Kronland lag der Prozentsatz der deutschen Bevölkerung niedriger als in Böhmen: er betrug 1880 und 1890 rund 29, 1900 rund 28 Prozent gegenüber 37 in Böhmen. Nach dem Zensuswahlrecht hatten die Deutschen im mährischen Landtag die Mehrheit, von der die Initiative zur Beratung mit der tschechischen Minderheit ausging. Auf den Entwurf eines Landtagsausschusses stützte sich die Wiener Regierung, als sie sich für die Einführung von vier Gesetzen entschied. Die neue Landesordnung, die neue Landtagswahlordnung, das Gesetz über die Amtssprache in den Gemeinden und das Gesetz über die Neuordnung der Schulverwaltung setzte Kaiser Franz Joseph am 7. September 1905 in Kraft. Dieser Mährische Ausgleich sollte als Vorbild für die Lösungen in der Bukowina (1910) und in Böhmen (1914) dienen. Wirklich neue Ideen enthielt das Wahlgesetz. Es führte das Prinzip der nationalen Registrierung ein; sie bildete die Grundlage für die Wahlordnung. Gewählt wurde nach nationalen Kurien, danach sollten die Deutschen im Landtag 46, die übrige Bevölkerung 73 und die Vertretung des Großgrundbesitzes 30 Abgeordnete stellen. Eine wichtige Regelung zur Beruhigung des Nationalitätenkonflikts war das mährische Sprachengesetz. Über die Verwendung der Amtssprache hatten die Gemeindevertretungen selbst zu entscheiden, wobei die zweite Sprache einzuführen war, wenn ein Fünftel der Bevölkerung sie sprach. Obwohl der Mährische Ausgleich Vorteile für die Mährer und Nachteile für die Deutschen brachte und überdies in der Praxis umständlich zu handhaben war, hätte die Reform mit einigen Verbesserungen ein Vorbild für eine umfassende nationale Umgliederung Österreichs werden können.
Als 1907 die Reichsratswahlen nach einer neuen Wahlordnung stattfanden, trat in der nationalen Frage ein entscheidender Umschwung ein. Nachdem für Mähren die Regelung des Ausgleichs galt, wählten in Böhmen und Schlesien alle Staatsbürger vom 24. Lebensjahr an in Einerwahlbezirken. Die zu vergebenden Mandate waren auf die einzelnen Nationen aufgeteilt, so daß die nationale Zusammensetzung des Abgeordnetenhauses im Reichsrat in Zukunft feststand. Die Wahlordnung benachteiligte die Deutschen im Verhältnis zu der Steuerleistung stark, bevorzugte sie aber im Verhältnis zu ihrer Kopfzahl gegenüber den Tschechen. Der Anteil der Deutschen an den Sitzen im Abgeordnetenhaus sank in der Wahl von 48 auf 41 Prozent, lag aber weit über dem deutschen Bevölkerungsanteil von 36 Prozent. Nach der Steuerlast hätte die Zahl 63 Prozent der Mandate betragen.
Von den insgesamt 516 Sitzen im Abgeordnetenhaus des Reichsrats gewannen die Tschechen 108, die deutschen Parteien aus den böhmischen Ländern 80 Mandate. Neu waren die Sozialdemokraten im Reichsrat vertreten; die tschechischen hatten 24, die deutschen 21 Sitze inne. Erstmals stellten die Tschechen die Mehrheit der Abgeordneten, wie der Reichsrat überhaupt durch eine slawische Mehrheit bestimmt war. Insgesamt 233 oder 45 Prozent waren deutsche Abgeordnete. Seit der Einführung des allgemeinen Wahlrechts bestand für die Tschechen in den böhmischen Ländern kein Anlaß, sich als Unterdrückte zu fühlen. Nicht nur in den historischen deutschen Gebieten, sondern auch in Wien und in der Donaumonarchie überwogen die tschechischen Beamten insgesamt. Die Behörden in Böhmen und Mähren waren zu zwei Dritteln mit Tschechen besetzt.

Dennoch führten weitere Bemühungen um einen Ausgleich, wie er mit Ungarn und Mähren gelungen war, zu keinem Erfolg. Alle Beteiligten schienen an einer fairen Lösung kaum interessiert zu sein. Auf wirtschaftlichem, aber auch auf kulturellem Gebiet hatten sich die Tschechen in den letzten Jahrzehnten des 19. Jahrhunderts stetig entwickelt. Die industrielle Revolution wurde neben deutschen auch von tschechischen Banken getragen. In Prag wurde die deutsche Hypothekenbank 1864, die tschechische Živnostenská Banka 1868 gegründet. Im Bereich der Kultur entstand gleichzeitig ein eigenes Nationalbewußtsein der Tschechen. Bereits 1881 war in Prag das Tschechische Nationaltheater eröffnet worden. Der Ausbau Prags zu einer Großstadt mit eher tschechischem Charakter vollzog sich hinter den politischen Auseinandersetzungen. In den neunziger Jahren wurde der Veitsdom weitgehend fertiggestellt, 1893 der monumentale Bau des böhmischen Nationalmuseums beendet, das den Wenzelsplatz, den ehemaligen Roßmarkt, nach oben abschließt.
Zum endgültigen Bruch der Ausgleichsverhandlungen führte die Diskussion um die Amtssprache in Prag. Von den Deutschen wurde die Forderung erhoben, die Ämter sollten beide Sprachen zulassen, während die Tschechen auf ihrer Sprache mit der Begründung beharrten, Prag sei eine tschechische Stadt geworden. Der Konflikt setzte die Tätigkeit des Landesausschusses außer Kraft. Die Regierung in Wien hob am 25. Juni 1913 die böhmische Landesverfassung auf und unterstellte Böhmen der Zentralverwaltung, wodurch sich die Fronten verhärteten. Auch der Thronfolger Franz Ferdinand, dem an den Verhandlungen gelegen war, fand nicht den richtigen Weg zur Lösung. Sie bestand für ihn im Zusammenschluß des Großgrundbesitzes, dem Garanten einer Einigung in der böhmischen Nationalitätenfrage.
Die Ermordung Franz Ferdinands am 28. Juni 1914 in Sarajevo durch einen bosnischen Attentäter serbischer Nationalität veränderte die innenpolitische und außenpolitische Situation der Donaumonarchie völlig. Das Ultimatum an die serbische Regierung vom 23. Juli, die Mobilisierung Rußlands und Serbiens am 25. Juli, die Kriegserklärung Österreich-Ungarns an Serbien vom 28. Juli 1914 lösten den Ersten Weltkrieg aus.
Vom Ausbruch des Krieges wurde die Bevölkerung der böhmischen Länder völlig überrascht. Unter den Deutschen entstand spontan eine Kriegsbegeisterung, unter den Tschechen wurde, trotz einiger Vorbehalte, die Strafaktion gegen Serbien begrüßt. Schon bald trat ein Stimmungsumschwung unter den Deutschen und Tschechen in den böhmischen Ländern ein, als die Offensive gegen Serbien scheiterte und die österreichischen Truppen schwere Verluste in Galizien hinnehmen mußten. Es entwickelte sich unter den Tschechen eine panslawische Stimmung mit der Forderung nach Autonomie, später sogar nach Unabhängigkeit der böhmischen Länder zusammen mit der Slowakei. Die Ablehnung der österreichischen Kriegspolitik durch die Tschechen fand ihren besonderen Ausdruck in dem Überlaufen des 28. Prager und des 36. Jungbunzlauer Infanterieregiments im April und Juni 1915 zum russischen Gegner.
Bereits im Dezember 1914 entschloß sich Tomáš G. Masaryk, der führende Repräsentant der Tschechen, ins Exil zu gehen. Er ließ in der Emigration nichts unversucht, seine politischen Ideen zu verbreiten und persönliche Kontakte zu den entscheidenden Staatsmännern unter den Gegnern Deutschlands und Österreichs zu knüpfen. Zugleich

nahm er Verbindungen zu den in Frankreich, England, Amerika und Rußland lebenden Tschechen und Slowaken auf. Als Voraussetzung für den Erfolg seiner Politik bemühte sich Masaryk um drei Ziele. Er wollte alle tschechischen Kräfte und später auch die slowakischen Repräsentanten im Ausland zusammenfassen, die antiösterreichischen Politiker für das Programm einer tschechischen oder tschechoslowakischen Autonomie gewinnen und eine Verbindung in die böhmischen Länder aufbauen. Speziell von den amerikanischen landsmannschaftlichen Vereinigungen der Tschechen und Slowaken flossen Masaryk die finanziellen Mittel zu, mit deren Hilfe er eine einheitliche und zentrale Leitung der Auslandsaktion schaffen konnte. Über sie pflegte Masaryk die Verbindung zu den führenden Politikern in den Vereinigten Staaten, England, Frankreich und Rußland. Einen direkten Einfluß auf die Entwicklung in der Heimat gewann er über einzelne Tschechen, die wichtigen Positionen der österreichisch-ungarischen Militär- und Staatsverwaltung angehörten. So wurde ein ausgedehntes und für die Entente wertvolles Nachrichtennetz aufgebaut. In ihm arbeiteten namhafte Persönlichkeiten der offiziellen tschechischen Politik mit.
Bereits wenige Monate nach ihrer Gründung trat die Auslandsaktion in das Licht der Öffentlichkeit. Sie veranstaltete zum 500. Jahrestag der Verbrennung von Jan Hus Gedenkfeiern am 4. Juli 1915 in Zürich und am 6. Juli in Genf, am 14. November 1915 folgte die feierliche Bekanntmachung der Gründung eines ausländischen Komitees zur Errichtung eines selbständigen tschechoslowakischen Staates in Paris. Die tschechischen Politiker in der Heimat erwiderten die Bemühungen des Exilgremiums unter Masaryk nicht, sie kritisierten ihn vielmehr scharf. Sie stellten die Legitimation des Komitees in Frage und warfen Masaryk vor, die Ehre des tschechischen Volkes zu »beflecken« und die Stellung seiner Landsleute zu verschlechtern. Jedoch verfolgte Masaryk seine Vision eines autonomen Staates weiter. Er fand wesentliche Unterstützung durch Edvard Beneš, den jungen Dozenten für Nationalökonomie an der tschechischen Universität, der im Dezember 1915 seinem Lehrer Masaryk ins Exil nach Paris gefolgt war. Anfang Februar 1916 stimmte der französische Ministerpräsident Aristide Briand der Konstituierung eines Tschecho-Slowakischen Nationalrats zu. Ihm gehörten Masaryk, Beneš als Generalsekretär und als slowakischer Vertreter Milan Rastislav Štefánik an. Offizielle Anerkennung fand der Nationalrat durch die Regierungen Frankreichs und Englands im September des gleichen Jahres. Von Beneš wurde das ständige Sekretariat zu einem Zentrum der Auslandsaktion ausgebaut; es leistete den entscheidenden Beitrag für die Gründung der Tschechoslowakei.
Das Jahr 1916 brachte die Wende für die Donaumonarchie. Am 21. Oktober wurde der österreichische Ministerpräsident Karl Graf Stürgkh, der es vermocht hatte, die Monarchie ohne Reibungen zu regieren, von Friedrich Adler, dem Sohn des Vorsitzenden der österreichischen Sozialdemokratie, Victor Adler, ermordet. Der 86jährige Kaiser Franz Joseph starb am 21. November in Schönbrunn. Der Tod des alten, ehrwürdigen Kaisers lockerte die dynastische Klammer, mit deren Hilfe die widerstrebenden Teile der Donaumonarchie zusammengehalten worden waren. Franz Joseph hatte die übernationale Idee des Gesamtstaates verkörpert. Sein Großneffe Karl I. folgte ihm auf dem Thron. Schon in den ersten Monaten der Regierung vollzogen sich die großen Ereignisse, die der junge Kaiser akzeptieren mußte. Im Februar 1917 brach in Rußland die

erste bürgerliche Revolution aus, die Zar Nikolaus II. zur Abdankung zwang. Die neue Regierung unter Alexander Kerenskij hielt an dem bisher bestehenden Bündnis mit England und Frankreich fest und unternahm eine Offensive gegen Deutschland und Österreich. Den Vorwurf eines rechtswidrigen deutschen Vorgehens durch die Verschärfung des Unterseebootkrieges nahm die Regierung der Vereinigten Staaten zum Anlaß, dem Deutschen Reich am 2. April 1917 den Krieg zu erklären. Dieser Schritt stärkte die Gegner der Donaumonarchie erheblich.
Die innenpolitische Wende in den böhmischen Ländern nahm ebenfalls im Jahre 1916 ihren Anfang. Die tschechischen Parteien vereinigten sich im »Tschechischen Verband«, der damals noch austroslawisch bestimmt war. Als Programm wurde verkündet, daß die habsburgische Dynastie für das tschechische Volk die Grundlage der Existenz bilde und als Hort für alle Slawen gelte. Allerdings, so wurde auch gefordert, sollte sich die Monarchie als Bundesstaat konstituieren. Die Loyalitätserklärung des »Tschechischen Verbandes« und die außenpolitischen Ziele Kaiser Karls I. schadeten der Politik des Tschecho-Slowakischen Nationalrats in Paris vorübergehend. Von Anfang seiner Regierungsübernahme hatte der Kaiser sich bemüht, den Frieden diplomatisch vorzubereiten, unabhängig von der deutschen Regierung in Berlin. Nach geheimgehaltenen Absprachen empfing das Kaiserpaar am 24. März 1917 auf Schloß Laxenburg bei Wien Sixtus und Xavier von Bourbon-Parma, die Brüder der Kaiserin Zita, um ein Friedensgespräch mit der französischen Regierung aufnehmen zu können. In zwei sogenannten Sixtusbriefen stellte Kaiser Karl seine Unterstützung der Ansprüche Frankreichs auf Elsaß und Lothringen in Aussicht. Doch Ministerpräsident Georges Clémenceau war mehr an der Sprengung des deutsch-österreichischen Bündnisses als an der Vermittlung des Kaisers interessiert. Mit der gezielten Bekanntgabe der Friedenssondierungen im April 1917 gelang es der Pariser Regierung, das Verhältnis zwischen Berlin und Wien erheblich zu belasten.
Um den Einfluß des Nationalrats zu stärken, bemühte sich Masaryk um die Aufstellung eigener tschechischer Truppen. Er ließ daher tschechische und slowakische Auswanderer, Überläufer und Kriegsgefangene anwerben. Jedoch verhielten sich die Regierungen Rußlands und Frankreichs abwartend. Erst im Frühjahr 1918 erreichte Masaryk sein Ziel. Die tschechische Legion in Rußland umfaßte rund 95 000 Freiwillige, in Italien 11 500 und in Frankreich 10 000. Im russischen Bürgerkrieg kämpfte die tschechische Legion in ihrer Mehrheit auf der Seite der »Weißen« gegen die bolschewistischen Truppen.
Mit seinen Friedensbemühungen versuchte Kaiser Karl zugleich, die innenpolitischen Probleme zu lösen, als er den Reichsrat erstmals seit Beginn des Krieges am 31. Mai 1917 einberief. Hier zeichneten sich bereits die Umrisse einer künftigen Neugestaltung des Staates ab, wenn auch die Mehrheit der tschechischen Abgeordneten in einer Erklärung vom 30. Mai 1917 zugunsten des Gesamtreiches und der Dynastie optierte. Gefordert wurde die Umwandlung der Monarchie in einen Bundesstaat und die Abschaffung der dualistischen Staatsform Österreich-Ungarns. Ausdrücklich sollte auch die Slowakei als eigener Staat begründet werden. Der Kaiser und die Wiener Regierung honorierten die entgegenkommenden Schritte jedoch nicht. Auch die deutschen Parlamentarier setzten sich für die Erhaltung der Gesamtmonarchie ein, forder-

ten allerdings eine parlamentarische Umgestaltung und die Gewährung des Selbstbestimmungsrechts. Allein die tschechischen Sozialdemokraten wandten sich gegen die zentralistischen Tendenzen des Abgeordnetenhauses.
Größere Erfolge konnte die tschechische Auslandsaktion bei den westlichen Alliierten erst 1918 erzielen. Der britische Premier David Lloyd George gab am 5. Januar eine Erklärung ab, daß sich seine Regierung für die Autonomie der Völker der Donaumonarchie einsetzen würde, die Zerschlagung des Staatsverbandes aber nicht geplant sei. Auch der Präsident der Vereinigten Staaten, Woodrow Wilson, stellte in seinen »Vierzehn Punkten«, die er in einer Botschaft an den Kongreß verkündete, die Eigenständigkeit der Nationen in Aussicht. Aufgrund langer und zäher Verhandlungen erreichte Beneš das Versprechen der Regierungen Englands und Frankreichs, einen Staat der Tschechen und Slowaken zu errichten. Die Anerkennung des Nationalrates als verantwortliches Gremium einer tschecho-slowakischen Regierung vollzog England am 3. Juni und Frankreich am 29. Juni 1918. Am 3. September gab auch der amerikanische Präsident eine Erklärung zugunsten des Nationalrates als offizielles Vertretungsorgan der tschechischen und slowakischen Nation ab.
Vorausgegangen war am 30. Mai 1918 eine Vereinbarung der tschechischen und slowakischen Verbände in den Vereinigten Staaten in Pittsburgh, daß die Slowaken im zukünftigen gemeinsamen Staat Autonomie erhalten sollten. Geplant waren eine eigene slowakische Verwaltung und die gleichberechtigte Geltung der slowakischen Sprache. Ergänzt wurde die Pittsburgher Erklärung durch die Zusicherung, daß der Slowakei ein eigener Landtag zugestanden werden sollte.
Auf dieser Grundlage konstituierte sich am 14. Oktober 1918 in Paris eine provisorische tschechisch-slowakische Regierung, und am 18. Oktober proklamierte Masaryk in Washington die Errichtung einer Tschecho-Slowakischen Republik. Der gewählte Name als Ausdruck der Politik Masaryks band die Slowaken stärker, als sie es noch im Pittsburgher Abkommen ausgehandelt hatten. Den »Tschechoslowaken«, die als solche nicht existierten, wurde ein Vorrecht gegenüber den anderen Nationalitäten eingeräumt.
Die Forderung auf Autonomie der böhmischen Länder hatten auch die tschechischen Abgeordneten im Reichsrat erhoben. Die Gruppe, die sich um Verständigung bemühte, verlor mehr und mehr an Einfluß. Ein nach Prag einberufener Landtag aller tschechischen Abgeordneten der böhmischen Länder verlangte am 6. Januar 1918 die Berücksichtigung der Rechte der Tschechen auf einem allgemeinen Friedenskongreß. Gegen dieses geplante Vorhaben protestierten die deutschen Abgeordneten aus Böhmen, Mähren und Schlesien, denen sich die deutschnationale Fraktion des Reichsrats anschloß. Sie beriefen sich ihrerseits auf das Selbstbestimmungsrecht.
Als die Wiener Regierung daraufhin Demonstrationen untersagte, unterblieben für einige Wochen die Aktivitäten. Doch infolge kriegsbedingter Versorgungsprobleme spitzte sich die Situation wieder zu. Auf dem Programm Masaryks aufbauend, konstituierte sich am 13. Juli 1918 als Gegenstück zum Pariser tschechischen Nationalrat in Prag ein Nationalausschuß (Národní výbor), in dem slowakische Vertreter keine Berücksichtigung fanden, obwohl der Ausschuß sich als tschechoslowakisch bezeichnete. Angesichts des allmählichen Zusammenbruchs des militärischen Potentials der

Monarchie radikalisierte sich die tschechische Politik. Ihre Repräsentanten lehnten Verhandlungen mit der Wiener Regierung ab und waren zu Konzessionen nicht bereit. Ein »Sozialistischer Rat« aus tschechischen Sozialdemokraten und Nationalen Sozialisten rief am 14. Oktober zum Generalstreik auf, um gegen die Ausfuhr von Lebensmitteln, Getreide und Kohle zu demonstrieren. Er fand aber kein Echo, mit Ausnahme von unbedeutenden Demonstrationen in der Provinz. Einig waren sich die tschechischen Führer in der Ablehnung des Manifests Kaiser Karls vom 17. Oktober 1918, in dem er die Nationen zur Bildung von Nationalräten aufforderte. Sie sollten sich auf ihrem Siedlungsboden als Staaten konstituieren und zu einem Staatenbund vereinigen.
Die Reaktion der Wiener Regierung auf diese Entwicklung war recht maßvoll, sie behandelte die böhmischen Länder nach dem Manifest des Kaisers. Auf der anderen Seite hatte der Prager Nationalausschuß auch keine festen Pläne. Nachdem eine Reihe von Verwaltungszweigen in tschechische Leitung überging, beschloß der Nationalausschuß die Übernahme der Kriegsgetreide-Verkehrsanstalt in Prag für den 28. Oktober 1918. Sie erfolgte in vollem Einvernehmen mit der Regierung in Wien, war allerdings mit der Entscheidung über die österreichische Antwortnote an den amerikanischen Präsidenten auf die Bitte um Waffenstillstand verknüpft. Als die Annahme publik wurde, bedeutete dies das Ende des Krieges und die Proklamation eines unabhängigen tschechoslowakischen Staates am 28. Oktober 1918.

Die Erste Tschechoslowakische Republik

In dem ersten Gesetz, dem Gründungsgesetz des Staates, verkündete der Nationalausschuß die Weitergeltung der bisherigen Landes- und Reichsgesetze. Alle staatlichen und autonomen Behörden sollten weiter im Amt bleiben. Die Rechtsordnung der österreichisch-ungarischen Monarchie ging zunächst nahtlos in die des neuen tschechoslowakischen Nationalstaats über. Der Widerspruch, der in dieser Totalverfügung enthalten war, mußte später geklärt werden. Denn wenn alle Gesetze unverändert Bestand hatten, war im Prinzip ein neuer Staat gar nicht ins Leben getreten. Es war das große Verdienst der »Männer des 28. Oktober«, daß sie trotz aller Begeisterung für die Revolution die notwendige Kontinuität des öffentlichen Lebens im Blick behielten.
Eigene Aktivität entfaltete der Nationalausschuß in den Arbeiten an einer neuen Verfassung. Sie trat am 13. November 1918 vorläufig in Kraft, zwei Tage nachdem Kaiser Karl seine Abdankung erklärt und die Völker der Donaumonarchie vom Treueid entbunden hatte. Die Nationalversammlung wurde aus dem Prager Nationalausschuß entwickelt, der nach dem Schlüssel der Ergebnisse aus den Reichsratswahlen von 1911 auf 254 Mitglieder erweitert wurde. Zu diesen gehörten 40 Slowaken, deutsche Vertreter waren nicht vorgesehen. In der ersten Sitzung am 14. November 1918 wiederholte die Nationalversammlung die Proklamation vom 28. Oktober und erklärte das Haus Habsburg-Lothringen für abgesetzt. Einstimmig durch Akklamation wurde Tomáš G. Masaryk zum ersten Präsidenten gewählt.

Der Geltungsbereich der Verfassung für die neue Republik erstreckte sich rechtlich und faktisch über das tschechische Siedlungsgebiet. Die aus Böhmen, Mähren und Schlesien stammenden deutschen Abgeordneten des Reichsrats beschlossen in der Nationalversammlung für Deutschösterreich in Wien am 29. Oktober 1918 die Bildung der deutsch-österreichischen Provinzen Deutschböhmen und Sudetenland. Gegen den tschechischen Nationalausschuß stellten sie die Provinzen unter den Schutz Deutschösterreichs. Vom mittleren Böhmerwald nordwärts bis nach Nordostböhmen reichte die Provinz Deutschböhmen; als Hauptstadt war Reichenberg bestimmt. Die Provinz Sudetenland umfaßte mit der Hauptstadt Troppau den deutschsprachigen Teil Schlesiens, Nordmähren und ein kleines Gebiet Nordostböhmens. An die Provinz Oberösterreich schlossen sich das deutsch besiedelte Gebiet des südlichen Böhmerwaldes und Südböhmens als Böhmerwaldgau an, während der Deutsch-Südmährische Kreis zu Niederösterreich gehören sollte. Am 22. November 1918 bestätigte die Wiener Nationalversammlung die Zugehörigkeit der böhmischen deutschen Länder zu Deutschösterreich. Die deutschen Sprachinseln um Brünn, Iglau und Olmütz wurden der österreichischen Regierung unmittelbar unterstellt. Unter gemeinsamer Verwaltung der Tschechoslowakei, Deutschösterreichs und Polens sollte das Wirtschaftsgebiet von Mährisch Ostrau mit der deutschen Sprachinsel Bielitz-Biala stehen.
In der Slowakei hatten die ungarischen Verwaltungsbeamten unter dem Eindruck der Auflösung aller bisherigen Verhältnisse ihre Stellen weitgehend verlassen. Aus den eher sozialen als nationalen revolutionären Wirren übernahmen in den Städten Arbeiterräte oder Nationalausschüsse die Macht, auf dem Land die Nationalräte. Bei der Schaffung eines zentralen Organs für die Slowakei mußte ihre jahrhundertelange Zugehörigkeit zur ungarischen Krone in Rechnung gestellt werden. Deshalb sah sich der Prager Nationalausschuß zur Unterstützung der slowakischen Politiker veranlaßt. Er gründete am 4. November eine slowakische Regierung, die ihren Namen nach dem Ort Skalitz (Skalica in der Westslowakei) erhielt. Nach zehn Tagen, als am 14. November 1918 die Nationalversammlung in Prag zu ihrer ersten Sitzung zusammentrat, stellte die Skalitzer Regierung ihre Tätigkeit ein. Die ungarische Regierung erkannte die Autonomie der Slowakei nicht an. Aus der Tatsache, daß keine Demarkationslinie zwischen Ungarn und der Slowakei vereinbart war, maßte sie sich die Oberhoheit über die gesamte Slowakei an. Die Besetzung durch ungarische Truppen verschärfte die Situation. Nur mit Unterstützung der westlichen Alliierten gelang es, den Rückzug zu erreichen. Tschechische militärische Einheiten nahmen am 1. Januar 1919 die Hauptstadt Preßburg ein, am 4. Februar konstituierte sich die slowakische Landesregierung. Sie mußte sich aber gegen die ungarische Räterepublik durchsetzen, die Ende Mai auch in Kaschau eine slowakische Republik nach ungarischem Vorbild ausrief. Erst als die französische Balkanarmee und rumänische Truppen der Räte-Republik ein Ende setzten, zogen sich die ungarischen Militäreinheiten aus der Slowakei zurück. Am 24. Juli 1919 konnte die Slowakei in den tschechoslowakischen Staat eingegliedert werden.
Die Idee des Selbstbestimmungsrechts hatte im Verlauf des 19. Jahrhunderts auch die Bewohner der zur Donaumonarchie gehörenden südwestlichen Ukraine erfaßt. Erste Äußerungen einer nationalen Formierung in modernem Sinne zeigten sich unter den

Troppau, Stadttheater

slawischen Bewohnern, den Ruthenen, während der Revolution von 1848. Jedoch zerstörte der österreichisch-ungarische Ausgleich von 1867 die nationalen Hoffnungen, als die Regierung in Budapest die Beziehungen zum ukrainischen Galizien unterband. Erst als die Donaumonarchie zerbrach, versuchte die ungarische Politik, die Ruthenen für sich zu gewinnen. Die entscheidende Aktivität ging aber von den in die Vereinigten Staaten von Amerika ausgewanderten Landsleuten aus. Auf zwei Tagungen, am 23. Juli 1918 in Hampstead und am 12. November 1918 in Scranton, beschlossen die Repräsentanten der Ruthenen, sich als Staat auf föderalistischer Grundlage mit weitgehender Autonomie der Tschechoslowakei anzuschließen. Unter den ruthenischen Politikern in der Heimat fanden die Beschlüsse ein unterschiedliches Echo. Der Nationalrat von Užhorod trat für die Autonomie unter Ungarn, der Nationalrat von Chust für den Anschluß an die Ukraine und der Nationalrat von Preschau für die Bindung an die Tschechoslowakei ein. Am 8. Mai 1919 stimmte die Mehrheit der vereinten Nationalräte in Užhorod für den Anschluß an die Tschechoslowakei als Karpatenukraine.

Von den Fragen, die der neugegründete Staat zu lösen hatte, warf die Einbeziehung der Deutschen die größten Probleme auf. Der Dialog zwischen den deutschen Politikern und dem tschechischen Nationalausschuß in Prag setzte bereits am 30. Oktober 1918 ein. Der zum Landeshauptmann Deutschböhmens vorgesehene Rudolf Lodgman von Auen, seit 1911 Abgeordneter des Reichsrats und seit 1912 auch des Böhmischen

Landtags, führte die ersten Verhandlungen, die sein Vertreter, der sozialdemokratische Abgeordnete Josef Seliger, am 4. November fortsetzte. Ziel war die provisorische Abgrenzung zwischen Deutschböhmen und den tschechischen Gebieten bis zur endgültigen Friedensregelung. Die Gespräche wurden ergebnislos abgebrochen.
Zur gleichen Zeit begann jedoch die Besetzung des deutschen Siedlungsgebietes durch kleine militärische Einheiten der Tschechen, die von bewaffneten Truppen der Sokol-Bewegung begleitet waren. Nach zum Teil heftigen Gefechten war bis zum 12. Dezember ganz Südböhmen, bis zum 16. Dezember 1918 ganz Südmähren und Deutschböhmen vollständig besetzt. Zwei Tage zuvor war Reichenberg, am 16. Dezember Komotau und Eger, am 18. Dezember Troppau in tschechischer Hand. Die Proteste der österreichischen Regierung verhallten ungehört. Die Landesregierung Deutschböhmens hatte ihren Sitz nach Wien verlegt, die Regierung des Sudetenlandes ging nach Zusicherung freien Geleits außer Landes. Die deutschen Bewohner und die beiden Landesregierungen hatten keinerlei Widerstand geleistet, weil sie glaubten, das Selbstbestimmungsrecht würde eine gerechte Regelung garantieren. Auch sollte nach dem Krieg Blutvergießen vermieden werden. Eine Unterstützung vom Deutschen Reich blieb aus.
Ein Blutopfer zollten die Sudetendeutschen, wie sich die Deutschen nach Gründung der Tschechoslowakei selbst nannten, am 4. März 1919. Als an diesem Tag das neugewählte österreichische Parlament, an dessen Wahlen den Sudetendeutschen teilzunehmen verboten war, zu seiner ersten Sitzung zusammentrat, demonstrierten sie für das Selbstbestimmungsrecht in zahlreichen Städten. Tschechische Soldaten schossen auf die unbewaffneten Demonstranten. In Kaaden, Eger, Arnau, Aussig, Sternberg und anderen Orten starben 54 Personen, unter ihnen Frauen und Kinder, 112 wurden schwer verletzt.
Die erste Regierung der Tschechoslowakei, die am 14. November 1918 ihre Arbeit aufnahm, bestand aus 17 Mitgliedern. Ministerpräsident wurde Karel Kramář, Außenminister Edvard Beneš, Antonín Švehla übernahm das Ressort des Innern, Alois Rašín das der Finanzen, und der Slowake Milan Rastislav Štefánik wurde Kriegsminister. Nur Beneš und Štefánik besaßen die Legitimation als Vertreter der diplomatisch anerkannten provisorischen Regierung. Als Masaryk, der am 14. November zum Präsidenten gewählt worden war, am 21. Dezember in Prag einzog, begrüßte ihn die Prager Bevölkerung mit triumphalem Jubel. Verdeckt wurde jedoch auf der einen Seite, daß die Stellung des Staatsoberhaupts unzureichend geregelt war, und auf der anderen, daß der Nationalstaat, als der die Tschechoslowakei konzipiert war, erst seine Bewährungsprobe abzulegen hatte. Waren in der Donaumonarchie acht Nationalitäten vereint, sollte der neue Staat für sieben Völker eine Heimat sein. Mit dem Ende des Krieges war ein Abklingen der nationalen Konflikte nicht zu erwarten. Ebenso hatten sich mit der Industrialisierung die sozialen Spannungen gerade erst entwickelt.
Mit dem Vorgehen in den deutschen Gebieten, in der Slowakei und der Karpatenukraine hatten die tschechischen Politiker Fakten geschaffen, die für die Friedenskonferenz in Paris, die am 15. Januar 1919 begann, nicht leicht zu umgehen waren. Ziel der tschechischen Delegation mußte daher sein, die Bestätigung für die Besetzung und die Zustimmung zur Übernahme der gewonnenen Territorien zu erlangen. Der französi-

Hans Kudlich (1823–1917)

Tomáš G. Masaryk (1850–1937)

Josef Seliger (1870–1920)

Rudolf Lodgman von Auen (1877–1962)

sche Ministerpräsident kam den tschechischen Forderungen entgegen, als auf sein Betreiben das Anschlußverbot für die Republik Deutschösterreich an das Deutsche Reich am 22. April ausgesprochen wurde. Unterstützung erhielt die tschechische Delegation auch vom Obersten Rat der Alliierten, in dem Frankreich die Mehrheit innehatte. Mit geringfügigen Änderungen wurden die tschechischen Gebietsansprüche anerkannt und der österreichischen Delegation in Saint-Germain-en-Laye am 2. Juni 1919 die Friedensbedingungen im endgültigen Wortlaut überreicht. Die Siegermächte gingen von der Vorstellung aus, daß Österreich und Ungarn den Krieg angestiftet hatten, während die Tschechen zu den Siegern gerechnet wurden. Zu den Bedingungen des Friedens gehörten unter anderen die Trennung Österreichs von Ungarn, die Anerkennung der selbständigen Staaten Tschechoslowakei, Polen, Ungarn und Jugoslawien. Dem neuen Bundesstaat Österreich wurde die Bezeichnung »Deutschösterreich« ebenso untersagt wie der von der Wiener Nationalversammlung beschlossene Zusammenschluß mit dem Deutschen Reich.

Alle Vorstellungen der österreichischen Delegation, an der sich Rudolf Lodgman von Auen und Josef Seliger für Deutschböhmen, Robert Freißler für das Sudetenland, Graf Oldofredi für Deutsch-Südmähren und Anton Klement für den Böhmerwaldgau beteiligten, wurden verworfen. Auch die Vorschläge der Wiener Regierung fanden kein Echo. Mit der Drohung, den Waffenstillstand zu kündigen, falls die Bedingungen des Friedensvertrages nicht akzeptiert würden, erhielt die Delegation aus Österreich am 2. September den Text mit einer Begleitnote. Eine Frist von fünf Tagen war eingeräumt. Der Nationalversammlung in Wien blieb lediglich der Protest gegen die Verweigerung des Selbstbestimmungsrechtes, als sie am 6. September 1919 das Diktat von Saint-Germain ratifizierte. Es bestand aus 14 Teilen mit 381 Artikeln; sie wurden am 10. September unterzeichnet. 14 Tage später nahmen die Abgeordneten aus den böhmischen Ländern ihren Abschied aus der Nationalversammlung. Mit der Übergabe der Ratifikationsurkunde am 5. November 1919 trat der Vertrag von Saint-Germain in Kraft.

Die Tschechoslowakei hatte zwar prinzipiell die Anerkennung als Siegerstaat erzielt, mußte sich aber auch finanziell an der Entschädigung der Alliierten beteiligen. Außer einer »Befreiungstaxe« von 750 Millionen Goldfrancs, die sie zu entrichten hatte, mußte sie einen Teil der österreichischen Vorkriegsschulden übernehmen und eine Ablösung für das aus dem Vermögen der Donaumonarchie erhaltene Staatseigentum aufbringen. Die Annahme der Friedensverträge, die Außenminister Beneš am 7. November 1919 vorlegte, vollzog die Nationalversammlung in Prag einstimmig.

Das Staatsgebiet der Tschechoslowakei, der Československá Republika (ČSR), umfaßte 142 010 Quadratkilometer. Von der österreichischen Reichshälfte hatte die Republik 79 888 Quadratkilometer übernommen, von denen 51 946 auf Böhmen, 22 221 auf Mähren und 5147 auf Schlesien entfielen. Rechtsgrundlage bildete der Vertrag von Saint-Germain. Aus dem Friedensvertrag von Trianon, in dem Ungarn am 4. Juni 1920 die Slowakei an die Tschechoslowakei abtreten mußte, erhielt sie 62 222 Quadratkilometer hinzu. An die Tschechoslowakei gelangte das Hultschiner Ländchen, das nach dem Vertrag von Versailles am 28. Juni 1919 das Deutsche Reich abzugeben hatte. Die Fläche betrug 286 Quadratkilometer. Als das Teschener Gebiet geteilt wurde, mußte die Tschechoslowakei an Polen durch den Entscheid der Pariser Botschafterkonferenz vom 28. Juni 1920 1593 Quadratkilometer abtreten. Die Gesamtfläche des neuen Staates, dessen Grenzen nach außen noch nicht endgültig feststanden, betrug 1921 140 485 Quadratkilometer.

Nach dem Stand vom 15. Februar 1921 lebten in der Tschechoslowakei 13 611 349 Einwohner. Von diesen entfielen auf Böhmen 6 670 582, auf Mähren 2 662 884, auf Schlesien 672 268, auf die Slowakei 3 024 556 und auf die Karpatenukraine 581 059 Personen. Auf den Quadratkilometer Fläche umgerechnet betrug der Durchschnitt der Bevölkerungsdichte in der gesamten Tschechoslowakei 97 Einwohner, in Böhmen 128, Mähren 119, Schlesien 152, Slowakei 61 und Karpatenukraine 48 Einwohner. In der Entwicklung der Bevölkerungsdichte traten in den Jahren bis 1937 erhebliche Zunahmen ein. In den historischen Ländern stieg die Zahl um je elf, in der Slowakei um zwölf und in der Karpatenukraine um 16 Einwohner je Quadratkilometer. 1937 lebten in Böhmen 139, in Mähren und Schlesien 136, in der Slowakei 73 und in der Karpatenukraine 64 Einwohner auf dieser Fläche.

Die Volkszählung von 1921 stellte die Fortführung der alten österreichischen Landesstatistik dar. Sie betrachtete die im gemeinsamen Staat mitwohnenden und mitlebenden Völker nicht als eigene organisatorische Einheiten, sondern als Teilgruppen der Gesamtbevölkerung des Staates. Die Volkszählungen von 1921 und 1930 entsprachen der Idee des Nationalstaates, als den sich die Tschechoslowakei empfand. Offiziell wurde zwischen Tschechen und Slowaken nicht unterschieden, sie galten als tschechoslowakische Nationalität. Erst auf Drängen der Slowaken erfolgte die Änderung 1924 ganz unauffällig. Für die Tschechen ergab sich nur eine knappe Mehrheit von 50,2 Prozent an der Gesamtbevölkerung, von 50,8 Prozent an der staatsangehörigen Bevölkerung. Die Deutschen bildeten zahlenmäßig die zweitstärkste Nationalität, sie stellten in Böhmen etwa ein Drittel und in Mähren-Schlesien fast ein Viertel der jeweiligen Landesbevölkerung. Auch in der Slowakei war der deutsche Anteil höher als der tschechische. Nach dem Ergebnis der Volkszählung lebten bei einer Gesamtzahl von 2 997 048 Einwohnern 139 880 deutsche Volksangehörige in der Slowakei.

Seit 1880 hatte die deutsche Bevölkerung in den böhmischen Ländern an Zahl ständig zugenommen. Allerdings stieg die Anzahl der nichtdeutschen Bevölkerung stärker an. Nach der Volkszählung von 1921, bei der nicht mehr, wie früher in Österreich-Ungarn, die Muttersprache oder Umgangssprache als Kriterium für die Volkszugehörigkeit galt, sondern mit der Frage nach der Nationalität das Bekenntnis verlangt wurde, ergab sich ein Rückgang der deutschen Bevölkerung. Mit 3 218 005 deutschen Einwohnern hatte sich eine halbe Million weniger als Deutsche bekannt. In zehn Jahren, bis zur zweiten Volkszählung von 1930, hatte die deutsche Bevölkerung um 100 000 Personen auf 3 318 445 zugenommen, jedoch sank der Anteil an der Gesamtbevölkerung auf 22,5 Prozent. Ursache war die stärkere Geburtenbewegung der anderen Nationalitäten, besonders der slowakischen. 1937 war der Anteil mit 22,1 Prozent noch niedriger, die objektive Zunahme um 40 000 auf 3 358 000 Personen fiel nicht ins Gewicht.

Nach dem Ersten Weltkrieg bürgerte sich für die Deutschen in den historischen böhmischen Ländern der Name Sudetendeutsche ein. Aufgegriffen wurde ein Vorschlag, den der mährische Abgeordnete im Reichsrat Franz Jesser 1902 in Anlehnung

an den Begriff Alpenländer publik gemacht hatte: »Das System unserer Gebirge wird in der Geologie und Geographie ja ohnehin das ›sudetische‹ genannt, so können wir doch ›Sudentenländer und Sudetendeutsche‹ sagen.« Die Deutschböhmen lehnten die Bezeichnung damals ab, sie fand aber nach dem Krieg allgemeine Verbreitung.
Das viertstärkste nationale Bevölkerungselement waren die Ungarn oder Magyaren, die in der südlichen Slowakei und in der Karpatenukraine ihre Siedlungen hatten. Ihr Anteil betrug nach der Volkszählung von 1921 745 431 Personen, nach der Volkszählung von 1930 691923. Als im Vertrag von Trianon die Abtrennung Oberungarns vom ungarischen Staat vollzogen wurde, emigrierten über 107 000 ungarische Einwohner aus der Slowakei nach Ungarn. Aufgrund dieser Bewegung verringerte sich der Prozentsatz an der gesamten Bevölkerung von 5,6 auf 4,8 im Jahr 1930.
Die jüdische Bevölkerung in den böhmischen Ländern stellte trotz eines beachtlichen Wachstums bis 1869, gemessen an der Gesamtbevölkerung, eine sehr kleine Minderheit dar. Sie betrug 150 000 Menschen, von denen 95 000 in Böhmen, 45 000 in Mähren und 10 000 in Schlesien lebten. Der Anteil von 1,9 Prozent an der Gesamtbevölkerung im Jahr 1869 war der höchste, der jemals erreicht wurde. Nach den Volkszählungen von 1921 und 1930 lebten 180 855 bzw. 186 642 Personen in der Tschechoslowakei, die jüdisch als ihre Volkszugehörigkeit angaben. Der Anteil betrug in beiden Zählungen 1,3 Prozent an der Gesamtbevölkerung. Konzentriert lebten jüdische Bürger in der Hauptstadt Prag und in einigen mährischen Städten. Sie nahmen in den böhmischen Ländern und in der Ersten Tschechoslowakischen Republik in mehreren Wirtschaftsbereichen eine dominierende Stellung ein. Eine führende Position hatten sie in den freien Berufen als Ärzte und Rechtsanwälte, aber auch in den Wirtschaftswissenschaften und im Zeitungswesen. Das kulturelle Leben in Prag und Brünn wurde von ihnen weitgehend mitgeprägt.
Die Angliederung der Karpatenukraine an die tschechoslowakische Republik erhöhte die Zahl der jüdischen Einwohner beträchtlich. In der Volkszählung von 1921 fand die Angabe der jüdischen Nationalität besondere Berücksichtigung. 354 342 Personen bekannten sich zum mosaischen Glauben, aber 55 Prozent aller Juden, das waren 180 737 Einwohner, erklärten sich als Nationaljuden. 43 Prozent von ihnen entfielen auf die Karpatenukraine, 40 Prozent auf die Slowakei und 17 Prozent auf die Länder Böhmen und Mähren. Das Bekenntnis zum nationalen Judentum zeigte ein deutliches Gefälle von Ost nach West, das in den Volkszählungen zur Zeit der Donaumonarchie nicht deutlich hervorgetreten war, weil die Jiddischsprechenden als Umgangssprache Deutsch angegeben hatten. Der Trend zum Nationaljudentum verstärkte sich in der Tschechoslowakei, wie die Volkszählung von 1930 ergab. Von den 356 830 Personen, die sich zum mosaischen Glauben bekannten, erklärten sich 204 779 als Nationaljuden. In der Karpatenukraine war die Anzahl prozentual auf 92,7, in der Slowakei auf 55,2, in Mähren-Schlesien auf 51,9 und in Böhmen auf 20,5 angestiegen.
In der Karpatenukraine, in der tschechischen Bezeichnung Podkarpatská Rus, lebten die meisten Ukrainer der Tschechoslowakei. Ihre Anzahl betrug nach der Volkszählung von 1921 477 430 Personen oder 3,5 Prozent an der Gesamtbevölkerung. Mit dem freiwilligen Anschluß dieses im Norden an Polen und im Süden an Ungarn und Rumänien grenzenden Territoriums an die Tschechoslowakei im Jahr 1919 waren für

Böhmen und Mähren-Schlesien nach 1918

Gewährung der Autonomie Hoffnungen geweckt, jedoch wurden Versprechungen der Prager Regierung nicht eingehalten. Die Tschechen stellten die Beamten, Tschechisch war die Amtssprache bis 1938.

Die Volkszugehörigkeit der Bevölkerung in der Tschechoslowakei zu Beginn des Jahres 1937

	Personen	Prozent
Tschechen	7 615 010	49,99
Slowaken	2 479 381	16,28
Deutsche	3 358 559	22,05
Polen	105 676	0,69
Nationaljuden	213 684	1,41
Magyaren	757 001	4,97
Ukrainer	636 384	4,18
Andere	65 283	0,43
Zusammen	15 230 978	100,00

Mit der Unterstützung durch die Alliierten bei der Gründung der Tschechoslowakei hatte die tschechische Diplomatie bei den Friedensverhandlungen in Paris einen großen Erfolg erzielt. Er basierte auf dem wohlabgewogenen Zusammenspiel Masaryks und Beneš'. Geschickt hatten sie es verstanden, ihre Politik der amerikanischen anzupassen. Die Delegation der Vereinigten Staaten stand den europäischen Problemen keineswegs ahnungslos gegenüber. Indem sie den kleineren Staaten ihren Beistand gewährte, wollte sie vielmehr den russischen Einfluß in Mitteleuropa eindämmen. Diesem Bestreben kam die nationale und unter antikommunistischem Vorzeichen betriebene tschechische Politik entgegen.

Die Ziele der Tschechen hatte Beneš in zehn Denkschriften der Friedenskonferenz im Januar 1919 vorgelegt. Die Memoranden dienten der Erläuterung von Einzelfragen, wie die Notwendigkeit der Einbeziehung der Deutschen in den neuen Staat, die Grenzkorrekturen auf deutsche und österreichische Kosten, die Angliederung der Slowakei und der Karpatenukraine, der Schutz der Sorben und des tschechischen Bevölkerungsanteils in Wien. Von diesen Denkschriften (Mémoires) hat die dritte vom Ende Februar 1919 die Diskussion über die nationale Frage von Beginn bis zum Ende der Republik bestimmt. Im sechsten Kapitel, in dem das »Schicksal der Deutschen« behandelt wurde, führte Beneš aus: »Die Deutschen würden in Böhmen dieselben Rechte haben wie die Tschechoslowaken. Die deutsche Sprache würde die zweite Landessprache, und man würde sich niemals irgendeiner Unterdrückungsmaßnahme gegen den deutschen Bevölkerungsanteil bedienen. Das Regime würde ähnlich dem der Schweiz sein.« Im Mai 1919 ging eine tschechische Note an die Konferenz in Paris noch einen Schritt weiter. Sie enthielt die Zusage, daß »Grundsätze der Schweizer republikanischen Verfassung als Grundlage der Nationalitätenrechte in der Tschechoslowakei dienen werden«. Der Inhalt dieser Versprechungen fand in der praktischen Politik keinen Niederschlag.

Gemäß der Zusammensetzung der revolutionären Nationalversammlung waren die Minderheiten von den verfassunggebenden Beratungen ausgeschlossen. Die Deutschen lehnten daher eine gesetzliche Regelung ab, in der sie lediglich als geschützte Minderheit im Staat hätten leben sollen. Statt des Nationalstaates forderten die sudetendeutschen Politiker die Verwirklichung eines Nationalitätenstaates. Anfang September 1919 hatte der Vorsitzende der deutschen Sozialdemokraten, Josef Seliger, einen Plan vorgelegt, in dem nationale Bezirke abgegrenzt werden sollten. Er wurde von den tschechischen Parteien zurückgewiesen. Statt dessen beschloß die Nationalversammlung die wichtigsten Staatsgesetze noch vor den Wahlen zum Parlament. Gesetzliche Grundlage bildete die am 29. Februar 1920 verabschiedete Verfassung. Im März 1920 traten die Gesetze über die Wahl des Präsidenten und zum Verfassungsgericht, die Notstandsgesetze, die Gesetze über die Staatsbürgerschaft und die Bodenreform in Kraft.

Die ersten Wahlen fanden am 18. April 1920 statt. Stärkste Partei mit 74 Mandaten wurde die tschechische sozialdemokratische Partei, 24 Abgeordnete gehörten den Nationalen Sozialisten an, während die tschechischen Agrarier 28 und die slowakischen zwölf Sitze erhielten. Ebenfalls zwölf Mandate errang die Slowakische Volkspartei, die mit den 21 Abgeordneten der tschechischen Christlichen Volkspartei eine Fraktion bildete. Die meisten deutschen Stimmen entfielen mit 44 Prozent auf die Sozialdemokraten. Die Deutsche Sozialdemokratische Arbeiterpartei (DSAP) errang 28 Mandate, während drei die Kommunisten und zwei die Deutschdemokraten erzielten. Der Bund der Landwirte stellte 13 Parlamentarier; die Deutsche Nationalpartei (DNP) war mit zwölf, die Deutsche Christlichsoziale Volkspartei (DCV) mit neun und die Deutsche Nationalsozialistische Arbeiterpartei (DNSAP) mit fünf Abgeordneten vertreten.

Die parlamentarische Arbeit der ersten Jahre wurde von den Auseinandersetzungen um die Nationalitätenpolitik geprägt. Die bürgerlichen deutschen Parteien, die sich zu einem parlamentarischen Verband zusammengeschlossen hatten, beharrten auf dem Selbstbestimmungsrecht und forderten dessen Anerkennung. Ebenfalls traten die sozialdemokratischen Abgeordneten für die Autonomie im Rahmen des Staates ein. Am Grundsatz des Rechts auf Selbstbestimmung hielten auch die Abgeordneten der Deutschen Nationalpartei fest.

Jedoch ging der Widerstand nicht allein von den deutschen Parteien aus. Die Slowaken klagten die Gewährung der nationalen Autonomie ein, wie sie im Pittsburgher Abkommen vereinbart war. Besonders die Slowakische Volkspartei kämpfte gegen den Zentralismus und die »tschechoslowakische« Republik wie gegen die »tschechoslowakische« Sprache. Diese war nach dem Sprachengesetz vom 29. Februar 1920 zur offiziellen Sprache erklärt worden. Als die Tschechische Volkspartei Ende November in die Regierung eintrat, kündigte die Slowakische Volkspartei ihr die Fraktionsgemeinschaft auf. Auf der anderen Seite lehnten die tschechischen Parteien die Vorstellungen der Deutschen und Slowaken ab. Gegen die Schwierigkeiten, die sich aus den innenpolitischen Unruhen entwickelten, hatten die tschechoslowakischen Regierungen vor allem anzukämpfen. Unter den Minderheiten entstand nicht das Gefühl, als »Tschechoslowaken« einem gemeinsamen Staat anzugehören, wie die Schweizer Nationalitäten ihn akzeptieren. Auch die Slowaken empfanden sich nicht als staatstragende Nation, obwohl sie durch ihre Vereinbarungen mit den Tschechen die Vereinigung des tschechoslowakischen Staates eingeleitet hatten.

Die Sudetendeutschen genossen nur Minderheitenrechte, ihre Sprache wurde aufgrund der persönlichen staatsbürgerlichen Rechte geschützt. Nur in den Gebieten, in denen ihr Anteil 20 Prozent überstieg, bestand das Recht auf die Verwendung des Deutschen im Verkehr mit Behörden und in der Schule. Ausgeschlossen von diesen Bestimmungen war rund ein Zehntel der deutschen Bürger, unter ihnen auch die 50 000 Deutschen in der Hauptstadt Prag. Im Bereich des Schulwesens wirkte sich der Minderheitenschutz besser aus. 1928 bestanden 3300 deutsche Volksschulen neben 6000 tschechischen und 3000 slowakischen und 433 deutsche Bürgerschulen neben 1000 tschechischen und 112 slowakischen.
Nachteile brachte das Sprachengesetz für die Deutschen im Staatsdienst. Die deutschen Beamten hatten binnen sechs Monaten die Kenntnis der tschechischen Sprache nachzuweisen. Aufgrund dieser Bestimmungen waren zwischen 1921 und 1930 33 000 Deutsche aus dem Staatsdienst entlassen worden. An ihre Stelle traten 41 000 Tschechen. In den böhmischen Ländern stieg der Anteil der tschechischen Staatsbeamten auf fast 87 Prozent, während der Anteil der Deutschen nur 12,7 Prozent betrug. Insgesamt war die Zahl der deutschen Beamten auf 15 Prozent gesunken; in der öffentlichen Verwaltung, bei der Post und bei der Bahn belief sich der Anteil der deutschen Bediensteten auf 12,5 Prozent. Mit Tschechen waren in den böhmischen Ländern 37 000 Stellen besetzt, die eigentlich nach dem Bevölkerungsschlüssel den Deutschen zugestanden hätten. Im Parlament war der Einfluß der Minderheiten sehr begrenzt.
Gegen die Minderheitenpolitik protestierte vor allem die Kommunistische Partei der Tschechoslowakei. Eine eigene kommunistische Gruppe war in der tschechoslowakischen Legion in Rußland entstanden; die Linken unter den Sozialdemokraten suchten Anschluß an die Legionäre, als sie 1920 in die Heimat zurückkehrten. Aber auch von den sudetendeutschen linken Sozialdemokraten, die im März 1921 die deutsche Abteilung der Kommunistischen Partei gründeten, gingen wesentliche Anstöße aus. Mitte Mai vereinigten sich die tschechischen und slowakischen Linken. Auf Befehl der Kommunistischen Internationale (Komintern), die eine nationale Spaltung unter den Kommunisten verbot, fand vom 30. Oktober bis 4. November 1921 ein Vereinigungsparteitag aller Kommunisten statt, der nicht nur die tschechischen und slowakischen Anhänger, sondern auch die aller weiteren nationalen Minderheiten vereinte. Auf dem II. Parteitag 1924 forderte die Partei analog zur offiziellen sowjetischen Nationalitätenpolitik das Recht auf Selbstbestimmung der Nationen bis zur Loslösung vom Staat.
Die Sudetendeutschen, die sich mit der Rolle einer Minderheit ohne Einfluß schwer abfanden, hatten, verglichen mit der Lage der anderen Nationalitäten, eine Reihe von Vorteilen behaupten können. Die 3400 Gemeinden mit deutscher Mehrheit verfügten über ein bedeutendes Ausmaß an Selbstverwaltung. Das Schulwesen war gut ausgestaltet; es bestanden drei deutsche Hochschulen, zahlreiche Verwaltungsbeamte und Richter waren Deutsche, es konnten viele deutsche Tageszeitungen und Zeitschriften erscheinen, und in den Gemeinden entwickelten zahlreiche deutsche Vereine ihre Aktivitäten. Von überregionaler Bedeutung waren der Böhmerwaldbund, der Bund der Deutschen Nordmährens, der Bund der Deutschen in Böhmen, die als Schutzvereine

eine wichtige Rolle spielten. Auf dem Gebiet der Volksbildung erwarb sich der Deutsche Verein zur Verbreitung gemeinnütziger Kenntnisse große Verdienste, im Bereich der Geschichtswissenschaft der Verein für Geschichte der Deutschen in Böhmen.

In ersten, seit 1922 feststellbaren Ansätzen gaben einige der deutschen Parteien ihre Zurückhaltung auf, sich an der Regierungsarbeit zu beteiligen. Die Wahlen im November 1925 hatten für die Sozialdemokraten Verluste gebracht. Die tschechoslowakische und die deutsche sozialdemokratische Partei hatten ihre führenden Positionen eingebüßt. An die erste Stelle bei den deutschen Parteien trat der Bund der Landwirte mit 24 Mandaten, 17 erzielte die Deutsche Sozialdemokratische Arbeiterpartei und 13 die Christlichsoziale Volkspartei. Eine Erhöhung ihrer Abgeordnetenzahl errangen die Kommunisten, die sich von 27 auf 41 steigerte.

Nach einem Übergangskabinett, das eine tiefgreifende Krise zwischen Bürgerlichen und Sozialisten überbrücken sollte, traten 1926 Franz Spina als Minister für Öffentliche Arbeiten für den Bund der Landwirte und Robert Mayr-Harting als Minister der Justiz für die Christlichsozialen in die Regierung unter Antonín Švehla ein. Ihm war es gelungen, die tschechischen Bedenken gegen eine Mitwirkung der Deutschen auszuräumen. Durch die Entscheidung der beiden deutschen Fraktionen, sich an der Regierung zu beteiligen, ergab sich eine Unterscheidung in deutsche Regierungs- und Oppositionsparteien.

Auch die deutschen Sozialdemokraten gaben 1929 ihre zurückhaltende Position auf. Als sie in den Parlamentswahlen mit 21 Abgeordneten wieder stärkste deutsche Partei wurden, trat Ludwig Czech in das Kabinett ein. Der Bund der Landwirte, der sich mit der Deutschen Arbeits- und Wirtschaftsgemeinschaft und der Karpatendeutschen Partei zusammen der Wahl gestellt hatte, errang 17 Mandate und die Deutsche Christlichsoziale Volkspartei 14 Mandate. Die deutschen Parteien waren durch Ludwig Czech, der das Ministerium für soziale Fürsorge übernahm, und Franz Spina, der mit dem Ministerium für Gesundheit betraut wurde, in der Regierung vertreten. Für die Verbesserung der Lage der deutschen Bevölkerung war die Mitarbeit deutscher Parteien in der Regierung allerdings wenig belangvoll.

Edvard Beneš, der langjährige Leiter der tschechoslowakischen Außenpolitik, steuerte in der Außenpolitik den Kurs einer engen Verbindung zu Frankreich und integrierte die Tschechoslowakei in das französische Paktsystem. Mitte August 1920 hatte der Prager Außenminister mit Jugoslawien ein Defensivbündnis vereinbart, dem Rumänien im Frühjahr 1921 beitrat. Das Paktsystem, das von der ungarischen Presse als »kleine Entente« verspottet wurde, war mehr als nur eine Vereinigung zur Isolierung Ungarns. Nach den Ideen von Beneš sollte sie Ordnungsmacht in Mitteleuropa sein. Gegenüber dem Deutschen Reich verfolgte Beneš die Politik der korrekten Beziehungen. Die Mitwirkung der deutschen Repräsentanten an der tschechoslowakischen Regierung diente dem Außenminister als Nachweis für die Gleichberechtigung der Nationalitäten. Zwar hatten sich die deutschen Minister bemüht, in Einzelfällen die Benachteiligungen gegenüber den Deutschen zu mildern, sie konnten aber die Auswirkungen nicht verhindern, die die Weltwirtschaftskrise besonders den Sudetendeutschen aufbürdete.

Als am »Schwarzen Freitag«, dem 25. Oktober 1929, der Aktienmarkt an der Börse in New York nach überhitzter Spekulation durch beträchtlichen Kursverfall zusammenbrach, erlitt die Wirtschaft schwere Einbußen. Der Börsenkrach übertrug die amerikanische Finanzkrise auf Europa. Sie wirkte sich als Katastrophe aus: Vermögens- und Ersparnisverluste, Absatzschwierigkeiten in der Industrie, Verfall der Preise, Konkurse, Massenentlassungen von Arbeitern, Kreditverknappungen, Rückgang des Steueraufkommens, Sinken des Lebensstandards. Als sich in den Jahren 1931 bis 1932 die Konjunkturkrise verschärfte, wurde auch die Wirtschaft in der Tschechoslowakei empfindlich getroffen. Die Marktpreise fielen um 12 Prozent, das Einkommen der Bauern sank um 40 Prozent, das der Selbständigen um 17, Löhne und Gehälter um 8 Prozent. Nur kurzfristig konnte eine französische Anleihe von 600 Millionen Francs den Finanzbedarf der Tschechoslowakei decken. Die Lösung der Krise gelang später als in anderen europäischen Staaten. Das größte Problem der Wirtschaftsentwicklung lag wohl im Bereich der Strukturpolitik. Die internationale Krise traf die Tschechoslowakei deshalb so anhaltend, weil es nicht gelang, die Voraussetzungen für notwendige strukturelle Veränderungen zu schaffen. Die Konzentration der exportempfindlichen Industrien in den sudetendeutschen Gebieten führte dort zur Massenarbeitslosigkeit, die selbst um die Mitte der dreißiger Jahre nicht überwunden war. Ende Januar 1935 betraf die Arbeitslosigkeit in den deutschen Bezirken Friedland 17, Karlsbad 14,6, Falkenau-Graslitz 13,4 Prozent der Einwohner, während in den tschechischen Bezirken Jilemnice 13,4, Chrudim 4,4 und Kladno 4,1 Prozent der Einwohner ohne Arbeit waren. Die niedrigste deutsche Quote in Aussig lag bei 7,5, die niedrigste tschechische in Königinhof bei 2 Prozent. Von insgesamt 920 000 Arbeitslosen im Winter 1932/33 waren zwei Drittel Deutsche.

Nachdem Adolf Hitler am 30. Januar 1933 mit der Ernennung zum deutschen Reichskanzler die Macht übernommen hatte, änderte sich die Politik des Deutschen Reiches gegenüber der Tschechoslowakei zunächst nur im wirtschaftlichen Bereich. In Deutschland wurde der Agrarmarkt kontrolliert und reguliert, die Devisen erfuhren eine Bewirtschaftung, der Außenhandel wurde der Aufsicht des Staates unterworfen und das Prinzip der Meistbegünstigung aufgehoben. Für Jugoslawien, Rumänien, Bulgarien und Ungarn öffneten sich durch Vorzugsbehandlung die deutschen Märkte. Die Tschechoslowakei und Polen sollten isoliert werden und auch voneinander getrennt bleiben. Ausdruck dieser neuen deutschen Politik war der Abschluß des deutschpolnischen Nichtangriffspaktes vom 26. Januar 1934. Die Schwächung der Kleinen Entente leitete Hitler ein, als das Deutsche Reich mit Jugoslawien am 1. Mai 1934 einen Handelsvertrag vereinbarte. Beneš sah sich gezwungen, die tschechoslowakische Außenpolitik neu zu orientieren. Auf sein Drängen erkannten Rumänien und die Tschechoslowakei die Sowjetunion am 9. Juni 1934 diplomatisch an und nahmen unmittelbare Beziehungen zu ihr auf. Mit diesem Schritt, der ohne Zustimmung Jugoslawiens vorgenommen worden war, hatte Beneš die Einheit der Kleinen Entente erstmals durchbrochen. Das sichtbare Erstarken des Deutschen Reiches, sein Austritt aus der Abrüstungskonferenz und aus dem Völkerbund hatten die Machtverhältnisse Mitteleuropas ins Wanken gebracht. Das Einschalten der UdSSR als europäische Kraft zur Neutralisierung Deutschlands war für die Tschechoslowakei eine notwendige

Korrektur, um der Verlagerung des europäischen Gleichgewichts vorzubeugen. Die Antwort auf die deutsche Erklärung zur Aufrüstung vom 16. März 1935 bestand in dem militärischen Beistandspakt zwischen der Tschechoslowakischen Republik und der UdSSR vom 16. Mai 1935. Ihm war ein inhaltsgleicher Vertrag zwischen Frankreich und der Sowjetunion am 2. Mai vorausgegangen. Das Paktdreieck Paris – Moskau – Prag stellte eine Parallele zur Kleinen Entente auf höherer Ebene dar. Deren Spaltung vertiefte sich durch unterschiedliche Beziehungen der Mitgliedsstaaten zum Deutschen Reich.

Im Winter 1936 hatte sich eine neue Konstellation in Ostmitteleuropa entwickelt. Dem Bündnis Paris – Moskau – Prag stand eine antisowjetische Front gegenüber: Deutschland, Polen, Ungarn, auch Rumänien und Jugoslawien. Die Tschechoslowakei war isoliert, obwohl die Regierungen in Belgrad und in Bukarest den entscheidenden Schritt, das Bündnis, die Entente, zu verlassen, nicht vollzogen hatten. Die Hinwendung zur Sowjetunion wurde von der nationalsozialistischen Propaganda als »Bolschewisierung der ČSR« verhöhnt. Auch mit Italien geriet Beneš in Konflikt, als er die Sanktionen des Völkerbundes gegen die Annektion Äthiopiens durch den italienischen Staat am 3. Oktober 1935 aktiv unterstützte. In diesen Jahren erwies sich auch die französische Außenpolitik als wenig effektiv. Der Einmarsch der deutschen Wehrmacht in die entmilitarisierte Zone im Rheinland 1935 während der Krise um die Besetzung Äthiopiens schränkte Frankreichs Fähigkeit, zur Verteidigung seiner Verbündeten im Osten rasch und wirkungsvoll vorzugehen, erheblich ein. Für die Tschechoslowakei entstand aus dieser Konstellation große Gefahr. Aus Furcht vor einem Waffengang mit dem Deutschen Reich wurden militärische Vorbereitungen getroffen, im Norden der Republik zur Sicherung der historischen Länder modernste Festungswerke errichtet. Die technische Ausrüstung der Armee nach französischem Vorbild war nach dem neuesten Standard erfolgt. Dank der einheimischen Industrie verfügte das Heer über eine erstklassige Bewaffnung. Der Friedensstand der gesamten Streitmacht betrug 180 000 Soldaten mit drei Reserven von 1 000 000 im ersten, 300 000 im zweiten und 500 000 Mann im dritten Aufgebot. Nach dem Anschluß Österreichs an das Deutsche Reich am 13. März 1938 wuchs die Bedrohung der Tschechoslowakei durch die europäischen Pläne Hitlers. Die tschechische Politik mußte einen deutschen Einmarsch in Mähren befürchten, der Böhmen von der Slowakei getrennt hätte. In der Tat hatte die Führung der deutschen Wehrmacht auf Hitlers Weisung, der den Plan der Eroberung und Kolonisierung der Ostgebiete verfolgte, die Ausschaltung der Tschechoslowakei als erstes Ziel bezeichnet; ihre »Zerschlagung« erklärte Hitler als »unabänderlichen Beschluß«. Ein Überraschungsangriff gegen die Tschechoslowakei war vorgesehen, und seine Planung wurde im »Fall Grün« durchgespielt. Das Schicksal der Sudetendeutschen selbst spielte für den deutschen Reichskanzler keine Rolle. Jedoch kam ihm die Auseinandersetzung um die Autonomie der Deutschen in den Sudetenländern, die sich nach dem 30. Januar 1933 verstärkte, sehr gelegen.

Von den deutschen Parteien in der Tschechoslowakei hatte sich allein die Deutsche Nationalsozialistische Arbeiterpartei für den deutschen Nationalsozialismus ausgesprochen und die Idee einer »Sudetendeutschen Volksfront« propagiert. Einer parlamentarischen Zusammenarbeit mit ihr, an der sich auch der Bund der Landwirte beteiligen wollte, schien die Deutsche Nationalpartei nicht abgeneigt. Diesen Bestrebungen stand die Regierung jedoch scharf ablehnend gegenüber. Sie setzte zur Bekämpfung der Organisationen, die den Anschein einer Verbindung zur NSDAP erweckten, Polizeikräfte ein. Auch auf parlamentarischem Wege ließ sich die Regierung Vollmachten zum Vorgehen gegen die deutschen Parteien erteilen. Das Abgeordnetenhaus verabschiedete am 25. Oktober 1933 das »Gesetz betreffend die Einstellung und die Auflösung politischer Parteien«, das in erster Linie gegen die Deutsche Nationalsozialistische Arbeiterpartei und die Deutsche Nationalpartei gerichtet war. Am 4. Oktober war die Deutsche Nationalsozialistische Arbeiterpartei durch Selbstauflösung diesem Schritt zuvorgekommen, die Deutsche Nationalpartei mußte aufgrund des Gesetzes ihre Tätigkeit einstellen.

Mit dem Parteiengesetz ging die Regierung ferner gegen die »Sudetendeutsche Heimatfront« vor, zu deren Gründung der Leiter der Turnschule in Asch und Führer des Deutschen Turnverbandes, Konrad Henlein, im Juli 1933 auf einer Kundgebung in Saaz unerwartet aufgerufen hatte. Die Gründungsversammlung fand in Eger am 1. Oktober 1933 statt. Ziel der Bewegung sollte die Zusammenfassung aller Deutschen in der Tschechoslowakei sein, die sich zur deutschen »Kultur- und Schicksalsgemeinschaft« bekannten. Bei der Gründung der Heimatfront dürfte Henlein von spontanen und persönlichen Motiven geleitet worden sein, die sich mit Einflüssen der reichsdeutschen Nationalsozialisten verband. Allerdings war 1933 nicht an eine Politik zu denken, die den Anschluß der Sudetendeutschen an das Deutsche Reich gefordert hätte. Der Name »Sudetendeutsche Heimatfront« stammte von dem Abgeordneten der Deutschen Nationalpartei Otto Kallina. Die Heimatfront wurde das nationale Sammelbecken der Sudetendeutschen. Nicht zuletzt hatte sich Minister Spina vom Bund der Landwirte für die Bewegung eingesetzt, als er immer wieder darauf hinwies, daß im Falle eines Verbotes der Heimatfront die Glaubwürdigkeit der tschechoslowakischen Demokratie erschüttert würde.

Ende November 1934 belastete der Streit um die Auslieferung der Insignien der Prager Universität das deutsch-tschechische Verhältnis erheblich. Bereits am 28. März hatte das Kreisgericht Prag in einem Urteil entschieden, daß die Deutsche Universität das Collegium Carolinum, das Hauptgebäude der von Kaiser Karl IV. eingerichteten Collegien mit der Aula, der tschechischen Karls-Universität zu übergeben habe. Ihr Rektor bezeichnete diesen 28. März 1934 als »goldenen Tag« in der Geschichte der Universität. In einem Erlaß vom 21. November forderte das Unterrichtsministerium den Rektor der Deutschen Universität auf, die historischen Insignien, das Zepter des Rektors und die Zepter der vier alten Dekane mit den goldenen und vergoldeten Ketten der akademischen Würdenträger, der tschechischen Universität zu überreichen. Der Protest des Akademischen Senats gegen den Erlaß wurde in der tschechischen Öffentlichkeit als Revolte und Provokation gewertet. Nachdem die deutschen Studenten in den Vorlesungsstreik traten und das Collegium Carolinum besetzten, um den Schutz des Rektorats zu übernehmen, demonstrierten die tschechischen Studenten gegen diese Maßnahme. Es kam zu Tumulten, die nur durch Polizeieinsatz und ein allgemeines Versammlungsverbot unterdrückt werden konnten. Um eine Ausweitung des Konflikts zu vermeiden, entschied sich schließlich der Rektor der Deutschen Universität zum Nachgeben und übergab die Insignien, jedoch nicht der tschechischen Universität, sondern einer Ministerialkommission. Der Rektor und die Dekane der Deutschen Universität traten von ihren Ämtern zurück, für mehrere Wochen wurde die Universität geschlossen. Die Sympathie der sudetendeutschen Intellektuellen galt ohne Ausnahme dem Vorgehen des Rektors und des Senats. Fortan unterstützten die Akademiker die »Sudetendeutsche Heimatfront«. Diesen Erfolg konnte Henlein für seine Politik ausnutzen.

Wenige Wochen vor den Wahlen, am 30. April 1935, mußte auf Drängen von tschechischer Seite der Parteiname in Sudetendeutsche Partei (SdP) umgewandelt werden. Ihr Bekenntnis zu den Grundforderungen der Demokratie fand ihren Ausdruck im Mai 1936, als der Ausschluß aller Mitglieder verfügt wurde, die nationalsozialistischer Bestrebungen hätten bezichtigt werden können. Die Partei betonte damit die Unabhängigkeit von der Führung der NSDAP und vom Deutschen Reich, obwohl unterstützt von dem reichsdeutschen »Volksbund für das Deutschtum im Ausland« mit beträchtlichen finanziellen Mitteln.

In den Parlamentswahlen am 19. Mai 1935 errang die Sudetendeutsche Partei mit 15,2 Prozent aller Stimmen 44 Sitze, während auf die anderen deutschen Parteien 22 Mandate entfielen. Die Sozialdemokraten verloren die Hälfte ihrer Stimmen und entsandten elf Abgeordnete, die Deutsche Christlichsoziale Volkspartei sechs und der Bund der Landwirte fünf in das Abgeordnetenhaus. In die neue Regierung traten die Sozialdemokraten und der Bund der Landwirte ein, die Christlichsozialen verzichteten. Der Sozialdemokrat Czech wurde Minister für Soziale Fürsorge, Spina Minister ohne Geschäftsbereich.

Der unerwartete Erfolg der Sudetendeutschen Partei war nur ein Faktor in den innenpolitischen Schwierigkeiten, die nach den Wahlen entstanden. Im Herbst 1935 verschlechterte sich der Gesundheitszustand des Präsidenten Masaryk, der sich zu einem Rückzug aus dem politischen Leben entschloß. Die Neubesetzung des hohen Staatsamtes bot Gelegenheit zu einer Ablösung der bisherigen Regierung, weil der langjährige Außenminister Beneš als einer der Kandidaten galt. Zu den letzten größeren politischen Maßnahmen Masaryks gehörte die Ernennung von Milan Hodža zum Ministerpräsidenten. Mit dem Abgeordneten der Agrarpartei wurde in der Geschichte der Tschechoslowakei zum ersten Mal ein Slowake zum Ministerpräsidenten gewählt, der auch die Regierungserklärung in slowakischer Sprache vortrug. Die »slowakische« Frage war mit der Berufung Hodžas keineswegs gelöst, im Gegenteil, die einflußreiche Slowakische Volkspartei widersetzte sich dem Angebot, in die Regierung einzutreten. Sie forderte weiterhin die Autonomie von den Tschechen. In den folgenden Jahren verschärfte sich der Gegensatz stetig.

In der Frage der Nachfolge des Präsidenten unterstützte der Ministerpräsident Hodža den Kandidaten Beneš, der als »linker Atheist« eingeschätzt wurde. Die Agrarier stellten den Vorsitzenden des Tschechischen Nationalrats, den Professor für Pflanzenphysiologie Bohumil Němec, gegen ihn auf. Ursprünglich hatte auch der Historiker Josef Pekář eine Kandidatur erwogen, auf sie aber verzichtet, als erkennbar wurde, daß die klerikale Partei für Beneš votieren würde. Vom scheidenden Präsidenten ging massive Einflußnahme aus, um die Wahl seines alten Weggefährten zu sichern. Jedoch

erst als der päpstliche Nuntius am Tag vor der Wahl die katholische Slowakische Volkspartei zur Unterstützung von Beneš veranlaßte, bröckelte die Opposition ab. Am 18. Dezember 1935 wurde Edvard Beneš mit großer Mehrheit zum Präsidenten der Tschechoslowakei gewählt. Die Abgeordneten der Sudetendeutschen Partei hatten sich der Stimme enthalten.
Die deutschen Parteien im Abgeordnetenhaus mußten sich mit den Plänen der Regierung auseinandersetzen, die Forderung nach Anerkennung der Sudetendeutschen als zweites »Staatsvolk« nicht zu behandeln. Das Staatsverteidigungsgesetz vom 31. Mai 1936 beschnitt die Rechte der Minderheiten, nicht nur der deutschen, erheblich. Auch der Versuch der alten deutschen Parteien, auf der Grundlage der Anerkennung des tschechoslowakischen Staates eine Verständigung herbeizuführen, fand nur ein geringes Echo. Als die junge Generation der sogenannten aktivistischen Parteien, die »Jungaktivisten«, mit der Regierung Hodža in Verhandlungen eintrat, erzielte sie lediglich einen Scheinerfolg. Der Sozialdemokrat Wenzel Jaksch, der Gewerkschafter in der Deutschen Christlichsozialen Volkspartei Hans Schütz und der Vorsitzende der Jugendorganisation des Bundes der Landwirte, Gustav Hacker, erhielten am 11. November 1936 die Zusage, daß die Sudetendeutschen bei der Einstellung in den Staatsdienst mit den Tschechen gleichbehandelt werden sollten. Die Praxis folgte dem Versprechen nicht.
Von der Sudetendeutschen Partei wurden dem Parlament am 27. April 1937 sechs Gesetzentwürfe als Generallösung des tschechoslowakischen Nationalitätenproblems vorgelegt. Inhaltlich lehnten sie sich an die Vorschläge an, die 1899 die Sozialdemokratie unterbreitet hatte. Zwei Entwürfe bildeten die Kernpunkte. Der eine wollte die Volksrechte durch die Gründung von Verbänden des öffentlichen Rechts geschützt sehen. Nach dem anderen sollte die nationale Zugehörigkeit des einzelnen, seine Erziehung in der betreffenden Sprache und sein nationaler Besitzstand zu strafrechtlich geschützten Gütern der Verfassung erklärt werden. Die Grundsätze dieser Initiative hatte Konrad Henlein am 28. Februar 1937 in einer Rede öffentlich angekündigt. Sie wurden von der Regierung abgelehnt, auch der sudetendeutsche Politiker Lodgman von Auen sprach sich gegen die Entwürfe aus.
Nach dem Tod Masaryks am 14. September 1937 nahm Ministerpräsident Hodža den Vorschlag der SdP zu Gesprächen an. Doch bevor sie stattfanden, belastete der Zwischenfall von Teplitz-Schönau am 17. Oktober 1937 das deutsch-tschechoslowakische Verhältnis. Einer der Repräsentanten der Partei, Karl Hermann Frank, war bei einem Handgemenge während einer Kundgebung von der tschechischen Polizei geschlagen worden. Der deutsche Propagandaminister Joseph Goebbels löste in der deutschen Presse eine Kampagne gegen die Tschechoslowakei aus. Sie führte auch bei Henlein zu einem Wandel seiner politischen Einstellung; er gab die verkündete Bereitschaft zur Verständigung mit den Tschechen auf und bekannte sich zu Hitlers Politik gegenüber der Regierung in Prag. In seinem Bericht an Hitler legte Henlein als Ziel der Politik der SdP die Einverleibung des sudetendeutschen Gebietes, wie er es formulierte, »ja des ganzen böhmisch-mährisch-schlesischen Raumes in das Reich« dar. Damit vollzog die Führung der Sudetendeutschen Partei die ideologische Kapitulation vor Hitler.

Deutsche in der Tschechoslowakei (1918–1938)

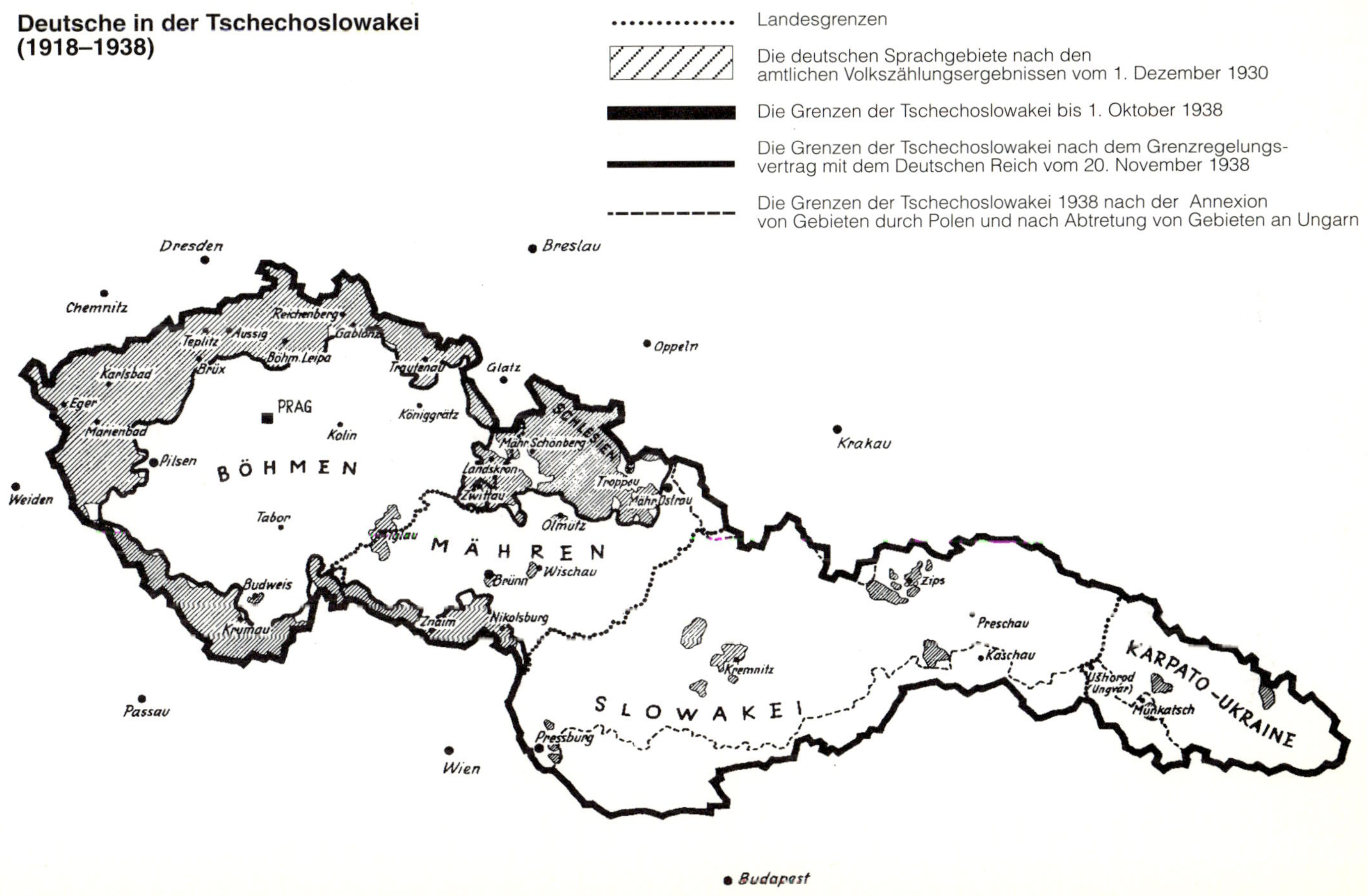

Nach dem Anschluß Österreichs an das Deutsche Reich im März 1938 ergab sich für die Tschechoslowakei innenpolitisch eine völlig neue Situation. Die Politik der deutschen »aktivistischen« Parteien hatte ihre Berechtigung verloren. Ausdruck des Zusammenbruchs war der Eintritt des Bundes der Landwirte, der Deutschen Christlichsozialen Volkspartei und der Deutschen Gewerbepartei in die Sudetendeutsche Partei. Sie wurde zwar im Abgeordnetenhaus mit 55 Sitzen stärkste Fraktion überhaupt, sie besaß aber nicht die demokratische Legitimation, für das gesamte Sudetendeutschtum zu sprechen. Die Sozialdemokraten unter Wenzel Jakschs Führung hatten sich der Sammlungsbewegung widersetzen können. Henlein erhielt zwei Wochen nach der Angliederung Österreichs von Hitler die Weisung, Ansprüche anzumelden, die für die Regierung der Tschechoslowakei unannehmbar sein mußten. In dieser Weise hatte Henlein bereits gewirkt, als er neue Parlaments- und Kommunalwahlen forderte. Beratungen der sudetendeutschen Repräsentanten mit der Slowakischen Volkspartei und der ungarischen Regierung in Budapest im Februar zeigten der tschechoslowakischen Regierung auf, daß die Zeit zum Handeln reif war.
Entsprechend Hitlers Weisung stellte Konrad Henlein sein neues Programm auf der Haupttagung der SdP am 23. und 24. April 1938 in Karlsbad vor. Dem Treffen der Partei war die Besprechung Hitlers mit dem Chef des Oberkommandos der Wehrmacht, General Keitel, am 21. April vorausgegangen. Sie hatte den Aufmarschplan »Grün« zum Ergebnis, mit dem die Wehrmacht die Tschechoslowakei militärisch zerschlagen sollte. Das »Karlsbader Programm« forderte die volle Autonomie, die ungehinderte Propaganda für die »deutsche Weltanschauung« und die Wiedergutmachung der Schäden, die die Sudetendeutschen seit 1919 erlitten hatten.
In dieser Situation kam es zu enger Fühlungnahme zwischen der britischen und französischen Regierung am 28. und 29. April. Die Konsultationen führten zu einem gemeinsamen diplomatischen Vorgehen am 7. Mai 1938, in dem die tschechoslowakische Regierung zur Sicherung des europäischen Friedens aufgefordert wurde. Mit der offiziellen Einladung Henleins nach London am 12. Mai zeigte sich die britische Regierung entschlossen, in dem Konflikt zu vermitteln. Jedoch verschärfte die Teilmobilmachung der tschechoslowakischen Armee am 21. Mai 1938 die Lage. Zur gleichen Zeit hatte Staatspräsident Beneš als Reaktion auf den Besuch Henleins in London offiziell erklärt, die Gleichberechtigung aller Nationalitäten zu garantieren. Außer der Sudetendeutschen Partei forderten auch die polnische und die ungarische Minderheit, vor allem die Slowakische Volkspartei die Gewährung von Selbstverwaltungen in ihren Gebieten. Die Feiern zum 20. Jahrestag des Pittsburgher Abkommens am 4. und 5. Juni 1938 in Preßburg nutzte Andrej Hlinka, der Führer der Volkspartei, zu einer Demonstration für die slowakische Autonomie. Ziel seiner Politik war die Föderalisierung des tschechoslowakischen Staates. Die Partei vertrat jedoch höchstens 32 Prozent der slowakischen Wähler; die zentralistisch eingestellten Slowaken veranstalteten am 6. Juni eine Gegendemonstration. Die Auseinandersetzungen um die Lösung nationaler Probleme ließen im Ausland den Eindruck entstehen, die Tschechoslowakei müßte durch eine radikale Amputation saniert werden.
Auf dieser Grundlage leitete die britische Regierung Maßnahmen ein, um die sudetendeutschen Ansprüche zu unterstützen. Sie zwang Beneš schließlich, einen »neutralen«

Vermittler in der Tschechoslowakei zu empfangen. Im Verlauf des Monats August und in den ersten zwei Wochen des September 1938 informierte sich Lord Walter Runciman über die Verhältnisse. Seine Berichte an die britische Regierung verstärkten die Auffassung, daß die Regierung Hodža den Sudetendeutschen entgegengehen und ihre Nationalitätenpolitik völlig reformieren müßte. Als Hitler durch seine Rede auf dem Nürnberger Parteitag der NSDAP für die Sudetendeutschen die Selbstbestimmung erneut forderte, löste die tschechoslowakische Regierung mit der Verhängung des Standrechts in den sudetendeutschen Gebieten und der Anordnung, sie militärisch zu besetzen, die Gefahr eines Bürgerkrieges aus. Der britische Premierminister Sir Neville Chamberlain sah sich zu einem Gespräch mit Hitler veranlaßt, das am 15. September 1938 stattfand. Diese Besprechung, in der Hitler die Eingliederung der sudetendeutschen Gebiete in das Deutsche Reich für notwendig erklärte, wertete der britische Premier als Erfolg, da Hitler versprach, bis zur Konsultation der britischen und der französischen Regierung keine Schritte zu unternehmen. Vier Tage später, am 19. September 1938, gaben beide Regierungen durch ihre Gesandten in Prag während eines gemeinsamen Besuches bei Beneš die Empfehlung, die Abtretung des Sudetenlandes zu akzeptieren. Zugleich sagten sie zu, den Bestand des Reststaates zu garantieren. Die Vorschläge, die einem Ultimatum gleichkamen, wurden zunächst in einer Note von tschechoslowakischer Seite scharf zurückgewiesen, schließlich von Beneš am 21. September in einer neuen Note angenommen.

Bei seinem zweiten Besuch am 22. September 1938 konnte Chamberlain Hitler kein weiteres Zugeständnis abringen. Der deutsche Reichskanzler verlangte die Abstimmung über das Selbstbestimmungsrecht und die Genehmigung zum Einmarsch der deutschen Wehrmacht in die sudetendeutschen Gebiete für den 28. September 1938. Die Gebiete sollten am 1. Oktober angeschlossen werden. Um einen Krieg zu verhindern, gab der britische Premierminister Chamberlain den Forderungen Hitlers nach und übernahm die gesetzten Termine. Nur wenige Stunden vor Ablauf des Ultimatums schaltete sich auf Chamberlains Veranlassung der italienische Diktator Benito Mussolini als Vermittler in der Krise ein. Ihm gelang die an sich schon länger geplante Einberufung einer Konferenz der Großmächte für den 29. September 1938 in München. Chamberlain, der französische Ministerpräsident Edouard Daladier, Mussolini und Hitler einigten sich im wesentlichen auf den Text, der von deutscher Seite vorbereitet und von Mussolini als Vermittlungsvorschlag vorgelegt worden war. Die tschechoslowakische Regierung mußte den Urteilsspruch über die Zukunft des Staates ohne Gelegenheit zur Anhörung anerkennen. Das Münchner Abkommen entsprach dem Ultimatum, das die britische und die französische Regierung bereits am 19. September der Tschechoslowakei gestellt hatten. Diese stimmte ihm am 30. September unter Protest zu.

Das Abkommen regelte die Abtretung des Sudetenlandes nicht, sondern es verwies nur auf die Vereinbarung zwischen London, Paris und Prag. In München wurden nur die Modalitäten des Gebietsübergangs festgesetzt. Nach dem Beschluß der vier Unterzeichner des Abkommens sollte die Besetzung durch deutsche Truppen zwischen dem 1. und 10. Oktober erfolgen. Der tschechoslowakische Staat verlor seine Existenz, als auch die polnische und die ungarische Regierung ultimativ weitere Abtretungen verlangten und zugesprochen erhielten. Obwohl die Repräsentanten der vier Großmächte wegen der Forderungen der polnischen und ungarischen Minderheit eine weitere Konferenz in Aussicht genommen hatten, besetzten polnische Truppen seit 2. Oktober den tschechoslowakischen Teil der Stadt Teschen und das Olsa-Gebiet. In der Auseinandersetzung mit Ungarn, das in der Slowakei Abstimmungen über das Selbstbestimmungsrecht forderte, entschieden Deutschland und Italien im Ersten Wiener Schiedsspruch am 2. November 1938. Die Südslowakei und Teile der Karpatenukraine fielen an Ungarn.

Nachdem das bisherige System der Allianz zerbrochen war, zog Staatspräsident Beneš selbst eine erste Konsequenz. Er trat am 5. Oktober von seinem Amt zurück und ging am 22. Oktober 1938 ins Exil. Das neugewählte Parlament konnte letztlich nur die Liquidierung der Tschecho-Slowakei, wie sie sich nannte, vollziehen. Die Abgeordneten mußten sich der Einsicht beugen, die Forderungen der Slowaken und der Karpatenukrainer erfüllen zu müssen, wenn der Bestand des Rest-Staates gerettet werden sollte. Sie stimmten am 22. November mit großer Mehrheit dem neuen Verfassungsgesetz zu, in dem der Zentralismus durch einen Trialismus ersetzt wurde. Die reduzierten Länder Böhmen und Mähren auf der einen Seite standen der Slowakei sowie der Karpatenukraine auf der anderen gegenüber. Neuer Staatspräsident wurde am 30. November 1938 der 66 Jahre alte Präsident des Obersten Verwaltungsgerichtshofes der ČSR, Emil Hácha.

Hitlers weiteres Vorgehen war darauf ausgerichtet, auch die Rest-Tschecho-Slowakei zu zerschlagen. Zur Verfolgung dieses Zieles akzeptierte er die Bemühungen zur Umorientierung der tschechischen Politik auf das Deutsche Reich hin nicht. Als die tschechische die slowakische Regierung zur Zusammenarbeit aufforderte und eine Ablehnung erfuhr, versuchte sie gegen die Slowakei vorzugehen. Dem deutschen Reichskanzler bot die Maßnahme den Vorwand, das Hilfeersuchen der slowakischen Regierung zu unterstützen. Von deutscher Seite gleichzeitig angezettelte Provokationen nutzte Hitler aus und legte dem slowakischen Landtag nahe, sich spätestens am 14. März als souveräner Staat zu erklären, um einer Aufteilung der Slowakei zuvorzukommen. Als Präsident Hácha auf eigenen Wunsch zur Klärung der Situation von Hitler in Berlin am gleichen 14. März empfangen wurde, hatte er die Kapitulation zu unterzeichnen. Entsprechend dem bereits vorbereiteten Text legte er »das Schicksal des tschechischen Volkes und Landes vertrauensvoll in die Hände des Führers des Deutschen Reiches«. Die Tschecho-Slowakei hatte aufgehört zu existieren. In der Nacht vom 14. auf den 15. März 1939 begann der Einmarsch deutscher Truppen in Böhmen und Mähren, im allgemeinen ohne Zwischenfälle. Für die deutsche und tschechische Bevölkerung vollzog sich die Besetzung gleichermaßen überraschend. Am 15. März zog Hitler in Prag ein, am 16. März verkündete er auf der Prager Burg den »Erlaß des Führers und Reichskanzlers über das Protektorat Böhmen und Mähren«. Erst der Rundfunk informierte Präsident Hácha vom Inhalt des Erlasses.

Der Verlust der Eigenstaatlichkeit hatte aus der Tschechoslowakei den Reichsgau Sudetenland, das Protektorat Böhmen und Mähren, die eigenständige Slowakei entstehen lassen. Von dem zwanzigjährigen Staat und seinen Ideen, Möglichkeiten und demokratischen Zielen war kaum etwas übriggeblieben. Im Reichsgau vollzog sich die

Auflösung der sudetendeutschen Eigenständigkeit und die Trennung vom böhmischen Raum. Das Protektorat vereinte die Reste der böhmischen Länder zu einem Vasallenstaat. Die Slowakei war nach außen souverän, sie stand unter dem Schutz des Deutschen Reiches.

Der Reichsgau Sudetenland und die Angliederung deutscher Gebiete an das Reich

Die Abtretung der sudetendeutschen Siedlungsgebiete wurde aufgrund von Beratungen des nach dem Münchner Abkommen gebildeten Internationalen Ausschusses in Zusammenarbeit mit der deutsch-tschechischen Kommission in die Tat umgesetzt. Nachdem das vom 1. bis 10. Oktober 1938 von fünf Heeresgruppen besetzte Territorium zunächst dem Oberbefehlshaber des Heeres unterstand, vollzog Hitler rasch die Eingliederung in das Reich. Am 21. Oktober wurde Konrad Henlein zum Reichskommissar für die sudetendeutschen Gebiete ernannt, am 21. November bestimmte das Gesetz über die Wiedervereinigung das gesamte Sudetenland zum Bestandteil des Deutschen Reiches, und am 4. Dezember wählten die Sudetendeutschen in Ergänzungswahlen 41 Abgeordnete in den Großdeutschen Reichstag, die 99 Prozent der Stimmen erhielten. Die endgültige Grenzziehung, die von der Internationalen Kommission am 21. November 1938 bestätigt worden war, bedeutete den Übergang von 28 749 Quadratkilometern Territorium an das Deutsche Reich.
Mit der Verordnung vom 15. April 1939 wurde der Reichsgau Sudetenland errichtet. Geographisch erstreckte er sich im weiten Bogen vom Böhmerwald bis zur Oppa und noch über den Oberlauf der Oder. Die drei Regierungsbezirke, in welche der Reichsgau Sudetenland eingeteilt wurde, umfaßten rund 78 Prozent der an das Reich angeschlossenen Gebiete. Der Regierungsbezirk Eger mit dem Sitz des Präsidenten in Karlsbad reichte von Bischofteinitz bis Kaaden und Saaz, der Regierungsbezirk Aussig von Komotau bis Braunau. Aus der ehemaligen deutsch-österreichischen Provinz Sudetenland, aus Österreich-Schlesien, aus den deutschen Gebieten in Nordmähren, aus Teilen Nordostböhmens mit Rokitnitz, Grulich und Landskron entstand der Regierungsbezirk Troppau. Der bisherige Reichskommissar für die sudetendeutschen Gebiete, Konrad Henlein, wurde zum Reichsstatthalter mit Sitz in Reichenberg ernannt. Zugleich übernahm Henlein die Leitung des Gaues Sudetenland der NSDAP, der die gleichen Grenzen wie der politische Reichsgau umfaßte. Nach der Verordnung Henleins vom 29. April 1939 wurden 53 Landkreise und fünf Stadtkreise – Eger, Karlsbad, Aussig, Reichenberg und Troppau – gebildet. Die Landkreise entsprachen den früheren politischen Bezirken. Die Gesamtzahl der im Reichsgau Sudetenland wohnenden Personen belief sich nach der Volkszählung vom 17. Mai 1939 auf 2 943 187, denen 464 541 Personen in den übrigen sudetendeutschen Gebieten, einschließlich des Hultschiner Ländchens, gegenüberstanden. Der tschechische Anteil an der Gesamtbevölkerung betrug im Regierungsbezirk Eger 2 Prozent, im Regierungsbezirk Aussig 8,5 Prozent und im Regierungsbezirk Troppau 20 Prozent.
Die Angliederung an das Reich veränderte die wirtschaftliche Situation beträchtlich.

Karlsbad, Sprudelkolonnade

Aufgrund starker finanzieller Hilfen konnte die Arbeitslosigkeit abgebaut werden; auf der anderen Seite bewirkte die Abwanderung von 200 000 Facharbeitern in das Reich einen Mangel an Arbeitskräften. Gefördert wurde vom Reich der Bau von Autobahnen und Straßen, ausgeweitet der Abbau von Braunkohle; in Brüx entstand ein Hydrierwerk zur Gewinnung von Treibstoff aus Braunkohle. Jedoch trat auch Mißstimmung gegenüber dem Reich auf. Die Gleichschaltung der Selbstverwaltungsorganisationen und die Auflösung der sudetendeutschen Vereine, Verbände und Bünde durch die NSDAP brachte manche herbe Enttäuschung.
Die übrigen südlichen deutsch besiedelten Gebiete der Tschechoslowakei wurden an Bayern und an die aus der Republik Österreich neugeschaffenen Reichsgaue Oberdonau und Niederdonau angeschlossen. Zum Regierungsbezirk Niederbayern kamen die Kreise Bergreichenstein, Markt Eisenstein und Prachatitz. An den Reichsgau Oberdonau wurden fünf sudetendeutsche Landkreise angegliedert: Krumau, Kaplitz, Neubistritz, Znaim und Nikolsburg sowie weitere Gebietsteile an die Kreise Gmünd, Horn und Waidhofen. Die Gemeinden Engerau und Theben im Vorfeld Preßburgs, die nach der Besetzung der Rest-Tschecho-Slowakei im März 1939 an das Reich angegliedert wurden, gehörten bis 1945 zum Kreis Bruck an der Leitha im Reichsgau Niederdonau.
Als früherer Teil des Deutschen Reiches kam das Hultschiner Ländchen an den oberschlesischen Kreis Ratibor.

Gegenüber der von der Regierung in Prag vor dem Münchner Abkommen staatlich gelenkten Wanderungsbewegung, nach der die deutsch besiedelten in gemischt besiedelte Gebiete umgestaltet werden sollten, trat im September 1938 der umgekehrte Vorgang ein. Aus den Randgebieten wanderten bereits vor, besonders aber nach Unterzeichnung des Abkommens mindestens 373 000 Personen in das tschechisch besiedelte Innere der böhmischen Länder zurück. Neben den Tschechen handelte es sich auch um deutsche Gegner der Nationalsozialisten. In besonders großem Ausmaß verließ bereits im Sommer 1938 die jüdische Bevölkerung die Heimat in den böhmischen Ländern. Die große Fluchtbewegung nach dem Münchner Abkommen führte aus den Sudetengebieten in die Rest-Tschecho-Slowakei.

Das Protektorat Böhmen und Mähren

Die Verwaltung im Protektorat Böhmen und Mähren wurde durch die sogenannte Aufbau-Verordnung vom 1. September 1939 organisiert. Der an der Spitze der Verwaltung stehende Reichsprotektor erhielt eine umfassende Vollmacht und übte als Repräsentant des Führers und Reichskanzlers die eigentliche Macht aus. Sie erstreckte sich über den Staatspräsidenten des Protektorats und die autonome tschechische Regierung mit neun Ministern. Dem Reichsprotektor unmittelbar nachgeordnet waren die Oberlandräte, die sich vor allem der Erfassung und Betreuung der im Protektorat lebenden deutschen Bevölkerung zu widmen hatten. Im Frühjahr 1940 bestanden 19 Oberlandratsbezirke mit 66 politischen Bezirken in Böhmen und sieben Oberlandratsbezirke mit 29 politischen Bezirken in Mähren. Von den insgesamt 8007 Gemeinden entfielen auf Böhmen 5694 und auf Mähren 2313. 1942 erfolgte eine Umbildung der deutschen Verwaltungsbehörden. Dem Oberlandrat wurde ein besonderer Auftrag zugewiesen. Er wirkte nicht mehr als Leiter einer Verwaltungsbehörde, sondern als Inspekteur des Reichsprotektors. Anstatt der 26 Bezirke wurden nun sieben eingerichtet: vier in Böhmen mit Prag, Königgrätz, Pilsen und Budweis und drei in Mähren mit Brünn, Mährisch Ostrau und Iglau.
Der Erlaß vom 16. März 1939 hatte für die Deutschen im Protektorat die Anwendung des Reichsbürgergesetzes in der Fassung vom 15. September 1935 festgelegt. Nach dieser Regelung mußten sich die Deutschen, die bis 1939 die Staatsbürgerschaft der Tschechoslowakei besessen hatten, um die deutsche Staatsangehörigkeit bewerben. Im Unterschied dazu war der Wechsel der Staatsbürgerschaft in den nach den Bestimmungen des Münchner Abkommens an das Reich 1938 angeschlossenen sudetendeutschen Gebieten automatisch und en bloc erfolgt. Wenige Tage nach dem grundlegenden Erlaß zur Errichtung des Protektorats wurde am 21. März 1939 angeordnet, daß Deutsch und Tschechisch als Amtssprachen im Protektorat gleichberechtigte Geltung haben sollten. Die Maßnahme, welche die Verhältnisse vor 1918 wiederherstellte, stieß hin und wieder auf tschechischen Protest.
Die deutschen Bewohner im Protektorat unterstanden der deutschen Gerichtsbarkeit, die aus einem deutschen Oberlandesgericht mit einer deutschen Generalstaatsanwaltschaft, in Prag und Brünn aus je einem Landgericht und zwölf deutschen Amtsgerich-

ten bestand. Aus der Protektoratsverwaltung gelöst wurden die Deutsche Universität in Prag, die Deutsche Technische Hochschule in Prag und die Deutsche Technische Hochschule in Brünn. Sie unterstanden der Behörde des Reichsprotektors unmittelbar. Die Prager Universität übernahm wiederum die Bezeichnung Karls-Universität. Für das Schulwesen mit den Volksschulen, Mittelschulen (höheren Schulen) und den Fachschulen war eine Neuordnung nicht erforderlich, weil es in der Tschechoslowakei bereits autonom gewesen war.
Die deutsche Politik der ersten beiden Jahre im Protektorat Böhmen und Mähren unter dem Reichsprotektor Konstantin Freiherr von Neurath, dem ehemaligen Reichsaußenminister, war von Kompromißbereitschaft geprägt. Er gewährte der Protektoratsregierung, die unter General Alois Eliáš am 28. April 1939 ihre Tätigkeit aufnahm, nach außen gewisse autonome Rechte. Zusammen mit seinem Staatssekretär, dem führenden Mitarbeiter der Sudetendeutschen Partei, Karl Hermann Frank, baute von Neurath die Verwaltung auf. Die Aufgaben waren so verteilt, daß der Reichsprotektor direkt mit dem Staatspräsidenten, der Staatssekretär Frank mit der Protektoratsregierung verhandelte. Eine Sonderstellung erhielt die Deutsche Sicherheitspolizei, die außerhalb des Aufgabenbereichs der Oberlandräte ihre Funktionen ausübte. Sie stand in enger Zusammenarbeit mit der SS, die im Protektorat unter dem Kommando des Höheren SS- und Polizeiführers Frank stand.
Nur allmählich entwickelte sich unter den Tschechen, die als Bürger minderen Rechts galten, eine Widerstandsbewegung. Obwohl es am 28. Oktober 1939, dem Gedenktag an die Gründung der Tschechoslowakei, im Protektorat zu Demonstrationen und Streiks gegen die deutsche Besatzung gekommen war, blieben Strafmaßnahmen aus. Scharf aber reagierte der Reichsprotektor auf die Studentendemonstrationen vom 14. und 15. November 1939. Sie waren aus den Trauerfeierlichkeiten für den am 28. Oktober durch einen Schuß verletzten und am 11. November verstorbenen Studenten Jan Opletal entstanden. Auf Weisung Hitlers wurden neun Studenten als Rädelsführer am 17. November 1939 hingerichtet. Am gleichen Tage verfügte der Reichsprotektor die Schließung der tschechischen Universitäten, Hochschulen und Lehrerseminare des Protektorats für drei Jahre. Später wurde die Schließung auf Kriegsdauer verlängert. Die Unterdrückung der tschechischen Intelligenz war unbarmherzig. Das deutsche Vorgehen gegen die Demonstrationen weckte bei allen Tschechen das Gefühl der Wehrlosigkeit gegenüber der deutschen Macht. Aber die Führer des tschechoslowakischen Exils forderten die Bevölkerung zum Abwarten auf. Nach außen vermittelte die Protektoratsregierung das Bild einer Führung, die dem Reich loyal ergeben war. Den Protektoratsangehörigen gegenüber wurde der Eindruck erweckt, als verhielte sie sich mit ihnen nicht solidarisch, in Wirklichkeit stand die Regierung jedoch in geheimer Verbindung zur Exilregierung in London. In der Zeit, als Freiherr von Neurath auf der Prager Burg als Reichsprotektor residierte, befolgte die Regierung Eliáš die Weisungen aus London. Jedoch veränderte der deutsche Angriff auf die Sowjetunion am 22. Juni 1941 die Situation. In den folgenden Monaten nahmen die Widerstandshandlungen erheblich zu. Sie äußerten sich nicht in offenen Demonstrationen, sondern in Streiks und Sabotageakten, die durch die Hoffnung der Tschechen auf die Unterstützung durch die Rote Armee ausgelöst worden waren.

Hitler hielt den Reichsprotektor nicht für fähig, die ihm übertragene Aufgabe zu erfüllen. Am 27. September 1941 übernahm für den angeblich erkrankten Neurath der Chef des Reichssicherheitshauptamtes, SS-Obergruppenführer Reinhard Heydrich, die Stellvertretung. Unmittelbar nach seinem Eintreffen in Prag verfügte er die Verhaftung des Ministerpräsidenten Eliáš und verhängte den Ausnahmezustand über die Oberlandratsbezirke Prag, Brünn, Mährisch Ostrau, Olmütz, Kladno und Königgrätz. Bereits am 1. Oktober verurteilte der Volksgerichtshof Eliáš wegen Hoch- und Landesverrats zusammen mit dem Prager Primator (Bürgermeister) Otakar Klapka zum Tode. Ebenfalls die Todesstrafe sprachen die Standgerichte gegen 404 Frauen und Männer zwischen dem 27. September und 29. November aus. Sie wurden wegen Zusammenrottungen, Gruppenbildungen und nicht genehmigter Versammlungen hingerichtet. Nach Heydrichs eigenen Angaben kamen zu den Todesurteilen 4000 bis 5000 Verhaftungen.
Zu den Maßnahmen, die Heydrich in Gang setzte, zählten die Verwaltungsreform, die Bekämpfung des Schwarzhandels, die Entpolitisierung der Gewerkschaften. Ein wichtiges Ziel Hitlers, die Tschechen in Böhmen und Mähren einzudeutschen, verfolgte Heydrich zunächst nur verdeckt über den Arbeitseinsatz im Reich; er ließ Deutsche im Protektorat mit Hilfe der Zwangsverwaltung von adligen Gütern ansiedeln und richtete ein Kuratorium zur Umerziehung von Jugendlichen ein. Unter Heydrich sank im Protektorat die Zahl der Widerstandshandlungen. Den Rückgang bewirkte nicht die Abschreckung, sondern den Ausschlag gaben zahlreiche Verhaftungen. Auf der anderen Seite hatte die Londoner Exilregierung sich bereits im August 1941 entschlossen, den Widerstand zu unterstützen. Sie begann, Agenten als Fallschirmspringer auszubilden und sie in der Heimat anzusetzen. Mit britischen Flugzeugen kamen die ersten Fallschirmagenten im Oktober 1941 in das Protektorat. Die wichtigste Aktion war die Entsendung der Agenten Jan Kubiš und Juraj Gabčík, die den Auftrag erhielten, Heydrich zu töten. Nach längerer Beobachtung der Gewohnheiten des stellvertretenden Reichsprotektors gelang ihnen am 27. Mai 1942 in der Nähe von Prag das Attentat auf Heydrich. Heydrich wurde schwer verletzt, die Attentäter konnten entkommen. Am 4. Juni 1942 starb Heydrich an den Folgen des Anschlags. Die von Hitler angeordnete Vergeltungsaktion, 10 000 Tschechen zu verhaften und zu erschießen, konnte zwar Karl Hermann Frank, der mit Massenverhaftungen und Exekutionen nicht einverstanden war, abwenden. Alle Verdächtigen aber, die das Attentat begangen, es unterstützt oder von ihm gewußt hätten, sollten sofort hingerichtet werden. Aufgrund dieser Ermächtigung wurden das Bergarbeiterdorf Liditz (Lidice) bei Kladno am 9. Juni, die Gemeinde Ležáky bei Pardubitz am 24. Juni 1942 vollständig zerstört und alle männlichen Einwohner über 14 Jahre ermordet. In Liditz wollte man sichere Spuren der Attentäter festgestellt haben, und in Ležáky befand sich eine Funkstation, die mit der Exilregierung in Verbindung stand. Die Attentäter Kubiš und Gabčík selbst, die durch Verrat in der Krypta der Kyrill- und Method-Kirche in Prag aufgespürt wurden, nahmen sich am 18. Juni das Leben.
Die Auseinandersetzung um die eigentliche Macht im Protektorat nach dem Tod Heydrichs führte Staatssekretär Karl Hermann Frank gegen den zum Nachfolger ausersehenen SS-Obergruppenführer Kurt Daluege. Hitler erkannte den politischen

Führungsanspruch Franks an, als er ihn am 20. August 1943 zum Deutschen Staatsminister für Böhmen und Mähren ernannte. Die Position entsprach den tatsächlichen Machtverhältnissen: Staatspräsident Hácha und die Protektoratsregierung hatten seit Januar 1942 jeglichen Einfluß verloren. Ihre Tätigkeit beschränkte sich auf passives Verhalten gegenüber dem Staatsminister. Dessen wichtigstes Ziel war die Förderung der Rüstungsindustrie, die Geschütze, Gewehre, Munition, Flugzeuge und Lastwagen für die Wehrmacht produzierte. Das Protektorat mußte zwar seit 1943/44 Arbeitskräfte für das Reich stellen, die Anzahl blieb aber weit unter der aus dem nach der Zerschlagung Polens errichteten Generalgouvernement. In der Versorgung mit Lebensmitteln war die tschechische Bevölkerung mit Ausnahme der Fettrationen mit der des Reiches gleichgestellt. Von größeren Umsiedlungen blieben die Tschechen verschont, auch verfolgte die deutsche Führung deren »Eindeutschung« seit 1943 nicht mehr in dem ursprünglich vorgesehenen Ausmaß. Jedoch wurde der tschechische Widerstand weiter bekämpft, der seit den Verhaftungen von 1941 und 1942 recht geschwächt war. Die Exilregierung in London unterstützte die Organisation der Gegnerschaft durch kleine Gruppen, die sich mit Hilfe Großbritanniens in das Protektorat einfliegen ließen. Von den Aktionen, die tschechische Widerständler in der Heimat unternahmen, zeigten nur die Anschläge auf die Eisenbahnen in Mähren seit Sommer 1944 und in Böhmen seit Anfang 1945 einige Wirkung. Es handelte sich um Mitglieder kommunistisch orientierter Gruppen. Als in den letzten Kriegstagen, Anfang Mai 1945, Widerstandsgruppen den Kampf gegen die deutsche Besatzungsmacht aufnahmen, hatten sie sich spontan zusammengefunden.
Die Entscheidung über die Neuordnung der Tschechoslowakei fiel, wie bereits 1918, im Ausland. 1941 hatte sich die UdSSR bereit erklärt, die Republik in den Grenzen von 1919/20 wiederentstehen zu lassen. Dieser Vereinbarung traten die britische Regierung und die Bewegung »Freies Frankreich« unter General Charles de Gaulle 1942 bei. Im Frühjahr 1944 einigten sich die Alliierten auf die Abmachung, die Tschechoslowakei durch die Rote Armee befreien zu lassen. Beneš hatte für dieses Versprechen bei seinem Aufenthalt in Moskau im März 1945 die Zusicherung abgegeben, die Kommunisten und Linkssozialisten bei der Regierungsbildung angemessen zu berücksichtigen. In dem Kabinett, das am 31. März 1945 in Moskau gebildet wurde, hatten sie die wichtigsten Ministerämter besetzt. Am 4. April nahm die Regierung in Kaschau ihre Tätigkeit auf und verkündete am 5. April 1945 ihr Programm. Zwar wurde die Tschechoslowakei als bürgerliches und westlich orientiertes Staatswesen gegründet, das Übergewicht der Kommunistischen Partei bestimmte von Anfang an aber die Politik. Zur gleichen Zeit rückten sowjetische Soldaten weiter in die böhmischen Länder ein. Evakuierungen der deutschen Zivilbevölkerung wurden nach und nach von den reichsdeutschen Behörden gestattet, obwohl es zum Teil bereits zu spät war. Am 26. April nahm die Rote Armee Brünn, am 30. April 1945 Mährisch Ostrau ein. Die tschechische Bevölkerung organisierte Nationalausschüsse und beteiligte sich an Streiks. Gegen die Unruhen wurde nicht eingeschritten, die deutschen Truppen versuchten vielmehr, den Kämpfen auszuweichen und sich nach Westen abzusetzen.
Der Aufstand in Prag sollte die Entscheidung herbeiführen. Sein Beginn rief unter den Tschechen auf der einen Seite große Hoffnungen, auf der anderen Befürchtungen

hervor. Es war damit zu rechnen, daß von der deutschen Wehrmacht und der SS der größte Widerstand gegen die Aufständischen ausgehen könnte. Unvermutet gab die Protektoratsregierung den Ausschlag, als sie am 4. Mai 1945 verfügte, daß in allen Bahnhöfen und Postämtern die deutschsprachigen Tafeln und Schilder entfernt werden sollten. Das Signal zum bewaffneten Aufstand ging von einer Widerstandsgruppe aus, die sich »Militärkommando Groß-Prag« nannte. Die Führung dieses Kommandos ließ am 5. Mai den Rundfunksender und die Telefonzentrale besetzen. Nur allmählich organisierte sich die deutsche Gegenwehr. Die Aufständischen hofften auf Unterstützung durch die Alliierten, um eine Zerstörung Prags zu vermeiden. Zugleich wurden Barrikaden errichtet, die deutsche Verteidigung erlitt erhebliche Verluste. Unterstützung erhielten die Aufständischen schließlich unerwartet von der »Russischen Befreiungsarmee«, die der ehemalige sowjetische General Andrej Andreevič Vlasov aus nichtrussischen und später großrussischen, sich aus Kriegsgefangenen rekrutierenden Freiwilligenverbänden zum Kampf gegen die Rote Armee aufgebaut hatte. Diese Einheiten befreiten die Prager Innenstadt von deutschen Truppen, mit denen sie eigentlich hätten zusammen kämpfen sollen. Am 8. Mai 1945 kam es zur Kapitulation der deutschen Streitkräfte. In den Verhandlungen erreichte General Rudolf Toussaint den unbehinderten Abzug der Wehrmacht. Für die deutsche Zivilbevölkerung bestand nun kein Schutz mehr.

Die Slowakei als selbständiger Staat

In der Slowakei war die Ausrufung des »souveränen« Staates am 14. März 1939 erfolgt, aufgrund einer freien Willensentscheidung der demokratisch gewählten Repräsentanten des slowakischen Volkes. Die Westmächte erkannten den Staat völkerrechtlich an, wie auch die Nachbarstaaten die Souveränität akzeptierten. Dennoch stand die Regierung von Beginn an unter Einfluß des Dritten Reiches. Verhandlungen führten bereits am 19. Mai 1939 rasch zum Abschluß eines Vertrages, der die Slowaken für 25 Jahre unter die Schutzgarantie des Dritten Reiches stellen sollte. Garantiert wurden die politische Unabhängigkeit und die Integrität des Staates; die Slowakei übertrug die Außenpolitik dem Deutschen Reich.
Für den Reichskanzler Adolf Hitler war die Entwicklung der Slowakischen Republik zunächst nur im Hinblick auf seine Pläne im Osten, also gegen Polen, von Interesse. So wurden im August 1939 deutsche Truppen in der Slowakei stationiert, die während des Krieges in diesem Territorium verblieben. Sie garantierten zusammen mit der deutschen Volksgruppenführung unter Franz Karmasin und der deutschen Gesandtschaft den deutschen Einfluß. Der Staat wurde nach faschistisch-nationalsozialistischem Vorbild umgestaltet, wie es das Grundgesetz vom 21. Juli 1939 vorsah. Die Macht übten als einzig zugelassene Partei die Slowakische Volkspartei und die der SA im Reich nachgebildete Hlinka-Garde aus, eine paramilitärische Organisation. An der Spitze des Staates als Präsident stand der Landpfarrer Jozef Tiso, der besonders von der katholischen Geistlichkeit unterstützt wurde.

Preßburg, Michaeler Tor

Der Schutzstaat Slowakei trat im November 1940 dem Dreimächtepakt bei, den Deutschland, Italien und Japan für zehn Jahre zur Schaffung einer neuen Ordnung und zur gegenseitigen Hilfeleistung am 27. September 1940 abgeschlossen hatten. Auf der anderen Seite mußte sich die Slowakei verpflichten, die deutsche Rüstungsindustrie zu unterstützen. Finanziell wurde der Staat vom Deutschen Reich fast völlig abhängig. Die Politik der slowakischen Regierung und des Staatspräsidenten Tiso, die auf eine enge Zusammenarbeit mit Deutschland ausgerichtet war, fand zunehmend Ablehnung unter der Bevölkerung. Die Vertreter des Widerstandes hatten Kontakte zu den Exilpolitikern in London und Moskau geknüpft und auch die Zusage einer Unterstützung erhalten. Einzelne Partisaneneinheiten überfielen die Deutschen in der Slowakei und sorgten auf diese Weise für Unruhe. Als das rumänische Regime am 23. August 1944 durch einen Staatsstreich gestürzt wurde und die neue Regierung in Bukarest Deutschland den Krieg erklärte, brach am 29. August 1944 verfrüht ein Aufstand gegen das Dritte Reich aus. Erst am 27. Oktober konnten deutsche Truppen den Aufstand niederschlagen, der letztlich nur einen hohen Blutzoll gefordert hatte. Die

Wehrmacht besetzte die gesamte Slowakei. Sie vermochte das Vorrücken der sowjetischen Truppen, die seit Januar 1945 massiv auf die slowakische Grenze marschiert waren, nicht mehr aufzuhalten. Bereits am 20. Januar 1945 fiel Preschau, am 28. Januar Poprad (Deutschendorf) und am 26. März Neusohl in die Hand der Roten Armee. Mit der Einnahme Preßburgs nach harten Kämpfen am 4. April 1945 war der Slowakischen Republik ein Ende bereitet. Die Macht übernahm der am 21. Februar 1945 von der Roten Armee eingesetzte revolutionäre Slowakische Nationalrat.

Die Vertreibung der Deutschen

Bereits in der ersten Sitzung am 5. April 1945 befaßte sich die Kaschauer Regierung mit der Rolle der Nationalitäten im neu zu gründenden Staat. Im Regierungsprogramm, das keineswegs die Ankündigung einer kollektiven Ausbürgerung, Aussiedlung und Beraubung der ganzen deutschen Bevölkerung enthielt, waren die Angehörigen der deutschen und der magyarischen Minderheit in drei Gruppen eingeteilt: die »Antifaschisten«, die »übrigen« Bürger sowie diejenigen Personen, die wegen Verbrechen gegen den Staat mit einer Verurteilung zu rechnen hatten. Während den »Antifaschisten« die Staatsbürgerschaft der Tschechoslowakei bestätigt werden sollte, wurde sie den Angehörigen der zweiten Gruppe aberkannt, aber die Option für die neue Staatsangehörigkeit eingeräumt. Die als Verbrecher eingestuften Personen mußten mit der Ausweisung rechnen. Diese Regelungen, die in der Behandlung der Minderheiten in der internationalen Öffentlichkeit den Eindruck des Maßvollen erwecken sollten, wurden jedoch nie befolgt; denn längst hatte die Exilregierung sich auf eine Massenausweisung der Deutschen und Ungarn verständigt. Die Gleichstellung der beiden Minderheiten mußte später aufgegeben werden, als sich die kommunistische Regierung Ungarns erfolgreich gegen die Aussiedlung der magyarischen Bevölkerung zur Wehr setzte.
Den Deutschen in den böhmischen Ländern und der Slowakei waren diese Pläne unbekannt geblieben. Sie richteten nach dem Zusammenbruch der nationalsozialistischen Herrschaft in Verkennung der Realitäten ihre Hoffnung auf die Wiederherstellung der öffentlichen Sicherheit durch die Organe der neuen Regierung, die aber die in sie gesetzten Erwartungen nicht im mindesten zu erfüllen bereit war. Die Aufrufe des Rundfunks während des Prager Aufstands, die Deutschen zu verfolgen und zu töten, lösten unter den Tschechen eine schreckliche Wirkung aus. Konnten erste brutal vorgenommene Vertreibungen von Deutschen vor allem im sowjetisch besetzten Gebiet als spontane Aktionen radikaler Elemente erklärt werden, zeigte das Übergreifen auf ganze Regionen, daß die Gewaltmaßnahmen des Sommers 1945 planmäßigen Charakter hatten. An ihnen beteiligte sich außer den örtlichen Nationalausschüssen, der Revolutionsgarde und dem Korps der nationalen Sicherheit (SNB) auch die Befreiungsarmee unter General Ludvík Svoboda. Bewaffnete Einheiten überfielen einzelne Orte, riegelten sie hermetisch ab und zwangen die deutschen Einwohner, Hals über Kopf ihre Häuser zu verlassen und die Sammelstellen aufzusuchen. Dabei kam es gegenüber wehrlosen Deutschen zu zahlreichen gewalttätigen Übergriffen, ja selbst

vor Morden wurde nicht zurückgeschreckt. In den meisten Fällen mußten die Deutschen zu Fuß in Richtung Grenze marschieren, wo sie in den grenznahen Gebieten Deutschlands ihrem Schicksal überlassen wurden. Aus den östlichen und nördlichen Regionen des Reichsgaues Sudetenland wurden die Deutschen in offenen Bahntransporten außer Landes geschafft, vor allem nach Sachsen und Brandenburg. Die »wilden« Ausweisungen erreichten in den Monaten Juni und Juli 1945 ihren Höhepunkt. Die erste Welle der Vertreibung erfaßte zwischen 700 000 und 800 000 Personen. Besonders gewaltsam war das Vorgehen gegen 20 000 Brünner Deutsche, unter ihnen Greise und Mütter mit kleinen Kindern. Sie sollten nach Österreich vertrieben werden, jedoch verweigerten österreichische Grenzwachen denjenigen, die den Todesmarsch aus Brünn überlebt hatten, den Übertritt. Wochen und Monate verbrachten sie in Pohrlitz, teils im Freien, unter unmenschlichen Bedingungen. Tausende kamen ums Leben. In der Zeit der Verfolgung der Deutschen gab es selbstverständlich auch Tschechen, die versuchten, die schlimmsten Terrormaßnahmen zu verhindern.

Erst Mitte Juni 1945 setzte sich Staatspräsident Beneš für ein gemäßigteres Verhalten ein, um Vorwürfen entgegenzutreten, die in der britischen Öffentlichkeit laut geworden waren. Auf die Ausweisung aber wollte er nicht verzichten. Auch Ministerpräsident Zdeněk Fierlinger unternahm bei den Alliierten diplomatische Schritte, um die Vertreibung als Tagesordnungspunkt der Potsdamer Konferenz durchzusetzen. Die drei Großmächte Vereinigte Staaten, Großbritannien und Sowjetunion gaben in der Konferenz, die vom 17. Juli bis 2. August 1945 dauerte, ihre Zustimmung zur »Überführung« der Deutschen aus der Tschechoslowakei in deutsche Gebiete. Die »wilden« Aktionen sollten eingestellt und eine »ordnungsgemäße und humane« Ausweisung vorgenommen werden. Im August 1945 richtete die Prager Regierung ein Spezialreferat für die Organisation der Vertreibung im Innenministerium ein. Dieses Referat erstellte 75 Sammellager in Böhmen, 29 in Mähren und drei in der Slowakei, in denen jeweils bis zu 1200 Personen zusammengeführt werden sollten. In einer Note an die Potsdamer Konferenz formulierte die tschechoslowakische Regierung ihr weiteres Programm. Von den 2,5 Millionen Sudetendeutschen, die von der Ausweisung betroffen waren, sollten 1 750 000 in die amerikanische, 750 000 in die sowjetische Zone abgeschoben werden. Ende Januar 1946 lief die »organisierte« Aktion an, die sich aber häufig in den gleichen Formen vollzog wie in der ersten Austreibungswelle. Die Deutschen wurden mit Gewalt aus ihren Wohnungen in die Sammellager gebracht und dort nur unzureichend ernährt. Auf Proteste der amerikanischen Militärregierung trat eine Besserung im Mai und Juni 1946 ein. Insgesamt wurden 1946 in 1115 Eisenbahnzügen 1 183 370 Personen über die bayerische Grenze in die amerikanische Besatzungszone transportiert, in die sowjetische Besatzungszone kamen bis Ende Oktober etwa 750 000 Sudetendeutsche.

Die deutsche Bevölkerung in der Slowakei wurde mit dem Vorrücken der sowjetischen Truppen zunächst aus der Ostslowakei und der Zips von Mitte September bis Anfang Dezember 1944 in das Ostsudetenland und in das Gebiet von Reichenberg und Saaz evakuiert. Im Protektorat fanden die Bauerntrecks aus der Zips Aufnahme. Die deutsche Bevölkerung aus der Mittelslowakei gelangte Ende Januar 1945 nach Österreich und in das Sudetenland, vor allem in das Braunkohlerevier von Brüx und Dux. Im

Januar und Februar 1945 evakuierte man die Deutschen aus den Siedlungsgebieten um die Hauptstadt Preßburg. Etwa 120 000 von den insgesamt 140 000 deutschen Einwohnern der Slowakei hatten ihre Heimat verlassen. Das Schicksal der Austreibung traf die Karpatendeutschen nach Kriegsende in den Aufnahmegebieten im Sudetenland und im Protektorat. Ein beträchtlicher Teil von ihnen, die sich mit Hilfe ihrer slowakischen Sprachkenntnisse als Slowaken ausgaben, konnte sich der Verfolgung durch die Tschechen entziehen. Sie kehrten in ihre Heimat zurück, mußten aber ihre Hoffnung aufgeben, dort wieder eine Bleibe zu finden. Ihre Häuser und Höfe waren entweder von Slowaken bewohnt oder geplündert. Bei der polizeilichen Anmeldung wurden sie verhaftet, zur Zwangsarbeit herangezogen und in den von Partisanen beherrschten Sammellagern interniert, die der ungenügenden Ernährung wegen gefürchtet waren. Die Sterberate war in diesen Lagern sehr hoch.
In der Slowakei setzten die Aussiedlungen wesentlich später als in den böhmischen Ländern ein. Im April 1946 begannen die Vorbereitungen. In Nováky in der Mittelslowakei und in Poprad in der Zips, später auch in Engerau in der Westslowakei wurden Lager eingerichtet, in welchen die Deutschen zusammengeführt wurden. Zwischen Ende Juli und September 1946 fanden die Aussiedlungen in relativ humaner Form statt. Die Transporte gingen zumeist in die sowjetische Besatzungszone, nachdem die Aufnahmemöglichkeiten in der amerikanischen Zone erschöpft waren. Nur rund 24 000 Deutsche waren 1946 in ihren Siedlungsgebieten in der Slowakei zurückgeblieben. Erst 1953 wurden sie wie auch die etwa 160 000 in der Heimat verbliebenen Sudetendeutschen mit den anderen Einwohnern der Tschechoslowakei gleichgestellt, indem ihnen automatisch die Staatsangehörigkeit zuerkannt wurde, auch wenn sie diese zuvor nicht beantragt hatten. Begründet wurde die Maßnahme mit den Prinzipien der Gleichberechtigung und dem Zusammenwirken der Nationen beim Aufbau des Sozialismus. Durch die Verfolgungen und die Vertreibungsaktionen 1945 bis 1946 waren bei der deutschen Zivilbevölkerung 238 000 Tote zu beklagen. Etwa 235 000 Sudetendeutsche und 13 000 Karpatendeutsche wurden direkt oder indirekt Opfer der tschechischen und slowakischen Vergeltungsmaßnahmen.

Die Tschechoslowakei als sozialistischer Staat

Die Abhängigkeit von der UdSSR, die zur Entstehung der Tschechoslowakei nach dem Zweiten Weltkrieg einen wesentlichen Beitrag geleistet hatte, bestimmte die Politik der neuen Regierung. Unter Ministerpräsident Zdeněk Fierlinger bestand das in Kaschau gebildete Kabinett aus 21 Ministern, von denen acht der Kommunistischen Partei angehörten. Sie besetzten allerdings die Schlüsselpositionen. Staatspräsident wurde Edvard Beneš. Richtschnur für die Arbeit der Regierung, die seit Anfang Mai 1945 in Prag amtierte, war das Kaschauer Programm vom 4. April 1945. Die Verstaatlichung der Grundindustrien, der Banken und Versicherungen, die Errichtung eines Wohlfahrtsstaates und die Übertragung der Macht auf die Nationalausschüsse in den Gemeinden und Provinzen waren die Hauptpunkte, mit deren Hilfe der neue Staat »sozialistisch aufgebaut« werden sollte. Bereits im Oktober trat die Provisorische

Nationalversammlung zusammen, in der alle tschechischen und slowakischen Parteien der Vorkriegszeit zugelassen waren, mit Ausnahme der Partei der tschechischen Agrarier und der Slowakischen Volkspartei. Die Arbeit des Parlaments wurde in den ersten Monaten seiner Tätigkeit von den Nationalausschüssen eingeschränkt, welche die eigentliche Macht im Staat ausübten. Sie wurden überwiegend von Kommunisten kontrolliert. Unter dem Einfluß der Kommunistischen Partei standen auch Presse und Rundfunk.

Die ersten Wahlen zur Verfassunggebenden Nationalversammlung nach dem Krieg am 26. Mai 1946 waren ein Spiegelbild der politischen Situation in der Tschechoslowakei. Fast 38 Prozent der Wähler entschieden sich für die Kandidaten der Kommunistischen Partei, die damit zur stärksten politischen Kraft im neuen Staat aufstieg. An die Stelle Fierlingers trat am 3. Juli 1946 der Erste Sekretär der Partei, Klement Gottwald, der während des Krieges im Moskauer Exil gelebt hatte. Der Koalitionsregierung gehörten sechs Kommunisten als Minister an. Innenminister war wie schon in der ersten Regierung der Kommunist Václav Nosek, und der parteilose Jan Masaryk, der Sohn des früheren Staatspräsidenten, übernahm das Außenministerium. Der Sozialdemokrat Fierlinger wurde zum stellvertretenden Ministerpräsidenten ernannt. Die nichtkommunistischen Parteien, die sich zur Nationalen Front zusammengeschlossen hatten, konnten sich gegen die kommunistischen Minister nicht durchsetzen. Zu mächtig war der Druck, der von der Sowjetunion auf die Regierung ausging. Die demokratischen Kabinettsmitglieder waren in ihrer Handlungsfähigkeit erheblich eingeschränkt. Präsident Beneš versuchte zwar zu vermitteln, seine Vorstellungen zur Ausgestaltung der Tschechoslowakei als Mittler zwischen Ost und West scheiterten aber am Widerstand der Kommunisten. Auf ihren Druck mußten auch die Verhandlungen über die Gewährung der Marshallplan-Hilfe im Juli 1947 abgesagt werden. Wie andere Staaten war auch die Tschechoslowakei in das Programm des amerikanischen Außenministers George Marshall einbezogen worden, mit dem die wirtschaftlichen Verhältnisse in Europa nach dem Zweiten Weltkrieg durch finanzielle Unterstützung der Vereinigten Staaten stabilisiert werden sollten.

Als den nichtkommunistischen Ministern die Situation nicht mehr tragbar erschien, versuchten sie, den Präsidenten über ihr Rücktrittsangebot zur Ausschreibung von Neuwahlen zu veranlassen. Sie verfehlten ihr Ziel, am 20. Februar 1948 akzeptierte Beneš das Angebot. Die von der Kommunistischen Partei in der Zwischenzeit inszenierten Massendemonstrationen dienten der Einschüchterung des Präsidenten und der Durchsetzung einer neuen Koalitionsregierung unter Gottwalds Führung. Als sich Beneš dem Druck beugte, waren die Wahlen hinfällig geworden. Die »volksdemokratische« Einheitsregierung, der fast ausschließlich kommunistische Minister angehörten, nahm ihre Tätigkeit bereits am 25. Februar 1948 auf. Sie nutzte den »siegreichen Februar« aus, um die Umgestaltung in die Volksdemokratie und die Eingliederung in das sozialistische Lager legal zu vollziehen. Edvard Beneš, der die Wiedererrichtung der Republik mit der Herrschaft der Kommunisten erkauft hatte, mußte sich mit einer Statistenrolle begnügen. Als letztes Zeichen des Widerstands verweigerte er die Unterzeichnung der von der Regierung Gottwald vorgelegten neuen Verfassung, in der die kommunistische Vorherrschaft verankert war. Am 7. Juni trat er zurück und starb

knapp drei Monate später, am 3. September 1948, mit 64 Jahren in seinem Alterssitz Sezímovo Ustí.
Eine Woche nach dem Rücktritt von Beneš übernahm Klement Gottwald am 14. Juni 1948 das Amt des Staatspräsidenten, Antonín Zapotocký wurde Ministerpräsident. Zügig setzten Partei und Regierung die Sowjetisierung und Stalinisierung auf allen Gebieten durch. Seit dem Frühjahr 1949 wurde der Widerstand der katholischen Kirche durch eine Reihe von Prozessen gebrochen. Die Priester unterstanden seitdem der Aufsicht eines staatlichen Amtes für kirchliche Angelegenheiten. Der Prager Erzbischof Josef Kardinal Beran wurde interniert. Zur Schwächung der Kirche förderte die Regierung die regimetreue Priestervereinigung »Pacem in terris«, die vom Vatikan verboten worden war. Die Ausbildung von Geistlichen war in nur sehr eingeschränktem Maß möglich. Nach sowjetischem Vorbild fanden auch in der Kommunistischen Partei Säuberungen statt. Zunächst wurden 1952 die »bourgeoisen Nationalisten« in der Slowakei Vlado Clementis und Gustav Husák ausgeschaltet und im November des gleichen Jahres in einem antisemitisch geprägten Schauprozeß auch der frühere Generalsekretär der Kommunistischen Partei, Rudolf Slánský. Clementis, Slánský und weitere elf Angeklagte wurden zum Tode verurteilt und Anfang Dezember 1952 hingerichtet.
Die Wirtschaft und Landwirtschaft in der Tschechoslowakei mußten sich ebenfalls den Richtlinien unterordnen, wie sie der 1949 gegründete Rat für gegenseitige Wirtschaftshilfe allen Mitgliedsstaaten vorschrieb. Die Tschechoslowakei unterstützte das Ziel, das sowjetische Planwirtschaftssystem auf der Grundlage politischer Gleichschaltung und Bindung an die Sowjetunion durchzusetzen. Die privaten Unternehmen wurden liquidiert, die Wirtschaftsplanung zentralisiert und die Industriebetriebe nach sowjetischem Muster organisiert. In mehreren Ansätzen wurde die Landwirtschaft kollektiviert. Die entstandenen landwirtschaftlichen Produktionsgenossenschaften unternahmen den Versuch, die agrarische Produktion zu industrialisieren. Die Umstrukturierungen im Agrarbereich lösten eine große Landflucht aus.
Die Verschärfung der kommunistischen Politik fand ihren Niederschlag in der am 12. Juni 1960 in Kraft gesetzten neuen Verfassung. Sie erklärte den Marxismus-Leninismus zur offiziellen Grundlage des staatlichen und gesellschaftlichen Lebens. Zugleich dokumentierte sich die neue Staatsideologie in der Umbenennung des Staates in Československá Socialistická Republika, Tschechoslowakische Sozialistische Republik, in der Abkürzung ČSSR. In der Folge der zweiten Entstalinisierungswelle in der UdSSR seit Oktober 1961 konnte Staatspräsident Antonín Novotný nicht umhin, einen gemäßigten Kurs einzuschlagen. Die seinerzeitigen Säuberungsprozesse wurden überprüft und die Opfer rehabilitiert. Über die Revisionen der bisherigen starren Politik hinaus entstanden unter der Bevölkerung zahlreiche Diskussionskreise, die Kritik an der Auslegung der marxistischen Lehre übten. Verstärkt wurde die Bewegung in der Tschechoslowakei durch die Verschlechterung der wirtschaftlichen Lage in der ersten Hälfte der sechziger Jahre. Die Entwicklung von der in der Öffentlichkeit wachsenden Kritik zum Protest vollzogen die Schriftsteller auf ihrem Kongreß in Prag im Juli und die Studenten im November 1967. Die Forderungen der slowakischen Kommunisten, denen die Einschränkung der Selbstverwaltung in der Verfassung von

1960 untragbar erschien, bewirkten zusammen mit den bereits aufgeflammten Unruhen die Überprüfung des bisherigen Kurses der Partei und leiteten damit den »Prager Frühling« ein. An die Spitze der Kommunistischen Partei trat als Erster Sekretär der Slowake Alexander Dubček, neuer Staatspräsident wurde der parteilose General Ludvík Svoboda, bis 1950 Verteidigungsminister. Die durch die Revolution »von oben« versuchte Umgestaltung der kommunistischen Ideologie zu einem »Sozialismus mit menschlichem Antlitz« beendete der Warschauer Pakt auf Befehl der Moskauer Führung militärisch durch den Einmarsch in die Tschechoslowakei am 21. August 1968. Von den Interventionstruppen, die aus allen Kontingenten der Paktstaaten außer Rumänien bestanden, wurde die Prager Reformbewegung unterdrückt. Die sowjetische Armee blieb als Besatzungstruppe im Land.
Unmittelbar nach der Niederwerfung der Reformbewegung wurde der Prozeß der »Normalisierung« in Gang gesetzt, den der moskautreue Flügel der Partei mit dem erst 1963 rehabilitierten slowakischen Politiker Gustav Husák trug. Husák löste am 17. April 1969 den bisherigen Ersten Sekretär Dubček nach dessen Absetzung ab. Als Präsident Svoboda wegen Krankheit im Mai 1975 sein Amt zur Verfügung stellte, folgte ihm Gustav Husák nach. Er festigte seine Position durch die verstärkte Aufnahme von Landsleuten in das Parteipräsidium im Dezember 1977. Die Wirtschafts- und Innenpolitik des »realen Sozialismus« Husáks erwiesen sich als wenig erfolgreich. Seit 1974 hatte die Erhöhung der sowjetischen Rohstoffpreise das Wirtschaftswachstum verlangsamt und den Lebensstandard gesenkt. Auf die Forderungen der Menschenrechtsbewegung »Charta 77«, die unter Führung des ehemaligen Außenministers Jiří Hájek, des Dramatikers Václav Havel und des Philosophen Jan Patočka entstanden war und von über tausend Schriftstellern, Künstlern, Wissenschaftlern und ehemaligen Politikern getragen wurde, antwortete Husák mit Verfolgung, Strafprozessen und Ausweisungen. Das Vorgehen schadete dem Ansehen der Tschechoslowakei weltweit. Ohne Wirkung blieb auch die Föderalisierung des Staates in eine Tschechische Sozialistische (ČSR) und Slowakische Sozialistische Republik (SSR) im Jahr 1969. Allein im kulturellen Bereich erlangten die Slowaken eine gewisse Autonomie.

Die politische Wende

Auf dem Hintergrund der ausweglos erscheinenden Situation, in welche die verfehlte Wirtschafts- und Sozialpolitik geführt hatte, fanden die vom Generalsekretär der Kommunistischen Partei der Sowjetunion, Michail Gorbatschow, unter den Schlagworten »Perestrojka« und »Glasnost« in Gang gesetzten Reformen einen fruchtbaren Boden. Auch die Führungsgremien der Kommunistischen Partei der Tschechoslowakei stellten sich auf die Wende ein, als das Zentralkomitee Husák in der Sitzung vom 17. Dezember 1987 durch Miloš Jakeš ersetzte, der das Amt des Ersten Sekretärs bis zum 24. November 1989 ausübte. Nur wenige Tage zuvor hatte sich in Prag das »Bürgerforum« (Občanské forum), in Preßburg ebenfalls um den 20. November die Bewegung »Öffentlichkeit gegen Gewalt« (Verejnosť proti násiliu) gebildet, die beide zur Veränderung der politischen Verhältnisse aufriefen. Die großen Demonstrationen

in Prag seit dem 21. November und in Preßburg seit dem 22. November zeigten den Wunsch der Bevölkerung nach einer Umgestaltung des Staates. Nicht nur der Erste Sekretär der Kommunistischen Partei, sondern auch die Regierung beugte sich dem politischen Druck und traten von ihren Ämtern zurück. Bereits am 10. Dezember 1989 bildete Marián Čalfa eine neue Bundesregierung, in der Kommunisten nicht mehr vertreten waren; am gleichen Tag verzichtete Husák auf das Amt des Staatspräsidenten. Das neue Bundesparlament, in dem die kommunistischen Funktionäre ihre Mandate mehr oder weniger freiwillig aufgegeben hatten, wählte am 28. Dezember 1989 Alexander Dubček zu seinem Präsidenten, am 29. Dezember Václav Havel zum neuen Staatspräsidenten der Tschechoslowakischen Föderalen Republik (ČSFR).
Die ersten freien Wahlen seit vier Jahrzehnten kommunistischer Herrschaft am 9. und 10. Juni 1990 bestätigten die führende Rolle der demokratischen Bewegungen und neu zugelassenen Parteien. Zum zweiten Mal bestimmte das Bundesparlament am 27. Juli Alexander Dubček zu seinem Präsidenten, auch der Ministerpräsident Čalfa wurde bestätigt. Die Abgeordneten des Parlaments der Tschechischen Republik wählten am 29. Juni Petr Pithart, die des Parlaments der Slowakischen Republik am gleichen Tag Vladimír Mečiar zum Ministerpräsidenten. Am 23. April 1991 übernahm sein bisheriger erster Stellvertreter Ján Čarnogurský dessen Funktion Die erste Reise Staatspräsident Havels in das Ausland führte ihn wenige Tage nach seiner Wahl in die Bundesrepublik Deutschland, wo er am 2. Januar 1990 von Bundespräsident Richard von Weizsäcker in Bonn empfangen wurde. Am 5. Juli 1990 trat Havel nach einstimmiger Wahl das Amt des Staatspräsidenten für weitere zwei Jahre an.
Um die politischen Erfolge der Demokratisierung in der Tschechoslowakei zu garantieren, sollte das Bundesparlament innerhalb von zwei Jahren ein Grundgesetz erarbeiten. Die ersten Beratungen zeigten, daß mit einer schnellen Verabschiedung nicht zu rechnen war. Auf der einen Seite hatten sich die Bürgerbewegungen gespalten. In der Tschechischen Republik verließ die unter Führung des Finanzministers Václav Klaus stehende neugegründete »Demokratische Bürgerpartei« (ODS) das dem Präsidenten Havel und dem Außenminister Jiří Dienstbier nahestehende Bürgerforum. Auch in der Slowakischen Republik entstand als Partei die »Bewegung für eine Demokratische Slowakei« (HZDS), an deren Spitze Vladimír Mečiar stand. Sie gab die Zusammenarbeit mit der Gruppierung »Öffentlichkeit gegen Gewalt« auf.
Zugleich verschärften sich auf der anderen Seite die alten Spannungen zwischen Tschechen und Slowaken, deren Bürgerbewegungen im Föderalparlament die absolute Mehrheit repräsentierten. Drei Kontroversen belasteten vor allem die Beziehungen. Zum einen gelang es erst nach langen Auseinandersetzungen, dem Vorschlag Havels folgend, den Namen der Föderation mit »Tschechische und Slowakische Föderative Republik« (CSFR) zu vereinbaren; zum zweiten einigten sich die Abgeordneten nach zähen Diskussionen im Dezember 1990 auf eine Kompetenzausweitung für die Landesregierung zum Nachteil der Zuständigkeit der Bundesregierung, und zum dritten zeigte der Streit um die neue gemeinsame Verfassung die Unversöhnlichkeit der Standpunkte.
Auch die Deutschen in der Tschechoslowakei nutzten in der Phase der verstärkten Debatte um nationale Belange die Gelegenheit, politisches Profil zu zeigen. Jahrzehn-

telang galten sie als »verschwiegene Minderheit«. Bei der Volkszählung im Mai 1991 bekannten sich rund 53 500 Bürger zur deutschen Nationalität. Vertreter deutscher Organisationen weisen auf eine beträchtliche Dunkelziffer hin. Es wird geschätzt, daß gegenwärtig in den böhmischen Ländern 100 000 bis 120 000 Deutsche leben. Seit November 1992 verfügen sie über ein politisches Gremium. Nach ihrer Satzung verstehen sich die 33 Delegierten unter dem Vorsitz von Erwin Scholz als die höchste demokratisch gewählte Körperschaft der deutschen Einwohner in der Tschechischen Republik. Zur gleichen Zeit konstituierte sich der Verband der Karpatendeutschen. Er vertritt die Belange der in der Slowakei lebenden Deutschen.
In den Wahlen für das Bundesparlament und die Landesparlamente vom 5. und 6. Juni 1992 stand das Schicksal des gemeinsamen Staates im Mittelpunkt des politischen Interesses. In Böhmen und Mähren hatten sich die rechtsgerichtet demokratischen Kräfte durchgesetzt, in der Slowakei dagegen die Parteien, die den Separatismus auf ihrem Programm hatten, mit fast 80 Prozent. Stärkste Partei der Slowakischen Republik wurde die »Bewegung für eine Demokratische Slowakei«, die einen Bund zweier autonomer Staaten anstrebte. Für die Erhaltung der gemeinsamen Republik trat die »Demokratische Bürgerpartei« ein, die in der Tschechischen Republik die meisten Stimmen auf sich vereinigen konnte.
Klaus und Mečiar als die neuen Ministerpräsidenten in der Tschechischen und Slowakischen Republik suchten in mehreren Verhandlungsrunden nach einer einvernehmlichen Lösung. Die Diskussion war gescheitert, als die Slowakei am 17. Juli 1992 ihre Souveränität erklärte. Drei Tage später, am 20. Juli, trat der wiedergewählte Präsident der Tschechoslowakei, Václav Havel, zurück. Das Bundesparlament sah sich nicht in der Lage, einen Nachfolger zu wählen. Mühsam konnten sich die Parlamentarier zur Auffassung durchringen, die Tschechen und Slowaken sollten in zivilisierter Form auseinandergehen. Die Abgeordneten des Bundesparlaments in Prag beschlossen am 25. November 1992 nach schwierigen Beratungen die Auflösung des Staates zum 1. Januar 1993.
Es entsprach nicht zuletzt den Intentionen Havels, die aus der »samtenen« Revolution, wie er die Wende in der Tschechoslowakei genannt hatte, sich ergebende Teilung ebenfalls »samten« zu vollziehen. Um 24 Uhr am 31. Dezember 1992 endeten die Funktionen der föderalen Institutionen und die Existenz der gemeinsamen Armee. Von der Trennung vorläufig ausgenommen war die Zollunion. Die Idee des »Tschechoslowakismus« hatte nicht weit genug getragen, um den gemeinsamen Staat zu retten. Ihren 75. Geburtstag am 28. Oktober 1993 sollte die Tschechoslowakische Republik nicht mehr erleben.

Kulturgeschichte

Kirche und Religion

Am Ende des 8. Jahrhunderts versuchten die Bistümer Regensburg und Passau ihre Missionstätigkeit in das Großmährische Reich auszudehnen. Als 822 mährische Gesandte auf der Reichsversammlung in Frankfurt am Main erschienen, war der Weg für die westliche Mission frei. Die 14 böhmischen duces, die sich 845 taufen ließen, akzeptierten, daß die Christianisierung Böhmens von Regensburg ausging. Die knapp 20 Jahre später entstandenen Auseinandersetzungen der bayerisch-fränkischen Kirche mit den Kirchenlehrern Kyrill und Methodius hatten vor allem politische und nur geringe religiöse Bedeutung. Ihr Missionsprogramm war zwar von Papst Johannes VIII. ausdrücklich anerkannt worden, doch ging der Einfluß der altslawisch-byzantinischen Liturgie am Ende des 9. Jahrhunderts zurück.

Die Christianisierung Böhmens spielte für die Einigungsbewegung unter Bořivoj I. eine entscheidende Rolle. Auf dem Regensburger Reichstag von 895 unterstellten sich die böhmischen Herzöge König Ludwig III. dem Jüngeren und bekannten sich erneut zur kirchlichen Unterordnung unter den Bischof von Regensburg. Den Plan zur Gründung eines böhmischen Bistums in Prag hatte der böhmische Herzog Boleslav I. befördert, und er konnte unter seinem Sohn Boleslav II. dem Frommen realisiert werden. Es unterstand nicht dem Regensburger Bistum, sondern dem Mainzer Erzbistum. Zugleich wurde Böhmen aus der Jurisdiktion der Salzburger Kirchenprovinz gelöst. Die Einrichtung des Prager Bistums 973 sollte einen weiteren Machtzuwachs des Regensburger Bischofs verhindern. Sie entsprach der Reichskirchenpolitik zur Stärkung des Erzbischofs von Mainz. Von ihm wurde auch der erste Prager Bischof, der Sachse Thietmar, in Mainz 976 geweiht. Der Sprengel des neuen Bistums umfaßte den Herrschaftsbereich des böhmischen Herzogs. Im Westen und Süden grenzte es an die Bistümer Regensburg und Passau, im Norden an die Bistümer Zeitz und Meißen, im Osten an das 976 errichtete Bistum Olmütz. Bischofskirche wurde die Kirche St. Veit, in der sich das Grab des heiligen Wenzel befand. Auf lange Zeit standen die Prager Bischöfe in weitgehender Abhängigkeit von der přemyslidischen Dynastie, zugleich aber von der Reichskirche. Der böhmische Herzog übte Einfluß auf die Bischofswahl aus, der deutsche König setzte den Bischof ein.

Sechs Jahre vor der Gründung des Prager Bistums, im Jahre 967, wurde das erste Kloster in Böhmen eingerichtet. Auf dem Hradschin bei St. Georg ließen sich Benediktinerinnen nieder, deren erste Äbtissin Mlada-Maria wurde, die Tochter Boleslavs I. Der heilige Adalbert gründete mit Unterstützung Herzog Boleslavs II. 993 das Kloster

Břevnov, das zunächst mit Mönchen aus dem griechisch-lateinischen Kloster St. Bonifatius und Alexius in Rom besetzt wurde. Um das Jahr 1000 nahmen die Benediktiner aus Niederaltaich das Kloster in ihre Hand. Von Břevnov aus entstand mit Raigern das erste Kloster in Mähren am Ende der vierziger Jahre des 11. Jahrhunderts. Auch in der Organisation der Kirche wurde Mähren aufgewertet, als 1063 die Vereinigung des Olmützer mit dem Prager Stuhl aufgehoben und der Břevnover Mönch Johannes zum Bischof berufen wurde. Sitz des Bischofs in Olmütz war seit 1091 St. Peter, seit 1131 St. Wenzel.

Vom 10. bis in das 12. Jahrhundert bestanden in den böhmischen Ländern fürstliche Burgkirchen mit eigenkirchlichem Charakter, aus denen sich die Eigenkirchen auf dem Lande entwickelten. Mit der Errichtung von Archidiakonaten gelang es dem Prager und dem Olmützer Bischof, die Verselbständigung der Kirche voranzutreiben. Die Archidiakone als kirchliche Amtsträger waren unabhängig in der Aufsicht über den Klerus und in der Kontrolle der kirchlichen Vorschriften von der weltlichen Gewalt. Einen wichtigen Erfolg erzielten die beiden Diözesanbischöfe zu Beginn des 13. Jahrhunderts, als den Domkapiteln in Prag und Olmütz das Recht der Bischofswahl eingeräumt wurde. Die Bischofsgewalt konnte seit der zweiten Hälfte des 13. Jahrhunderts mit der Einrichtung von Dekanaten als Instanzen zwischen Pfarrei und Archidiakonat auf der einen und der Abschaffung der Stellenbesetzung durch den Grundherrn auf der anderen Seite ausgeweitet werden.

Seit dem letzten Viertel des 11. Jahrhunderts bewirkten die zahlreichen Klostergründungen einen Aufschwung des kirchlichen und religiösen Lebens in den böhmischen Ländern. Von Břevnov gingen die Gründungen der Klöster Hradisch bei Olmütz und Opatowitz an der Elbe, der Abteien Trebitsch und Kladrau aus. Den Benediktinern folgten im 12. Jahrhundert die neuen Reformorden der Prämonstratenser und Zisterzienser. Die Bischöfe förderten die Entfaltung der Prämonstratenser und Zisterzienser, die als Seelsorge- und Bildungsorden besondere Bedeutung erlangten. Bereits 1143 übernahmen die Prämonstratenser-Chorherren aus Steinfeld in der Eifel das Kloster Mons Sion auf dem Berg Strahov nahe der Prager Burg. Mit Unterstützung der böhmischen Herzöge baute der Orden das Kloster zu einer der größten Anlagen in Mitteleuropa aus. Weitere Niederlassungen der Prämonstratenser aus dem 12. und beginnenden 13. Jahrhundert waren Seelau, Mühlhausen, Klosterbruck bei Znaim, Tepl und Obrowitz bei Brünn, wie sie auch das ehemals benediktinische Hradisch übernahmen. Zu den meisten von ihnen gehörten abhängige Frauenklöster. Die Zisterzienser waren vor allem von den Přemysliden unterstützt worden. Der Orden war mit der Gründung der Zisterze Sedletz als Tochter von Waldsassen zum ersten Mal in Böhmen vertreten. In den vierziger Jahren des 12. Jahrhunderts entstanden die Niederlassungen der Zisterzienser in Plaß, Nepomuk, Münchengrätz und Heiligenfeld. Ende des 12. und während des 13. Jahrhunderts folgten Maschau, Welehrad, Goldenkron und Königsaal. Zisterzienserinnen ließen sich in Oslawan, Tischnowitz, Sezemitz bei Pardubitz und Frauenthal nieder.

Neben den Prämonstratensern und Zisterziensern erlebten die Bettelorden der Dominikaner und der Minoriten oder Franziskaner in den zwanziger Jahren des 13. Jahrhunderts sowie um die Mitte des 13. Jahrhunderts auch die Augustiner-Eremiten einen

Aufschwung in den böhmischen Ländern. Um 1225 waren die Franziskaner nach Böhmen gekommen und hatten ihr erstes Kloster St. Jakob in der Prager Altstadt, 1233 ein dazu gehörendes Spital und im gleichen Jahr ein Klarissenkloster gegründet, das älteste diesseits der Alpen. Unter König Wenzel I. setzten sich die franziskanischen Gründungen fort mit Olmütz, Brünn, Leitmeritz, Kaaden, Znaim, Königgrätz, Troppau, Beneschau, Glatz und Mies. Nachdem 1226 bei St. Clemens in Prag der erste Konvent der Dominikaner in den böhmischen Ländern gegründet worden war, ließen sie sich auch in Olmütz, Königgrätz, Brünn, Iglau, Deutsch Gabel, Leitmeritz, Znaim, Nimburg, Kolin, Budweis, Klattau, Teschen, Beraun, Troppau, Eger und Pilsen nieder. In Brünn entstand 1240 das älteste Kloster der Dominikanerinnen, dem weitere Frauenklöster in Königgrätz, Olmütz, der Prager Altstadt und Kleinseite sowie Luditz folgten. 1301 konnten die Dominikaner ihre Klöster aus der polnischen Ordensprovinz lösen und eine eigene böhmische Provinz ins Leben rufen. Die Augustiner-Eremiten hatten ihre ältesten Niederlassungen in Stockau nördlich von Taus und St. Maria in Insula südwestlich von Prag bei Beraun um 1256 gründen können, die älteste der mährischen war die in Marienkron bei Mährisch Trübau. König Wenzel II. war ein besonderer Förderer dieses Ordens, der ihm durch Errichtung eines Klosters in Prag bei St. Thomas 1285 die Hauptstadt öffnete.

Unter den luxemburgischen Herrschern entfaltete sich das religiöse Leben in den böhmischen Ländern zu einer reichen Blüte. Der Grundbesitz der kirchlichen Institutionen, in erster Linie des Prager Bistums, hatte sich während des 13. Jahrhunderts stetig vermehrt und gegen dessen Ende seinen größten Umfang erreicht. Entsprechend der Bedeutung, die das Prager Bistum erlangt hatte, existierten seit längerem Überlegungen, Prag zum Erzbistum zu erheben. Die Widerstände gegen diesen Plan, der vom Mainzer Erzbischof und vom Kaiser nicht gebilligt wurde, konnten Johann von Böhmen und sein Sohn Karl erst in den vierziger Jahren des 14. Jahrhunderts überwinden. In zähen Verhandlungen gelang es ihnen, Papst Benedikt XII. zur Entlassung Prags aus dem Mainzer Verband zu bewegen; sein Nachfolger Clemens VI. gründete das Bistum Leitomischl aus vier Dekanaten des Prager und zwei des Olmützer Bistums. Mit den Bischöfen in Leitomischl und in Olmütz standen zwei Diözesanbischöfe als Suffragane zur Verfügung, die dem neuen Metropoliten unterstellt werden konnten. Nachdem die kirchenrechtlichen Voraussetzungen erfüllt waren, erhob Clemens VI. das Bistum Prag am 30. April 1344 zum Erzbistum und Bischof Ernst von Pardubitz zum Oberhaupt der böhmischen Kirchenprovinz. Wenige Tage später verlieh der Papst dem Erzbischof das Recht zur Krönung und Salbung des böhmischen Königs. Dieses Privileg hatte bis dahin der Erzbischof von Mainz inne.

In der Regierungszeit König Johanns kamen die Kartäuser in die Länder Böhmen und Mähren. Seiner Initiative war die Berufung des Ordens zu verdanken, als er 1342 die Kartause Mariengarten bei Prag stiftete. Von hier gingen Niederlassungen der Mönche, die sich in strenger Askese einem von religiöser Innerlichkeit geprägten Leben widmeten, in Norddeutschland und in den Ostseegebieten aus. Die Blütezeit in der Klosterkultur der böhmischen Länder war um die Mitte des 14. Jahrhunderts in der Hauptsache von den Augustiner-Chorherren geprägt. Der Prager Bischof Johann IV. von Draschitz, der Erzbischof Ernst und der Hochadel förderten den Zuzug von

Chorherren aus Italien. Als erstes gründeten die Augustiner-Chorherren das Kloster Raudnitz 1333, das zunächst nur Tschechen aufnehmen sollte, 1340 aber mit Mönchen aus Italien besetzt wurde. Die Raudnitzer Klostergewohnheiten dienten als Vorbild für Böhmen und Mähren. Kaiser Karl IV. richtete 1350 für die Augustiner-Chorherren den Karlshof in der Prager Neustadt ein, Erzbischof Ernst rief die Stifte Glatz, Jaromir, Rokitzan und Sadska ins Leben. Dem Hochadel als Stifter verdankten die Chorherren die Gründungen von Wittingau, Sternberg, Fulnek und Proßnitz. Die Augustiner-Chorherren pflegten eine auf intensive Lektüre der Bibel und der Kirchenväter gestützte Frömmigkeit. Bemerkenswert war in jener Zeit das Ansteigen der Zahl von Bibelübersetzungen und an Bibelliteratur in deutscher und tschechischer Sprache. Pflege der Wissenschaften und der Künste gehörten ebenso zum Programm der Chorherren.
Neben den neuen Orden fanden die in den böhmischen Ländern niedergelassenen mönchischen Vereinigungen eine besondere Förderung durch Kaiser Karl IV. Die Benediktiner konnten ihre Position ausbauen, die Klöster Břevnov und Kladrau in Böhmen und Trebitsch in Mähren nahmen eine führende Stellung unter den benediktinischen Abteien ein. Eine besondere Rolle war von Karl IV. dem 1347 zu Ehren Marias und der Heiligen Hieronymus, Kyrill und Methodius, Adalbert und Prokop gegründeten Kloster in der Prager Neustadt zugedacht. Es sollte seit 1348 den zahlreichen umherwandernden slawischen Benediktinern eine Heimstatt bieten. Die Klosterkirche wurde 1372 am Ostermontag geweiht, an dem im Evangelium vom Weg der Jünger nach Emmaus berichtet wird. Der Volksmund nannte daher das Kloster seitdem Emauskloster, wie es später auch offiziell bezeichnet wurde. Mit der Feier der Liturgie nach slawischem Ritus weckten die Mönche das Gedenken an die Lehrer Kyrill und Methodius und belebten deren Tradition in Böhmen. Im Emauskloster entstand eine Übersetzung der Bibel in die tschechische Sprache.
Die Bewegungen zur religiösen Erweckung der Geistlichen und Laien, die vor allem von den Augustiner-Chorherren Konrad von Waldhausen und Jan Milíč aus Kremsier ausgingen, bereiteten den Boden für die Reform der Kirche vor. Die Lehre von der Bußgesinnung und der tätigen Buße, wie besonders Milíč sie forderte, wurde vom Kaiser und vom Erzbischof unterstützt und gegen die Kritik des Bettelordens verteidigt. Der Kreis um Milíč, der 1374 gestorben war, stiftete 1391 in der Prager Altstadt eine Kapelle der Unschuldigen Kinder (Bethlehemskapelle), die ausdrücklich für die Predigt in tschechischer Sprache bestimmt war. An dieser Kapelle nahm 1402 der tschechische Magister Jan Hus als Prediger seine Tätigkeit auf. Das eigentliche Reformprogramm wurde nicht allein von Hus geformt, sondern durch Milíčs Schüler Mathias von Janov, den englischen Theologen John Wiclif, Nikolaus von Dresden und Jacobellus von Mies. Mit seinen Predigten und seinem Wirken als Magister an der Prager Universität sammelte Hus nicht nur das tschechische Bürgertum und Landvolk, sondern auch einen beträchtlichen Teil der Prager Geistlichkeit und des Adels um sich. Er trat für die Beseitigung der sittlichen Verfallserscheinungen ein und forderte soziale Gerechtigkeit. Als die Lehre Wiclifs von der Prager Universität verboten wurde, richtete sich das Vorgehen der päpstlichen Inquisition auch gegen Hus. 1412 sprach die Prager Synode den Bann über ihn aus; aufgrund dieser Entscheidung verlor er die

Unterstützung des Lehrkörpers der Universität und der Königin Sophie. Hus mußte Prag verlassen. Er setzte seine Hoffnungen auf das Konzil und glaubte, er könne es von der Rechtmäßigkeit seiner Glaubensansichten überzeugen. Sein Tod auf dem Scheiterhaufen in Konstanz am 6. Juli 1415 löste unter seinen Anhängern schwere Unruhen aus.

Aus der Reformbewegung, wie Hus sie propagiert hatte, entstanden nach seiner Hinrichtung drei verschiedene Richtungen: die Taboriten, die Utraquisten und die Böhmischen Brüder. Von diesen hatten die Taboriten die erste Glaubensgemeinschaft gebildet. Der Prediger Johannes von Seelau (Jan Želivský), ein ehemaliger Prämonstratenser, wurde zum Sprecher weiter Volksschichten in Prag, aber auch unter der ländlichen Bevölkerung gewann er an Ansehen. Da seinen Anhängern Kirchenräume für die Gottesdienste verwehrt waren, trafen sie sich auf den Bergen. Als Vorbild diente ihnen der biblische Mons Tabor. Die radikalen Taboriten hielten sich streng an die Heilige Schrift und betonten die absolute Freiheit des Gotteswortes. Sie lehnten die apostolische Nachfolge der Bischöfe ab und verzichteten auf die Priesterweihe. Innerhalb der hussitischen Bewegung gerieten sie allerdings mehr und mehr in Isolation. Unter König Georg von Podiebrad wurde die Organisation der Taboriten zerschlagen.

Die Utraquisten, die ihren Namen von dem Empfang der Kommunion in der Messe »sub utraque specie«, in beiderlei Gestalt, ableiteten, standen der katholischen Kirche am nächsten. Sie bemühten sich um die Anerkennung ihrer eigenen Kirchenorganisation durch die römische Kurie und wurden dabei von König Sigismund und dem Hochadel unterstützt, nachdem auch der Prager Erzbischof Konrad von Vechta sich der utraquistischen Lehre angeschlossen hatte. Obwohl die Utraquisten an der kanonischen Weihe der Priester und der apostolischen Nachfolge der Bischöfe festhielten, konnte sich der Papst nicht entschließen, sie als Glaubensgemeinschaft innerhalb der Kirche zu akzeptieren. Ein wichtiger Anhänger war Georg von Podiebrad, so daß in seiner Regierungszeit die utraquistische Partei das öffentliche Leben in Böhmen und Mähren bestimmte. Die Mißerfolge bei der Kurie weckten bei Gläubigen und Priestern Unzufriedenheit, die sich zu einer Sympathie mit der deutschen Reformation Martin Luthers entwickelte. Doch kam es in Böhmen nicht zu einer engen Verbindung, weil die Utraquisten ihre selbständige Position behaupten wollten. Dagegen gelang es den mährischen Utraquisten, Ende des 16. Jahrhunderts für ihre Kirche die Selbstverwaltung auf der Basis des lutherischen Bekenntnisses zu schaffen, soweit sie sich nicht zur calvinistischen Brüdergemeinde bekannten.

Neben der utraquistischen Bewegung entwickelte sich in Mähren die der hutterischen Wiedertäufer. Die aus Tirol stammende Glaubensgemeinschaft lehnte zugunsten der Taufe von Erwachsenen die Kindertaufe ab. Die Hutterer standen in Mähren unter dem Schutz des toleranten Adels, der ihre wirtschaftliche Bedeutung als hochqualifizierte Handwerker erkannte und sie planmäßig förderte. Die mährischen Wiedertäufer um Nikolsburg und Auspitz wurden von den katholischen und evangelischen Obrigkeiten verfolgt, weil ihnen Verbindungen zu den niederländischen Wiedertäufern nachgesagt wurden, die in Münster eine Gewaltherrschaft ausgeübt hatten. Diese bestanden jedoch nicht; die Hutterer hatten mit den Wiedertäufern lediglich die Forderung auf die Erwachsenentaufe gemeinsam.

Das geistliche Erbe der Hussiten als auch gegen die Utraquisten gerichtete Reformbewegung führte die »Gemeinde des Gesetzes Christi« fort, die sich in den fünfziger Jahren des 15. Jahrhunderts um den Eremiten Petr Chelčický in Südböhmen sammelte. Vorwiegend Taboriten schlossen sich der neuen Organisation an, die sich »Böhmische Brüder« nannte. Im Unterschied zu der radikalen hussitischen Bewegung verzichteten die Böhmischen Brüder von Anfang an auf jegliche Waffengewalt, sie vollzogen aber mit trotziger Entschlossenheit den endgültigen Bruch des Hussitismus mit der römischen Kirche. An der Spitze stand Bruder Gregor, ein Neffe des Prager Erzbischofs Johann Rokycana, welcher die Bewegung auf ganz Böhmen ausweitete. Die Brüder bemühten sich, nach den Grundsätzen der Urkirche zu leben, und bauten ihre Gemeinschaft allein auf die Nachfolge Christi. In den sechziger Jahren wurden sie von König Georg in zwei Wellen hart verfolgt. Die Ablehnung der Kompaktaten wurde als Gefährdung des Königreiches Böhmen betrachtet. Nachdem sich die Brüderunität zu einer größeren politischen und konfessionellen Aufgeschlossenheit durchrang, erhielt sie Zulauf von vielen Gläubigen. In Böhmen konnten die Brüder in zahlreichen Gemeinden Fuß fassen, und sie gründeten auch in Ostmähren neue Gemeinden in Fulnek, Prerau und Sternberg, in Südmähren um Kralitz, Ungarisch Brod und Trebitsch. Als König Ferdinand I. die Ausschaltung der antikatholischen Bewegungen anordnete, war auch die als ketzerisch eingestufte Brüdergemeinde betroffen. Mitglieder flüchteten nach Polen, wo die Gemeinde beim Adel sehr bald großen Anklang fand. Mit den Brüdern in der Heimat hielten die geflüchteten Glaubensgenossen in Ostrorog, Posen und Lissa enge Verbindung. Der zielgerichteten Rekatholisierung in den böhmischen Ländern konnte die Brüderunität letztlich keinen Widerstand entgegensetzen. Eine Welle von Übertritten zur katholischen Kirche, besonders unter dem Adel, sowie die strafrechtliche Verfolgung einzelner Brüder schwächten die Bewegung erheblich. Eine gewisse Hoffnung weckte der Majestätsbrief Kaiser Rudolfs II. mit der Gewährung der völligen Religionsfreiheit. Die Böhmischen Brüder erhielten die Bethlehemskapelle in Prag übereignet, wodurch sie erstmals einen Zugang zur Hauptstadt gewannen. Jedoch erlitten sie durch die Niederlage des böhmischen Adels in der Schlacht am Weißen Berg den schwersten Schlag. Die Brüder mußten die böhmischen Länder verlassen. Gelang die Emigration nicht, waren sie gezwungen, in den Untergrund zu gehen. Ihre Prediger zogen spätestens 1628 aus Böhmen fort und wandten sich nach Ungarn und Polen. In Lissa gründeten sie ihren Hauptsitz, wo der Theologe, Pädagoge und Philosoph Johann Amos Comenius lebte, Senior der Brüdergemeinde seit 1632. Er starb 1670 im Exil.

Von seiten der katholischen Kirche setzten die Maßnahmen zur Wiedergewinnung der Gläubigen um die Mitte des 15. Jahrhunderts ein. Sie stützte sich auf Repräsentanten des Hochadels, die die Missionsreise des Franziskaners Johannes Capestrano, der als wortgewaltiger Volksprediger im päpstlichen Auftrag halb Europa bereiste, durch die böhmischen Länder finanzierten. In den Randgebieten Böhmens und Mährens erfuhren die geistlichen Orden eine Wiederbelebung, allerdings in neuer Form. Gefördert wurden neue Ordensniederlassungen. Die von den hussitischen Heeren zerstörten Klöster fanden kein Interesse, ihr Wiederaufbau wurde nicht betrieben. Zur Unterstützung und Reorganisation der katholischen Kirche berief König Ferdinand die Jesuiten,

die sich 1556 in Prag niederließen. Unter seinem Nachfolger Maximilian II. wurden die Bemühungen zur Festigung der Kirche nicht fortgeführt, da der Kaiser mit der deutschen Reformation sympathisierte. Die schließlich erfolgreiche Rückführung der böhmischen Länder zum katholischen Glauben setzte erst geraume Zeit nach der Schlacht am Weißen Berg ein. Ferdinand III., der von unbedingter Glaubenstreue geleitet war, bediente sich bei der Durchführung seiner Maßnahmen ausschließlich der Gesellschaft Jesu. Bereits in der Regierungszeit Ferdinands II. hatten die Jesuiten in Böhmen eine eigene Provinz errichtet, und während des Dreißigjährigen Krieges konnten sie ihre Stellung noch ausbauen. Sie wirkten als Lehrer und Wissenschaftler, als Prediger und Beichtväter. In den 20 Kollegien und Häusern lebten in Böhmen nebeneinander deutsche, tschechische, englische und italienische Jesuiten.
In Mähren ließ sich auf Einladung des Olmützer Bischofs Franz Kardinal von Dietrichstein 1631 mit den Piaristen eine weitere Ordensgemeinschaft nieder. Wie die Jesuiten dem Papst zu unbedingtem Gehorsam verpflichtet, widmeten sich die armen Regularkleriker der Mutter Gottes oder Piaristen besonders der schulischen Ausbildung. Nördlich der Alpen entstand ihre erste Niederlassung in Nikolsburg. Rasch gewannen sie in den böhmischen Ländern Bedeutung, doch die machtvolle Stellung der Jesuiten setzte ihrer weiteren Ausbreitung Grenzen. Den Piaristen wurde nur der Schulunterricht in den vier unteren Klassen der Gymnasien gestattet; auch blieb ihnen der Zugang zur Hauptstadt Prag versperrt.
Neben den beiden Ordensgemeinschaften der Jesuiten und der Piaristen wirkten ohne besondere staatliche Förderung die Kapuziner und Karmeliter. Auf Initiative des Erzbischofs Zbinko Berka von der Duba kamen 1599 die Kapuziner, die Franziskaner mit den langen, spitz zulaufenden Kapuzen, nach Prag. Sie wirkten als Volksprediger und Missionare. 1782 bestanden über 30 Klöster in den böhmischen Ländern. Die unbeschuhten Karmeliter und Karmeliterinnen sahen in Seelsorge und Lehrtätigkeit ihre Aufgabe. Von Kaiser Ferdinand II. berufen, entfalteten sie besonders in Westböhmen eine große Aktivität.
In der Bevölkerung fielen die Bemühungen, den katholischen Glauben zu befestigen, auf fruchtbaren Boden. Es entwickelten sich neue Andachtsformen, die Verehrung der Gottesmutter Maria nahm erheblich zu, in vielen Orten entstanden Stationen des Leidensweges Christi, es wurden Ölberge und Kalvarienberge errichtet. Die Gnadenorte bildeten ein dichtes Netz. Die von deutschen und tschechischen Katholiken in gleicher Weise getragene Marienverehrung wurde zum wichtigsten Pfeiler, auf dem die Rekatholisierung ruhte. Nachdem bereits 1773 der Jesuitenorden aufgehoben worden war, löste Joseph II. die der Beschaulichkeit und Askese gewidmeten Klöster als unnütz auf, und aus ihrem Vermögen, soweit es nicht bei der Auflösung verschleudert worden war, wurde ein Religionsfonds zum Unterhalt staatlicher Generalseminare zur Priesterausbildung gebildet. Darüber hinaus zeigte sich der Wille zur Staatsherrschaft über die Kirche in einer Fülle von Verordnungen, die viele religiöse Gebräuche abschafften und sich gegen die reich entwickelte Volksfrömmigkeit richteten. Zur Neuordnung der Kirchenorganisation hatte bereits Maria Theresia die ersten Maßnahmen eingeleitet. Sie gründete 1777 das Bistum Brünn, dessen Bischof von Papst Pius VI. dem zum Erzbischof erhobenen Olmützer Bischof als Suffragan unterstellt wurde.

Joseph II. richtete 1785 zur Verbesserung der Seelsorge in Südböhmen das Bistum Budweis ein, das zur Kirchenprovinz Prag gehörte. Damit verfügten die böhmischen Länder über zwei Erzbistümer und mit dem 1655 gegründeten Bistum Leitmeritz und dem 1664 davon abgetrennten Bistum Königgrätz über insgesamt vier Bistümer. Das Bistum Leitomischl war in den Hussitenkriegen untergegangen. Die Eingliederung des Egerlandes unter die Oberhoheit der Prager Erzdiözese konnte erst 1807 vollzogen werden; nachdem die Verpfändung des Egerlandes von 1322 an Böhmen nicht die kirchliche, sondern nur die staatliche Unterstellung betraf, war das Egerland bei der Diözese Regensburg verblieben. Obwohl Papst Pius VII. den Antrag von Kaiser Franz I. auf Eingliederung in das Prager Erzbistum genehmigt hatte, leistete Karl Theodor von Dalberg, der als letzter Erzbischof in Mainz den Sitz seines Erzbistums nach dessen Aufhebung nach Regensburg verlegt hatte, energischen Widerstand. Ende Dezember 1807 nahm die Kurie dennoch die Übertragung vor.
Im Verlauf des 19. Jahrhunderts traten auch im kirchlichen Bereich nationale Tendenzen auf. Jedoch gewannen die tschechischen und deutschen Geistlichen in der Revolution von 1848 kaum Einfluß auf die nationale Bewegung. Die meisten Bischöfe sahen in der Habsburgermonarchie die Schutzmacht für die katholische Kirche, die Nationalitätenfrage war für sie ein Problem der Nächstenliebe. So war der Standpunkt des Prager Erzbischofs Kardinal Friedrich von Schwarzenberg politisch durch den böhmischen Landespatriotismus und durch das Böhmische Staatsrecht geprägt. Er lehnte die Teilung der Theologischen Fakultät ab, die im Rahmen der Errichtung der deutschen und tschechischen Universität 1882 ebenfalls vorgesehen war. In der deutschen Sprache sah der Prager Kardinal das einigende Band für beide Nationalitäten, nicht ein Instrument der Trennung.
Unter den Bischöfen in den böhmischen Ländern war das Verhältnis zu den einzelnen Nationen von den Mehrheiten in den Diözesen bestimmt. Zum Teil verteidigten sie eher die deutsche Linie, zum Teil mußten sie sich mit dem tschechischen Klerus auseinandersetzen, der als erster die Probleme des Nationalismus in die Diskussion einbrachte. Ohne die Mitwirkung der tschechischen Geistlichkeit in der Schule und in der Seelsorge hätte das nationale Erwachen der Tschechen nicht vorbereitet werden können. Es schien den Priestern selbstverständlich zu sein, sich an der Pflege der Sprache und Literatur zu beteiligen. Die Tätigkeit der tschechischen Geistlichen wurde von der Polizei und den Verwaltungsbehörden mißtrauisch beobachtet.
Seit den fünfziger Jahren bemühte sich der tschechische Klerus um verstärkte Berücksichtigung in den Domkapiteln und um Mitarbeit der Gläubigen in den katholischen Vereinen. Die Priesterseminare mußten sich mit der nationalen Frage deswegen befassen, weil die Tschechen in ihnen die Mehrheit stellten.
Bis Anfang der sechziger Jahre hatte die tschechische Sprache eine untergeordnete Rolle gespielt, obwohl seitens der Bischöfe die Verfügung bestand, daß auch die deutschen Theologiestudenten sie erlernen sollten. Viele von ihnen verzichteten deswegen auf den Besuch der Seminare in Mähren, in Budweis und Königgrätz und ließen sich in den Alpenländern ausbilden. Sie waren der Meinung, die Seelsorge in den deutsch bestimmten Gebieten auch ohne die Kenntnis des Tschechischen ausüben zu können.

Oberndorf, Egerländer Bauernhof

Unter den tschechischen Geistlichen entwickelte sich eine Rückbesinnung auf die Idee der besonderen nationalen Sendung, wie sie von den Slawenlehrern Kyrill und Methodius, aber auch von den přemyslidischen Herrschern, unter ihnen der heilige Wenzel, vertreten worden war. Zentrum dieser Bewegung war das Priesterseminar in Brünn, das besonders die kyrillisch-methodianische Tradition pflegte. In Böhmen suchte die tschechische Geistlichkeit aus der gleichen Wurzel, der Erneuerung der altslawischen Liturgie, Verbindung zur orthodoxen Kirche und zum Panslawismus. Gegen diese Verknüpfung schritt die Wiener Regierung ein, weil sie politische Auswirkungen befürchtete. Die Tausendjahrfeier in Welehrad 1863, anläßlich der Berufung von Kyrill und Methodius nach Mähren, mußte sich daher auf den religiösen Bereich beschränken. Doch weder die Regierung noch der Olmützer Erzbischof Friedrich Kardinal Landgraf von Fürstenberg, der für die Feiern von 1863 und 1885 die Schirmherrschaft ablehnte, konnten die Entwicklung mehr aufhalten. In Welehrad vollzog sich die Politisierung der Kirche, es wurde zur Zentrale der »Katholischen Aktion« ausgebaut. Am nationalen Wallfahrtsort tagten die katholischen Verbände, wurde eine wissenschaftliche Akademie zur Erforschung der altslawischen Liturgie und der Kirchenunion errichtet, fanden seit 1907 Begegnungen zwischen katholischen und orthodoxen Geistlichen statt. Jedoch blieben die Aktionen auf die Intellektuellen beschränkt, in der mährischen Bevölkerung zog die Bewegung kaum Interesse auf

sich. Ihre Repräsentanten hatten sich große Pilgerfahrten nach Welehrad erhofft, die aber nicht stattfanden.
Die deutsche Geistlichkeit hatte sich lange von einer aktiven nationalen Parteinahme ferngehalten, wie es auch die Oberhirten immer wieder verlangten. Nur wenige Priester engagierten sich politisch. Zu Beginn der achtziger Jahre trat jedoch eine starke Entfremdung der deutschen Katholiken von der Kirche auf. Sie wandten sich dem politischen Liberalismus zu. In gleicher Weise, wie sich die Deutschen von der Kirche lösten, verloren sie auch das Interesse an dem Priesterberuf. Der Rückgang der deutschen Priester hatte zur Folge, daß tschechische Geistliche in der Erzdiözese Prag auch in gemischtsprachigen oder gar deutschsprachigen Kirchengemeinden eingesetzt werden mußten. Nur allmählich stellte sich die Kirche überdies den Forderungen der modernen Gesellschaft. Als Vermittler traten die Gesellenvereine auf, die im Geist Adolf Kolpings gegründet wurden. Aus diesen Vereinigungen entstand die Volksbundbewegung, die ihre Hauptaufgabe in sozialpolitischer Schulung und in der Rechtfertigung des Glaubens sah. Unter den Arbeitern Nordböhmens und Nordostböhmens war die religiöse Bindung schon am Ende der sechziger Jahre einer freigeistigen Einstellung gewichen. Als das Erste Vatikanische Konzil 1870 das Dogma von der Unfehlbarkeit des Papstes verkündete, erreichte die Entfremdung ihren Höhepunkt. Insbesondere in Nordböhmen fand die altkatholische Bewegung viele Anhänger. Diese Religionsgemeinschaft, die sich von der katholischen Kirche trennte, verwarf die Bindung an den Papst und lehnte die Lehre von der Unbefleckten Empfängnis Mariens und vom Ablaß ab. In Warnsdorf gründeten die Altkatholiken ein eigenes Bistum.
Insgesamt war die Geistlichkeit in den böhmischen Ländern den Rahmenbedingungen der österreichischen Kirche unterworfen, die durch die Verbindung von Staat und Kirche, von »Thron und Altar«, vorgegeben wurden. Für die Ernennung der Bischöfe war der Kaiser zuständig, und er nahm sie nicht immer nach seelsorgerischen Grundsätzen vor. Die Einstellung der österreichischen Regierung zum Papsttum war zwiespältig. Offiziell bemühten sich der Kaiser und die Geistlichen einerseits und die Kurie andererseits nach außen um den Eindruck eines völligen Einvernehmens. Die Betonung der Institution der Staatskirche belastete das Verhältnis zum Papst nicht selten erheblich. In der Bevölkerung wirkte sich das System des österreichischen Staatskirchentums lähmend auf die Entwicklung des kirchlichen Lebens aus. Bei den tschechischen Katholiken stützten sich nationale und religiöse Ressentiments gegenseitig beim Kampf für die Gleichberechtigung und gegen den Wiener Zentralismus.
Die Erste Tschechoslowakische Republik beabsichtigte, das Prinzip der Verbindung zwischen Staat und Kirche in sein Gegenteil zu verkehren. Sie vertrat von Anfang an die Forderung auf Trennung von Kirche und Staat, wie diese bereits in der Deklaration von Washington vom 18. Oktober 1918 offiziell in das künftige Programm für die neue Republik aufgenommen worden war. Besonders Masaryk, der sich als Katholik der Gemeinde der Brüderunität anschloß, vertrat die unbedingte Trennung des Staates von der Kirche nach dem Vorbild der Vereinigten Staaten. 1918 gab es auf dem Boden der Tschechoslowakei neun Kirchen oder Glaubensgemeinschaften: die römisch-katholische Kirche, die griechisch-katholische oder unierte Kirche, die Evangelische

Brüdergemeine, die deutsche evangelische Kirche Augsburger Konfession und die Reformierten, die Unität der Herrnhuter Brüder, die orthodoxe Kirche, die Altkatholiken und die Israeliten. Die weitaus größte Gemeinschaft bildeten nach der Volkszählung von 1910 die Katholiken mit 96 Prozent der Bevölkerung; 1921 bekannten sich rund 80 und 1930 78 Prozent der Bevölkerung zur katholischen Kirche. Masaryks Programm, der nach der »Abrechnung« mit Wien auch die mit Rom verkündete, fand in der tschechischen Öffentlichkeit breite Zustimmung. Bereits die revolutionäre Nationalversammlung beschäftigte sich mit der Beseitigung der kirchlichen Eheschließung, mit der Einziehung des Kirchenvermögens, der Befreiung vom Religionsunterricht. Es gelang aber nicht, die Trennung von Kirche und Staat in der Verfassung von 1920 zu verankern. Gesetzlich beschlossen wurden die Genehmigung der Feuerbestattung, die Möglichkeit der Zivilehe, der sogenannte Kanzel-Paragraph. Geistlichen wurde schwerer Kerker zwischen einem und sechs Monaten angedroht, wenn sie sich bei einer religiösen Handlung über den Staat oder politische Parteien äußerten oder in den Wahlkampf eingriffen. Stellungnahmen für oder gegen politische Parteien waren untersagt. Als Angriff gegen die katholische Kirche war die von der Nationalversammlung 1920 durchgesetzte Anerkennung der Tschechoslowakischen Kirche gedacht. Unmittelbar nach Gründung der Republik hatte bereits der tschechische katholische Priesterverband Reformen der Kirche gefordert. Auf dem Gebiet der Kirchensprache, der Wahl der Bischöfe, der Feuerbestattung und des Zölibats der Priester sollten Änderungen vollzogen werden. Als die Kurie sich lediglich in der liturgischen Sprache zu einem Zugeständnis bereit erklärte, beschloß der radikale Flügel des Priesterverbandes am 8. Januar 1920 die Loslösung von Rom und die Gründung einer Tschechoslowakischen Kirche. Sie führte Tschechisch als Kirchensprache ein. Die neue Kirche konnte sich auf 40 Priester und 200 000 Gläubige stützen. Ihre Zahl erhöhte sich schließlich auf 800 000 Anhänger. Die Tschechoslowakische Kirche war damit die zweitstärkste religiöse Gruppierung in der Republik. In der Slowakei und in der Karpatenukraine konnte sie, obwohl sie dort 1925 die Zulassung erhalten hatte, nicht Fuß fassen. 1924 lehnte eine Synode der Tschechoslowakischen Kirche die apostolische Nachfolge der Bischöfe ab und führte eine eigene Weiheordnung für die Geistlichen ein. Ohne Erfolg blieben die Bemühungen, zur anglikanischen Kirche und den Altkatholiken unmittelbare Verbindung aufzunehmen. Der größere Teil der tschechischen katholischen Priester lehnte die Tschechoslowakische Kirche entschieden ab und blieb der römischen Kirche treu. Ende der zwanziger Jahre wurden die Bestrebungen zur Trennung von Kirche und Staat aufgegeben. Die Beziehungen zum Vatikan, die seit Gründung der Republik angespannt gewesen waren, normalisierten sich.

Unter den sudetendeutschen Katholiken, die von der Umwälzung 1918 stark betroffen waren, hatte der »Deutsche Katholikenrat für Böhmen« eine wichtige Position erringen können. Er bemühte sich um die einheitliche Führung aller deutschen katholischen Organisationen und wehrte sich zusammen mit den tschechischen Verbänden gegen die Trennung der Kirche vom Staat und ihre Verdrängung aus dem öffentlichen Leben. 1921 und 1926 bestätigte die gesamtstaatliche Bischofskonferenz die Arbeit des Katholikenrates. Zum Katholikenrat in Böhmen gehörte auch der 1919 ins Leben

gerufene Volksbund der deutschen Katholiken für Mähren und Schlesien, der 1921 mit dem von den Bischöfen errichteten Landesverband des böhmischen Katholikenrates vereinigt worden war. 1926 nahm er die Bezeichnung Zentralausschuß der »Katholischen Aktion« an. Sein Aufgabengebiet erstreckte sich auf sieben Diözesen mit drei Millionen deutschen Katholiken in Böhmen, Mähren und Schlesien, nämlich auf Prag, Leitmeritz, Königgrätz, Budweis, Olmütz, Brünn und in der Diözese Breslau auf das Freiwaldauer Ländchen und das Olsagebiet. Im Durchschnitt stellten die deutschen Katholiken gegenüber den tschechischen ein Fünftel bis ein Drittel der Gläubigen, nur im Bistum Leitmeritz hatten die Deutschen die Zweidrittel-Mehrheit. 1925 gelang dem Katholikenrat die Gründung einer katholischen Tageszeitung, die unter dem Titel »Deutsche Presse« erschien. Sie wurde zum Zentralblatt der sudetendeutschen Katholiken. Den deutschen Katholiken in der Erzdiözese Olmütz war die Einrichtung eines Knabenseminars in Freudenthal zu verdanken. Es sollte den deutschen Priesternachwuchs fördern und wurde über private Spenden finanziert.
Die religiöse Erneuerung der sudetendeutschen Katholiken vollzog sich im Rahmen der christlichen Gewerkschaften und der katholischen studentischen Jugend. Sie entfaltete Aktivitäten in den Organisationen Staffelstein und Quickborn. Diese propagierten in den Gymnasien und Hochschulen die Einigung des Volkes aus der Kraft des Glaubens und der Heimatliebe. In den Gewerkschaften entwickelte sich nach 1918 ein reges Leben. Bereits im Herbst 1920 wurde auf dem Grulicher Verbandstag des Gesamtverbandes der christlichen Gewerkschaften die Einrichtung einer Zentrale der christlichen Gewerkschaften für Böhmen, Mähren und Schlesien in Zwittau beschlossen. 1938 hatten sie rund 48 000 Mitglieder. Das gemeinsame Organ war die 1926 gegründete Zweimonatsschrift »Sudetendeutsche Arbeit«. Sie widmete sich vor allem der politischen und sozialpolitischen Bildung der christlichen Gewerkschafter. Besonders unterstützt wurde die arbeitende katholische Jugend, die ihre eigentlichen Zentren in Nordmähren und Schlesien hatte. An der Erneuerungsbewegung beteiligte sich auch die katholische Landjugend. Für sie wurden in allen sudetendeutschen Gebieten Bauernschulen gegründet. Im allgemeinen lebten die katholischen Jugendverbände ihr eigenes Leben, weil die von privater Initiative getragene Jugendarbeit von den Bischöfen keine Förderung erfuhr. Obwohl die Kirche in den böhmischen Ländern über großen Besitz verfügte, versagten die Bischöfe den Jugendlichen die finanzielle Unterstützung. Nur der bescheidene Ertrag der kirchlichen Kollekte am »Jugendsonntag« einmal im Jahr blieb die einzige Einnahme von außen. Aufgrund des Eigenlebens entstand aber auch unter den Jugendorganisationen ein Vereinskatholizismus, der sich von den Katholiken entfernte. Die deutsche katholische Jugendbewegung konnte der Entscheidung in der nationalen Frage nicht ausweichen. Die Führung der Staffelsteiner schloß sich der Sudetendeutschen Partei erst 1937 bis 1938 an, um zwischen den katholischen Geistlichen und der Einheitsbewegung Henleins Brücken zu schlagen. Als sie einsehen mußte, daß dieses Ziel nicht zu erreichen war, löste sie den Bund 1938 auf, dem der politische Erfolg versagt geblieben war.
Als Staatspräsident Beneš nach dem Münchner Abkommen zurücktrat und am 30. November 1938 der gläubige Katholik Emil Hácha zu seinem Nachfolger gewählt wurde, begrüßte der Vatikan die Wahl ausdrücklich. Zur gleichen Zeit löste unter den

tschechischen Katholiken die Vertreibung von Priestern aus den an das Deutsche Reich angeschlossenen Gebieten eine antideutsche Einstellung aus. Sie verstärkte sich, als Hitler aus dem Reststaat das Protektorat Böhmen und Mähren bildete. Dennoch fand sich der tschechische Klerus nicht bereit, den früheren Präsidenten Beneš im Exil zu unterstützen.
Im Protektorat entwickelte sich unter den tschechischen Katholiken ein starkes Interesse an Wallfahrten, die als nationale Kundgebungen viele Menschen anzogen. So nahmen 90 000 Gläubige an der Wallfahrt zum Georgsberg bei Raudnitz vom 28. bis 30. April und über 100 000 am 13. August 1939 nach St. Laurentius bei Taus teil. In den Gottesdiensten wurden die tschechoslowakische Nationalhymne und das Wenzelslied gesungen. Ende 1940 wurden die Wallfahrten endgültig verboten, als die Geistlichen zunehmend politische Ansprachen hielten. Auch die Fronleichnamsprozessionen wurden wiederbelebt; sie boten die Gelegenheit zum Bekenntnis zur nationalen Solidarität. Die Verfolgung der tschechischen Priester begann im Herbst 1939 mit Massenverhaftungen, ohne daß es einheitliche Richtlinien für das gesamte Protektorat gab. Besonders betroffen war die Erzdiözese Olmütz, in der 24 Priester verhaftet wurden. Eine Verschärfung der Lage trat ein, als Heydrich mit der Stellvertretung des Reichsprotektors betraut wurde. Der unaufhörlich wachsende Druck traf besonders die katholische Kirche und ihre Einrichtungen, die Priester und die katholischen Ordensangehörigen. Die deutsche Wehrmacht besetzte viele Klöster und Internate, nachdem die Orden aufgelöst und die Güter beschlagnahmt worden waren. Auch die Gymnasien der Ordensgemeinschaften mußten ihre Tätigkeit einstellen. Insgesamt wurden 371 Geistliche verfolgt, aus den Diözesen von Prag 150, Budweis 40 und Olmütz 86, in Konzentrationslagern und Zuchthäusern waren 260 inhaftiert. Acht Geistliche wurden hingerichtet: drei aus Prag, je zwei aus Olmütz und Brünn, einer aus Budweis. 58 Priester starben in den Konzentrationslagern, sieben an den Folgen der erlittenen Mißhandlungen. Von den Orden waren die Jesuiten stark betroffen, die wegen »reichsfeindlicher Tätigkeit« verfolgt wurden. Auch das Prager Emauskloster wurde enteignet und die Benediktiner vertrieben sowie zur Zwangsarbeit herangezogen. Die Gründe, die zur Verhaftung von Priestern in den einzelnen Diözesen führten, waren unterschiedlich. In der Diözese Leitmeritz zum Beispiel überwogen Denunziationen wegen Abhörens ausländischer Rundfunksender und wegen Kritik am Nationalsozialismus. Hochverrat und Beteiligung am Widerstand wurden Geistlichen in den Erzdiözesen Prag und Olmütz, in den Diözesen Brünn und Königgrätz vorgeworfen. Im Bistum Leitmeritz richtete sich die Verfolgung auch gegen deutsche Priester. Insgesamt ist die Rolle der Kirche im Widerstand ungenügend dokumentiert, weil sich die Forschung für dieses Thema bisher wenig interessiert hat.

Baukunst und Architektur

Die ältesten Zeugnisse für die Kulturlandschaft der böhmischen Länder stammen aus dem religiösen Bereich. Wie überall gab es heilige Berge und Flüsse, Quellheiligtümer und von der Bevölkerung als Kultstätten tradierte Orte, die später von der Mission genutzt wurden. Die Heiligtümer aus Holz, Lehm oder Flechtwerk verfielen aber und können im allgemeinen nicht mehr nachgewiesen werden. Erst der monumentale Steinbau der christlichen Architektur tendierte grundsätzlich zur Dauer und prägte die kulturelle Landschaft.

Im 9. Jahrhundert entstanden die wichtigsten Zeugnisse der frühen Baukunst bei den mährisch-pannonischen Slawen. Die Grabungsfunde im Großmährischen Reich zeigen ein Charakteristikum auf. Die böhmischen Länder lagen nicht nur an der Kontaktzone zwischen West- und Ostkirche, sondern im Einflußbereich der rivalisierenden Missionsländer Bayern und Byzanz. In der großmährischen Residenz Mikulčice in Südmähren wurden zwölf steinerne Sakralbauten ausgegraben, von denen einige aus der Zeit der ersten bayerisch-irischen Mission stammen. Wahrscheinlich handelt es sich um Eigenkirchen des Fürsten und seiner adligen Gefolgschaft. Vertreten sind Kirchenbauten, die auf das Vorbild Nordwesteuropas zurückgehen, wie die einschiffigen Kirchen mit eingezogenem, rechteckigem Altarhaus. Aber auch der Bau von Kirchen nach provinzialrömischer Tradition, von Saalkirchen mit eingezogener Rundapsis, konnte nachgewiesen werden. Sehr starke Verbreitung im Großmährischen Reich fanden die Rundkirchen, die »Rotunden«, die als Kennzeichen einer kunstlandschaftlichen Sonderstellung gelten. Von den rund 50 erhaltenen Rotunden in ganz Mitteleuropa befinden sich rund zwei Drittel in den böhmischen Ländern. Seit Ende des 9. Jahrhunderts und dem Untergang des Großmährischen Reiches übernahm Böhmen die führende Position. Dem großmährischen Vorbild verdankt Böhmen die Rotunden, deren älteste im Herrschersitz Levý Hradec gebaut wurde. Auf die Veits-Rotunde auf dem Prager Hradschin folgten zeitlich die Rotunden in den Burgen Vyšehrad, Altbunzlau, Tetin und Pilsen. Es handelte sich bei dieser Art von Bauwerken um Herrschaftskirchen. Außer ihnen sind in der ersten Hälfte des 10. Jahrhunderts jedoch weitere Bauten nachweisbar, wie die Basilika St. Georg und der Apsissaal St. Marien auf der Prager Burg, die basilikale Anlage in Altbunzlau und die kreuzförmigen Kirchen nach ottonischem Vorbild auf dem Vyšehrad und in Liblitz. Die Veits-Rotunde auf der Prager Burg war die Begräbnisstätte des heiligen Wenzel und des von den Prußen ermordeten Bischofs Adalbert.

Wie fast überall in Europa entstanden in den böhmischen Ländern in romanischer Zeit mehrschiffige Anlagen in der Form der Basilika. Ein besonderes Beispiel stellte der Neubau des Domes St. Veit in Prag, der Residenz der böhmischen Herrscher, dar. Unter Herzog Spytihněv II. konnte 1060 der Grundstein für die doppelchörige dreischiffige Pfeilerbasilika gelegt werden. Vorgesehen waren ein Flachdach, ein West- und ein Ostchor und ein westliches Querschiff mit zwei Türmen. Die Krypta bestand aus drei Schiffen. Die feierliche Konsekration der Kirche fand am 14. April 1096 statt. Sie blieb bis zum Bau der gotischen Kathedrale über 250 Jahre bestehen und war die bevorzugte Grablege des Přemyslidenhauses und der Prager Bischöfe.

In der Baukunst der Gotik wurden nicht nur neue stilistische Akzente gesetzt und neue Bautypen entwickelt, sondern sie dokumentierte den grundsätzlichen Wandel der staatlichen und gesellschaftlichen Struktur. Zu dem herrscherlichen Auftraggeber trat das Bürgertum, das den Aufstieg der Stadtkultur wesentlich bewirkte. Von den alten Orden, wie beispielsweise den Benediktinern, Zisterziensern und Prämonstratensern, verlagerte sich ferner die Bautätigkeit auf die Bettelorden. Zugleich mit der Übernahme der Herrschaft durch die Luxemburger zu Beginn des 14. Jahrhunderts zog die Hochgotik in den böhmischen Ländern ein. Ausdruck der neuen Bauweise waren die Hallenkirchen, die in Prag kurz hintereinander von den Franziskanern (St. Jakob), den Augustiner-Eremiten (St. Thomas) und den Karmelitern (Maria Schneekirche) gebaut wurden. Der Bau von Hallenkirchen, getragen vom reichgewordenen Bürgertum, drang nach Böhmen über die Berg- und Kolonistenstädte an den Rändern des Landes. Über Iglau, Eger, Kuttenberg und Aussig vollzog sich der Übergang zur gotischen Hallenkirche in Innerböhmen und Prag. Vier Hallenkirchen entstanden allein in Kuttenberg, die das städtische Patriziat in Auftrag gegeben hatte. In Prag wurden St. Ägidien, St. Heinrich und die Kirche des Emausklosters in den siebziger Jahren des 14. Jahrhunderts als Hallenkirchen fertiggestellt und geweiht. Kaiser Karl IV. gab dem Zentralbau den Vorzug. Ausdruck dessen waren der Bau der Chorherrenkirche am Karlshof und der Fronleichnamskapelle. Patron der Kirche am Karlshof war der Reichsgründer Karl der Große, und in der Fronleichnamskapelle wurden die Reichskleinodien und Reliquien alljährlich ausgestellt. Neben diesen Bauten, die der Darstellung der Reichstraditionen und des persönlichen Herrschaftsanspruches des Kaisers dienten, stiftete Karl IV. aus demselben Anlaß einen dritten Bau, die Burg Karlstein oberhalb des Flusses Beraun südöstlich von Prag. Der befestigte sakrale Bezirk war Aufbewahrungsort der Reichskleinodien und der Reliquien des Reiches; hierher zog sich der Kaiser zur religiösen Kontemplation zurück.

Unter Karl setzte eine glanzvolle Ausgestaltung der Hauptstadt Böhmens ein. Zu den ersten Maßnahmen gehörte der Wiederaufbau der verlassenen Burg. Sie war in der Regierungszeit Johanns von Böhmen verfallen, der deshalb in einem Bürgerhaus der Altstadt residiert hatte. Der Palast der letzten Přemysliden wurde in französisch-gotischen Einzelformen außen und innen umgestaltet. 1344 legte Karl IV. den Grundstein zu einem neuen Dom, der in seiner Pracht den größten des Abendlandes gleichkommen und der Erhöhung Prags zum Erzbistum mit der Kathedralkirche symbolhaft Ausdruck verleihen sollte. In Avignon hatte Karl den Baumeister Matthias von Arras geworben, der ihm eine große Kirche mit Hochchor, Chorumgang, Kapellenkranz, einem weiteren Querschiff, dreischiffigem Langhaus mit einer Doppelturmfassade im Westen vorschlug. Jedoch erst dem Wirken des zweiten Dombaumeisters Peter Parler, der den Bau seit 1356 anstelle des 1352 verstorbenen Matthias leitete, war die schöpferische Weiterentwicklung des Bauplans zu verdanken. Bis zum Tod Parlers 1399 war nur der fünfschiffige Chor vollendet, die Kirche schloß mit dem Querschiff ab. Dennoch hatten der Kaiser und seine Baumeister mit dem Prager Veitsdom ein einzigartiges Bauwerk geschaffen, in dem als erstem kirchlichen Monumentalbau überhaupt Netz- und Netzschirmgewölbe gebaut worden waren. Die Baumeister in ganz Mitteleuropa griffen die Neuerung auf.

In den Hussitenkriegen erlitt die Sakralbaukunst in den böhmischen Ländern katastrophale Verluste. Die Kulturlandschaft wurde weitgehend vernichtet, betroffen waren vor allem die Klöster. Kladrau, Leitomischl, Plaß, Vyšehrad, Strahov, Altbunzlau, Teplitz, Königsaal fielen den Flammen zum Opfer. Die von der Gegenreformation noch im 15. Jahrhundert versuchte Wiederherstellung der zerstörten Kirchen konnte

nur in den Randgebieten einige Erfolge aufweisen. Die Franziskaner gründeten Niederlassungen in Eger, Tachau, Kaaden und Pilsen.
Vom 15. Jahrhundert an hatte sich das Schwergewicht der Bautätigkeit auf die Errichtung von Profanbauten verlagert. Bauherr wurde in zunehmendem Maß der Adel. Mit der Steigerung seines Vermögens wuchs die Bauleidenschaft, die in den böhmischen Ländern in der ersten Hälfte des 18. Jahrhunderts ihren Höhepunkt erreichte. Aus dem Herrenhof und der Burg des 13. und 14. Jahrhunderts entwickelte sich das Renaissanceschloß, in dessen Bau das Zusammenspiel zwischen Architektur und Umgebung berücksichtigt war. Vor allem fremde Künstler und Handwerker, Baumeister, Stukkateure, Bildhauer und Maler aus Italien, später auch aus den Niederlanden, deutschen Territorien und Frankreich bestimmten im 16. und 17. Jahrhundert die Architektur. Eine neue Entwicklung leitete Benedikt Ried von Piesting in den böhmischen Ländern ein. Er vollzog den Schritt von der mittelalterlichen unregelmäßigen Wehrburg zum symmetrisch repräsentativen Schloßbau der Neuzeit. Auf der Prager Burg erbaute Ried aus den Gemächern des Karlspalas den Vladislavbau mit seinem Saal, den bedeutendsten Profanraum diesseits der Alpen. Er stattete ihn mit einem großartigen Netzgewölbe aus. Rieds wichtigster Sakralbau ist das Hallenlanghaus der Barbarakirche in Kuttenberg, für das er das wohl schönste Netzgewölbe seiner Zeit schuf; erst nach seinem Tod wurde es ausgeführt. Zur Zeit der reifen Renaissancearchitektur, von 1530 bis 1620, baute man in den böhmischen Ländern zahlreiche Herrensitze, vor allem auf dem Lande und in den Untertanenstädten. In Prag entstanden zahlreiche Renaissancepalais, hauptsächlich auf der Kleinseite und um die Burg. Es wurden aber im 16. Jahrhundert nicht nur Neubauten errichtet, sondern nach Prager Vorbild die mittelalterlichen Burgen auch umgestaltet, vor allem in den Städten. Die Bautätigkeit vernichtete zwar einerseits viele mittelalterliche Anlagen, sie brachte jedoch andererseits reiche architektonische Lösungen mit eigenem Stil hervor. Beispiele bieten die Burgen Brandeis an der Elbe, Krumau, Böhmisch Sternberg, Bischofteinitz, Neuhaus, Pardubitz und Teltsch. Zu dem Schloß, dem Palais oder der Villa gehörte der Garten, der schon in der ersten Hälfte des 16. Jahrhunderts Lustgarten genannt wurde, im Unterschied zu den Nutzgärten. Er wurde nach dem Vorbild des italienischen Gartens gestaltet.
Im Sakralbau um 1600 spiegelte sich die verworrene Situation des religiösen Lebens wider. Anders als im Profanbau setzte sich der Renaissancestil nicht durch. Vorherrschend blieb das gotische Stilverständnis, reine Renaissancebauten stellten eher die Ausnahme dar. Die katholischen Bauherren, wie Kaiser Rudolf II., bevorzugten die Gotik. Der um 1600 gebaute Zentralbau der Prager Rochuskapelle war gotisch in Proportion und Konstruktion. Die Erbauer der evangelischen St.-Salvator-Kirche entschieden sich ebenfalls für einen gotischen Bauplan. Auf das Vorbild der altchristlichen Basilika griffen die Böhmischen Brüder zurück. Die Paulikirche in Brandeis und die Brüderkirche in Pardubitz waren als kurze dreischiffige Hallen gebaut worden. Nur das Mittelschiff schloß mit einer runden Apsis, die beiden Seitenschiffe endeten flach.
Die Schlacht am Weißen Berg 1620 veränderte die Verhältnisse in den böhmischen Ländern auch in der Baukunst von Grund auf. Der wirtschaftliche Niedergang des

Krumau

Adels, die Auswanderung eines großen Teils der nichtkatholischen Bürger und der Aufstieg neuer Adelsgeschlechter ließen die hochentwickelte Renaissancekultur verfallen. Wie seinerzeit Benedikt Ried den Übergang von der Baukunst des Mittelalters zu jener der Renaissance auslöste, leitete Albrecht von Wallenstein die Übernahme des Barock ein. Wie andere aus dem kaisertreuen Adel kaufte er auf der Prager Kleinseite Hütten, Häuser, ganze Straßenzüge für sein großes Projekt, den Bau eines Palais, dessen Entwurf von Andrea Spezza stammte. 1623 begannen die Arbeiten für das gewaltige Vorhaben. Zwar überwogen in den Fassaden Stilelemente der Renaissance, in der Auffassung der Grundrißanlagen und der architektonischen Gliederung äußerte sich aber bereits der Barockcharakter. Wallensteins gestalterische Initiative zeigte sich außer im Palais auch im Garten, dessen Loggia und Plastiken künstlerisch vorbildlich wurden.

Nach dem Ende des Dreißigjährigen Krieges setzte in Prag und Böhmen eine gesteigerte Bautätigkeit ein. Die Bauhandwerker kamen in großen Scharen aus Graubünden, Piemont und der Lombardei, aus Gebieten, in den das Bauen mit Stein bevorzugt war. Sie bestimmten auch den Stil der Barockbauten, wie den des Klementinums in Prag, in dem sich die Jesuiten niederließen, der Schlösser in Kremsier, Raudnitz und Libochowitz, des Erzbischöflichen Palais und des Palais Czernin auf dem Hradschin. Die Vorherrschaft der italienischen Baumeister und Handwerker wurde in den siebziger

Jahren des 17. Jahrhunderts von den Franzosen abgelöst. Dem französischen Baumeister Jean Baptiste Mathey verdankte Böhmen die Erneuerung des Kirchenbaus. In den Jahren 1679 bis 1688 wurde die Kreuzherrenkirche erbaut, der erste barocke Zentralbau. Um die gleiche Zeit hatte der aus Oberbayern zugewanderte Christoph Dientzenhofer auf der Kleinseite das Bürgerrecht erworben. Nach der Leitung von Bauten in den Klöstern Waldsassen, Tepl, Maria Kulm und Oberleutensdorf schuf er in seinen reiferen Jahren die Kirchen St. Niklas auf der Prager Kleinseite, St. Klara in Eger und die Klosterkirche Břevnov bei Prag. Sein Sohn Kilian Ignaz Dientzenhofer setzte die Tradition fort. Er beschäftigte sich weniger mit dem Langbau, sein Thema war der Zentralraum. Wichtige Etappen in der Entwicklung bildeten die Entwürfe für die Ursulinerinnenkirche in Kuttenberg und die Maria-Magdalenen-Kirche in Karlsbad. Dieses Gotteshaus zeichnet sich durch eine besondere Plastizität der Raumgliederung aus. Kilian Ignaz Dientzenhofer ist ferner der turmartig überhöhte Kuppelbau der Niklaskirche in Prag zu verdanken, ein geniales Werk. Der böhmische Barock strahlte vor allem in den deutschen Raum aus. Die Klosterkirche in Banz, die Schönbornkapelle und die Neumünsterkirche in Würzburg gingen auf die Bauten zurück, die von den Dientzenhofers in Böhmen errichtet worden waren. Prager und auch Wiener Vorbilder wurden in der Palaisfassade des Dalberger Hofes in Mainz verarbeitet, in der Heiltumskapelle am Dom in Trier, in den Bauten des Klosters Weingarten und des Zwingers in Dresden.

Nicht so sehr Christoph und Kilian Ignaz Dientzenhofer, sondern die Architekten Oktavian Broggio und Giovanni Santin-Aichel bestimmten die Entwicklung des spezifisch böhmischen Volksbarock. Beide Baumeister stammten aus eingedeutschten Handwerkerfamilien. Sie bauten nicht in der Hauptstadt, vielmehr in der Provinz und auf dem Lande. Bauträger waren der hohe und niedere Adel, die im Zuge der Gegenreformation Gnadenkapellen und Wallfahrtskirchen in Auftrag gaben. Nach italienischem Vorbild entstanden die Kreuzkapelle in Hostein, die Annenkapelle in Jungferbřežan und die Marienkapelle in Lometz. Für die in der Barockzeit beliebten Wallfahrten wurde eine ganze Reihe von Kirchen errichtet: die Heilige Stiege von Rom in Graupen, Grulich, Olmütz, das Heilige Grab von Jerusalem in Maria Ratschitz, die Casa Santa von Loreto in Brünn, Böhmisch Leipa, Fulnek, Rumburg, Chrudim und Nikolsburg.

Das Rokoko fand in den böhmischen Ländern nur wenig Interesse, wenn auch Innenräume danach gestaltet wurden. Eine eigene Spielart wie in Bayern, Franken oder Preußen wurde jedoch nicht entwickelt. An Zeugnissen überliefert sind der Innenausbau der Prager Burg durch den kaiserlichen Oberhofarchitekten Nicolò Pacassi in den Jahren 1756 bis 1774, der Umbau des Erzbischöflichen Palais durch Joseph Wirch und der Neubau des Ständetheaters nach einem Entwurf Graf Künigls durch Anton Hafenecker 1781 bis 1783. Ebenfalls nur zögernd angenommen wurde der Klassizismus. Früher als in der Hauptstadt fanden Baumeister in den Bädern Westböhmens Interesse an dem neuen Baustil. Klassizistische Gebäude entstanden in Franzensbad, das seit 1793 selbständiges Bad war, in Teplitz und in Karlsbad. Auf Initiative des Teplitzer Grundherrn Johann Nepomuk Fürst von Clary-Aldringen erfolgte der Neubau der Badeanlagen 1807; in Karlsbad wurde 1811 die Kolonnade am Neubrunn als Tempel

Karlsbad, Mühlbrunnkolonnade

errichtet. Außer diesen gelten das weitläufige Schloß Katschina bei Kuttenberg von 1807 und das Zollamt in Prag von 1812 als die wichtigsten Zeugen des Klassizismus in den böhmischen Ländern.

In einer besonderen Form wurde der neue Repräsentationsstil, das Empire, ausgehend von Wien, auch in Böhmen übernommen. Der Adel und das aufstrebende Bürgertum pflegten den sogenannten österreichischen Reichsstil. Die ersten Jahrzehnte des 19. Jahrhunderts brachten die architektonische Umgestaltung Prags, als die einengenden Wälle der Stadtbefestigung fielen und die Gräben eingeebnet wurden. Auf ihren Flächen legten die Städtebauer breite Prachtstraßen als Verbindungen zu den Vororten an. Seit den späten dreißiger Jahren setzte sich der Historismus durch, der die abendländische Baukunst etwa von 1820 bis 1920 prägte. Sein Hauptkennzeichen ist die Nachahmung historischer Baustile. Als Ausdruck des Historismus erscheinen in Prag der Ausbau des gotischen Veitsdomes durch Joseph Mocker in den siebziger Jahren und die Restaurierung der Fassade des Altstädter Rathauses. Der neue Stil fand bei den Industriebauten keine Anwendung, weil sich die Überzeugung entwickelte, daß für sie eine repräsentative Ausgestaltung nicht notwendig sei, wie auch Amtsgebäude und Wohnhäuser als reine Zweckbauten errichtet wurden. Bedeutendster Baumeister in der Periode des Historismus war Josef Zítek, ein Schüler des führenden deutschen Architekten Gottfried Semper. Nach den Plänen Zíteks entstanden 1868 bis 1883 das tschechische Nationaltheater in Prag und 1885 in Zusammenarbeit mit Josef Schulz

das als Künstlerhaus von der Böhmischen Sparkasse gestiftete »Rudolfinum« in den Stilformen der Hochrenaissance. Zítek beherrschte aber auch den »griechischen« Stil, in dem er die Karlsbader Mühlbrunn-Kolonnade gestaltete.
Architekten aus den böhmischen Ländern waren maßgeblich an der Ausbildung des Jugendstils beteiligt, der sich entschieden gegen den Historismus wandte. Hauptkennzeichen des Jugendstils sind gekurvte Linien, vegetabile, aber auch abstrakte Formen; vor allem Flammen- und Blumenornamente fanden reiche Verwendung. Zu seinen wichtigsten Vertretern in der Architektur gehörte der Prager Joseph Maria Olbrich. Er erbaute in Wien das Haus der Wiener Sezession, einer Vereinigung fortschrittlicher Künstler, in Darmstadt das Atelierhaus und den Hochzeitsturm auf der Mathildenhöhe. In Olbrichs Nachfolge wurde besonders die böhmische Hauptstadt Prag mit zahlreichen Bauten im Jugendstil durch tschechische Bürger ausgestaltet. Eine ganz andere Richtung vertrat Adolf Loos aus Brünn, der bedeutendste Repräsentant der modernen Sachlichkeit. Er lehnte die Anwendung von Ornamenten in der Baukunst völlig ab, bevorzugte aber kostbare Baumaterialien. Hauptkennzeichen seiner Arbeiten sind kubische Formen, die er auch für Wohnbauten verwendete. Loos war kein erfolgreicher Architekt, übte aber auf einige der Avantgardisten des 20. Jahrhunderts in Europa Einfluß aus. Er war Mitbegründer des »Internationalen Stils«, der sich auch in Prag und Brünn in verschiedenen Bauten aus den dreißiger Jahren belegen läßt.

Wissenschaft und Bildung

Bereits seit dem Ende des 13. Jahrhunderts reiften die Voraussetzungen für die Gründung einer Universität in Prag heran. Um den zahlreichen Studierenden aus den böhmischen Ländern an den italienischen Hochschulen und an der Universität Paris auch das Studium in der Heimat zu ermöglichen, hatte König Wenzel II. den Versuch zur Gründung einer Hohen Schule in Prag unternommen. Er scheiterte an dem Widerstand des Adels, der eine Stärkung der kirchlichen Macht befürchtete. Über 50 Jahre später bot sich unter Karl IV. in Zusammenarbeit mit der Kurie eine günstigere Konstellation. 1346 erlangte Karl die Zustimmung von Papst Clemens VI., der in einer Bulle vom 26. Januar 1347 die Genehmigung zur Einrichtung eines Generalstudiums in Prag erteilte. Gestützt auf die Entscheidung waren Vorkehrungen zu treffen, die Karl IV. mit dem Erzbischof in die Wege leitete. Auf der einen Seite ging es um die Einbeziehung der Studia generalia der Prager Mönchsorden in die Universität, auf der anderen um die Berufung von Professoren nach Prag.
Die eigentliche Gründungsurkunde vom 7. April 1348 war eine von 13 Urkunden, die König Karl IV. zur staatsrechtlichen Stellung des Reiches in einer Versammlung von deutschen und böhmischen Fürsten öffentlich ausfertigte. Mit ihr wurde ein Studium generale mit allen Fakultäten errichtet, die Doktoren, Magister und Studenten materiell absicherte, alle Mitglieder der Hochschule mit den gleichen Privilegien ausstattete, wie sie die Universitäten in Paris und Bologna besaßen. Die materielle Trägerschaft der neuen Universität ruhte auf den Schultern des Prager Erzbischofs, der zugleich auch zu ihrem Kanzler berufen worden war. In den ersten Jahren der

Regierung Wenzels IV. erlebte die Prager Universität die Zeit ihrer größten Blüte im Mittelalter. Sie war die erste Universität auf Reichsboden. Mit einer Hörerzahl von mindestens 1000 in den Jahren 1381 bis 1389 übertraf sie alle übrigen damaligen Hohen Schulen. Ihre Bedeutung lag weniger in der juristischen und medizinischen Fakultät, der Ruhm der Prager Universität gründete sich auf die Theologie und Philosophie. Nach Paris und Oxford gehörte sie zu den theologisch wichtigsten Lehrstätten. Von den vier Fakultäten war die der Freien Künste, in der die unteren Artes liberales Grammatik, Rhetorik, Dialektik und die vier oberen Artes liberales Arithmetik, Geometrie, Musik, Astronomie gelehrt wurden, am stärksten besetzt.

Die Auseinandersetzungen über das Kuttenberger Dekret von 1409 und über die Wahl von Jan Hus zum Rektor der Universität sowie das Urteil gegen ihn auf dem Konstanzer Konzil 1415 stürzten die Universität in eine schwere Krise. Nachdem sie sich nach innerem Ringen für den Laienkelch entschieden hatte, entzog das Konzil 1417 der Hochschule alle Rechte und Privilegien, bis sie wieder »reformiert« würde. Dennoch bestand sie fort, hauptsächlich in ihrer Artistenfakultät. Die Zahl der Hörer wie auch der Magister war erheblich gesunken. Nach dem Abzug der katholischen Professoren nahmen die Magister eine oppositionelle Haltung gegen die katholische Kirche ein, obwohl sie eine eher gemäßigte Richtung vertraten. Sie formulierten die Vier Artikel, die das Minimalprogramm der hussitischen Bewegung zum Inhalt hatten. Die Universität war an der Vorbereitung der Schlacht bei Lipany beteiligt, in der die radikalen Hussiten 1434 eine Niederlage erlitten. Diese Unterstützung honorierte König Sigismund, als er 1437 der Universität alle Privilegien bestätigte. 1447 stimmte Papst Nikolaus V. dieser Entscheidung zu, nachdem auch den deutschen Professoren und Magistern die Rückkehr nach Prag gestattet worden war. Doch bereits im folgenden Jahr mußten sie die Universität erneut verlassen. Georg von Podiebrad, der 1448 die Hauptstadt Prag in seine Hand gebracht hatte, erlaubte nur die Tätigkeit tschechischer akademischer Lehrer. Ein Entgegenkommen erreichte die Universität 1462. Sie setzte durch, daß die wichtigste Voraussetzung für die Berufung von Hochschullehrern der Treueid auf die Kompaktaten und auf den Laienkelch bildete. Aber damit war die Universität auf die Lehre des Utraquismus festgelegt und den Katholiken sowie den Böhmischen Brüdern nicht zugänglich.

Die Prager Universität hatte ihre Bedeutung auch deswegen eingebüßt, weil nach ihren Statuten der Erzbischof die Funktion eines Kanzlers auszuüben hatte, doch dessen Stuhl war seit 1431 vakant. König Ferdinand I. hatte unmittelbar nach Übernahme der Regierung versucht, den Einfluß der Utraquisten zurückzudrängen. Als seine Bemühungen, die Universität in eine landesfürstliche Institution umzuwandeln, scheiterten, berief er den eben erst gegründeten Orden der Gesellschaft Jesu nach Prag. 1556 richtete er im ehemaligen Kloster St. Clemens eine Akademie ein, deren Leitung er dem Niederländer Petrus Canisius übertrug. Das Jesuitenkollegium stand auch nichtkatholischen Studierenden offen. Von Kaiser Matthias erhielt die Lehranstalt 1616 alle Rechte einer Universität. Parallel zu dieser Neugründung bemühte sich die Kurie in Rom, die alte Prager Hohe Schule wiederzubeleben. Die protestantischen Professoren und Magister, die sich während des letzten Viertels des 16. Jahrhunderts dem Humanismus öffneten, fanden dagegen in Kaiser Rudolf II. einen mächtigen Förderer. Einen

harten Rückschlag mußte die katholische Kirche hinnehmen, als Rudolf II. im Majestätsbrief von 1609 den Protestanten die Religionsfreiheit gestattete. Die Universität war damit in der Hand der evangelischen Stände. Erst die Niederlage in der Schlacht am Weißen Berg veränderte die Situation zugunsten der Gegenreformation. Kaiser Ferdinand II. untersagte den vier noch in Prag lehrenden protestantischen Professoren die Lehrtätigkeit, ließ die Güter und Kollegienhäuser beschlagnahmen und entzog der Universität die Privilegien. Nachdem der Rektor zur Abdankung gezwungen worden war, verfügte der Kaiser in einem Dekret vom 22. November 1622 die Vereinigung der Universität mit der Jesuitenakademie St. Clemens. Sie wurde erst 1654 vollzogen, weil die katholische Partei sich auf ein gemeinsames Vorgehen nicht einigen konnte. Der Kaiser unterstützte die Jesuiten, die Kurie in Rom den Prager Erzbischof in seinen Bemühungen, die Eigenständigkeit der Universität zu erhalten. Kaiser Ferdinand III. hob die Vereinigung von 1622 formell auf und setzte eine Kommission zur Lösung des Konflikts ein. Sie entschied sich 1653 doch zum Zusammenschluß der beiden Institutionen, der am 4. März 1654 in der Teynkirche feierlich verkündet wurde. Die Neugründung erhielt den Namen Carolo-Ferdinandea und übernahm die bisher für beide Hohen Schulen erteilten Privilegien. Jedoch mußte die Universität eine Beschneidung ihrer Autonomie hinnehmen. Ein kaiserlicher Superintendent übte die Aufsicht aus, die sich auch auf die Kontrolle der Studienpläne erstreckte.
Im 18. Jahrhundert bemühte sich die Carolo-Ferdinandea-Universität selbst um Reformen. Erfolge erzielte sie bei der Universitätsverwaltung in Wien kaum; über die temporäre Beseitigung von Mängeln gingen die Bemühungen der Behörden nur selten hinaus. Eine wichtige Neuerung verdankte die Universität Kaiser Joseph II. 1783 ordnete er für die Wiener Universität und 1784 für die Prager Universität die Einführung der deutschen Sprache anstelle der lateinischen als Unterrichtssprache an. Nur für die Theologie, mit Ausnahme der Pastoraltheologie, und für das kanonische Recht wurde Latein beibehalten. Die Forderung, auch der tschechischen Sprache den gleichen Rang wie der deutschen einzuräumen, wurde nur in der Medizinischen Fakultät für das Fach Geburtshilfe erfüllt. Sie durfte in Deutsch und Tschechisch gelehrt werden. Als Kompromiß für die versagte Gleichberechtigung genehmigte die Regierung in Wien für Prag die Einrichtung eines Lehrstuhls für tschechische Sprache und Literatur. Er wurde 1793 mit Franz Martin Pelzel (Pelcl) besetzt. Die Studienreform von 1804 nahm einen Teil der Reformen Josephs II. zurück. Viele Vorlesungen wurden wieder in lateinischer Sprache gehalten. Seit 1804 waren auch die Lehrinhalte genau vorgeschrieben. In der Philosophischen Fakultät waren Religion, Mathematik und allgemeine Geschichte die Themen, die auf jeden Fall behandelt werden mußten. In der Rechtswissenschaftlichen Fakultät waren Strafrecht, Rechtsphilosophie und Internationales Recht verbindlich. Das Medizinstudium sollte mindestens fünf Jahre dauern, der Nachweis über die geleistete Praxis im Allgemeinen Krankenhaus am Karlsplatz in Prag stellte eine Voraussetzung für die Meldung zum Examen dar.
Die Revolution von 1848 nutzten die Studenten zu Protesten gegen die Hochschulpolitik der Wiener Zentralregierung. Ihnen schloß sich auch der Akademische Senat an, als er eine Petition deutscher und tschechischer Studierender vom 15. März 1848 übernahm, in welcher die Gewährung von Lern- und Lehrfreiheit für alle Völker in der

Habsburgermonarchie gefordert wurde. Im Rahmen dieser Bewegung entstanden in Prag zahlreiche Studentenverbindungen, in denen sich deutsche oder tschechische Studenten getrennt, aber auch gemischt zusammenschlossen. Ohne Rücksicht auf die jeweilige Nationalität bildete sich als Kampforganisation die Akademische Legion mit über 4660 Mitgliedern, an deren Spitze der Dekan der Juristischen Fakultät stand. Als allerdings tschechische Studenten die Vorherrschaft beanspruchten, zerbrach die Gemeinsamkeit. Im Mai 1849 löste die Regierung die Legion nach neuen Revolten auf. Zahlreiche Studenten wurden verhaftet und zu Strafen verurteilt, ihre Verbindungen verboten. Jedoch hatte die studentische revolutionäre Bewegung wichtige Erfolge erzielen können. Die Neuordnung der akademischen Behörden ging auf gemeinsame Proteste der Studenten und des Senats zurück. Ende September 1849 genehmigte die Regierung die Einrichtung von Kollegien, die die akademischen Lehrer, die Doktoren und die Studenten zusammenfaßten. Sie stellten die Basis für die Fakultäten dar. Mit Wirkung vom 1. Oktober 1850 trat für alle österreichischen Hochschulen eine Neuorganisation in Kraft, die das Prüfungssystem und die Berufung von akademischen Lehrern betraf. Für den Abschluß des Studiums wurde generell die Staatsprüfung oder die Promotion festgesetzt. Gesetzlich wurde die Möglichkeit verankert, daß auch ausländische Lehrkräfte berufen werden konnten. Die Professoren der Prager Universität kamen zumeist aus Deutschland. Einen einheitlichen Aufbau für alle österreichischen Hochschulen schuf das Gesetz über die akademischen Behörden vom 27. April 1873. Seitdem bestanden an allen Universitäten vier Fakultäten, die Theologie, die Rechtswissenschaft, die Medizin und die Philosophie mit jeweils einem Dekan an der Spitze. Die Kollegien wurden abgeschafft. Die Leitung der Universität übernahm der Rektor, in Prag verlor der Erzbischof die Funktion des Kanzlers.
Die Trennung der Prager Universität in eine deutsche und tschechische Karl-Ferdinands-Universität mit Wirkung vom 28. Februar 1882 beendete die Symbiose zwischen dem deutschen und tschechischen Kulturkreis. Für die Tschechen wurde die eigene Hochschule zum Mittelpunkt von Kultur und Formierung der Gesellschaft. Sie bauten die neue Bildungsstätte mit Energie, Zähigkeit und Opferbereitschaft auf. Obwohl es ihr in den ersten Jahren an Fachkräften mangelte, nahmen die Philosophische und die Rechtswissenschaftliche Fakultät ihre Tätigkeit im Wintersemester 1882/83 auf, zwei Semester später folgte die Medizinische Fakultät. In der Theologie bestand die Symbiose zwischen Deutschen und Tschechen weiter, weil Erzbischof Friedrich Fürst von Schwarzenberg die Teilung nicht akzeptierte. Erst nach seinem Tod 1891 gründete sein Nachfolger Franz Graf Schönborn im Wintersemester 1891/92 die tschechische Theologische Fakultät. Zum ersten Rektor wählte der Akademische Senat 1882 den Historiker Václav Vladivoj Tomek.
Trotz des bedeutenden wissenschaftlichen Rufes, den die deutsche Universität in Prag genoß, trat bereits vor dem Ersten Weltkrieg ein stetiger Substanzverlust ein. In der national angespannten Atmosphäre, in der es immer wieder zu Auseinandersetzungen zwischen deutschen und tschechischen Studierenden kam, zogen manche deutsche Studenten die Immatrikulation an österreichischen oder an deutschen Universitäten vor. Auch die Professoren nahmen eher Berufungen außerhalb Prags an, die Lehrstühle blieben in einigen Fällen mehrere Jahre unbesetzt. Nach Gründung der Tschechoslo-

wakei verschlechterte sich zwar die rechtliche Stellung der Prager deutschen Hochschulen, die deutsche Universität konnte aber wieder ihre vormalige Bedeutung als attraktive Institution für akademische Lehrer gewinnen. Die Zahl ihrer Hörer stieg beständig an. Hatte sie im Wintersemester 1913/14 2294 betragen, stieg sie 1919/20 auf 3065 an und erreichte 1932/33 die höchste Zahl mit 5286 Studenten. In rechtlicher Hinsicht wurde die tschechische Universität begünstigt. Nach dem Universitätsgesetz vom 19. Februar 1920 galt sie als Nachfolgerin der von Karl IV. gegründeten Hohen Schule und erhielt das Privileg, den Namen Karls-Universität zu tragen.

Das Münchner Abkommen von 1938 unterbrach vorübergehend den Zuzug von Studenten aus den traditionellen Gebieten. Weil Prag außerhalb des Reichsgaues Sudetenland lag, diskutierte die Verwaltung über eine Verlegung der deutschen Universität nach Reichenberg, das als Sitz der neuen Landesuniversität dienen sollte. Die Universität blieb jedoch in Prag, wurde aber den reichsdeutschen Universitäten angeglichen. Sie erhielt den Namen Karls-Universität. Im Mai 1945 mußte sie ihre Tätigkeit einstellen, und mit Verfügung vom 18. Oktober wurde die deutsche Karls-Universität zum 17. November 1939 rückwirkend aufgehoben. Eine große Anzahl der deutschen Professoren wurde verhaftet, eingekerkert und mißhandelt. Mehr als 30 akademische Lehrer, unter ihnen der Historiker Josef Pfitzner, fanden den Tod.

Neben der Prager Hohen Schule erlangte die zweite Universität in den böhmischen Ländern eine geringere Bedeutung. Die 1573 in Olmütz von den Jesuiten gegründete Akademie war zusammen mit dem Prager Clementinum eines der geistlichen Zentren der Gesellschaft Jesu. Drei Jahre später erhielt sie den Rang einer Universität mit den Fächern Theologie und Philosophie, denen 1679 eine rechtswissenschaftliche Abteilung angegliedert wurde. Die Jesuiten behielten die Aufsicht auch nach Aufhebung des Ordens im Jahr 1773. Der Sitz der Universität wechselte zwischen Brünn und Olmütz. Gewann sie in der ersten Hälfte des 19. Jahrhunderts den Charakter einer Volluniversität mit vier Fakultäten, verlor sie in der Jahrhundertmitte ihren einstigen Rang fast völlig. Seit 1853 bestand die mährische Universität nur noch aus der Theologischen Fakultät, die 1874 nach Olmütz zurückkehrte. Im Jahr 1887 studierten in Olmütz 240 Hörer.

Unmittelbar nach ihrer Gründung errichtete die Tschechoslowakei zwei neue Universitäten. Am 28. Februar 1919 nahm in Brünn die zweite tschechische Universität ihre Tätigkeit auf, am 29. Juni 1919 in Preßburg die slowakische Universität, die den Namen von Jan Amos Komenský (Comenius) trug. Die neuen Hochschulen wurden zunächst mit Dozenten aus Prag besetzt. Mit der tschechischen Karls-Universität pflegten die neuen Institutionen enge wissenschaftliche Kontakte, jedoch behauptete die Prager Universität ihre Vorrangstellung. Nach Ende des Zweiten Weltkrieges setzten die Universitäten in Brünn und Preßburg ihre Tätigkeit fort.

Im Bereich der technischen Bildung entstand in Prag die älteste wissenschaftliche Institution im mitteleuropäischen Raum. Sie entwickelte sich aus dem Ständischen Polytechnischen Institut, das auf Vorschlag des an der Prager Universität lehrenden Professors für Mechanik und Mathematik Franz Joseph von Gerstner durch das Hofdekret von 1806 begründet wurde. Am 10. Oktober fand die feierliche Eröffnung durch den Landesausschuß statt, der Gerstner zum ersten Direktor des Instituts berief.

Brünn, Technische Hochschule (um 1910)

Die akademischen Lehrer der Philosophischen Fakultät der Prager Universität lehrten Mathematik, praktische Geometrie, Mechanik, Hydraulik, Land- und Wasserbaukunst, Chemie. Obwohl die Unterrichtssprache Deutsch war, besuchten so viele tschechische Hörer die Vorlesungen, daß tschechische Parallelvorlesungen gehalten werden mußten. 1863 erfolgte die Umwandlung in eine zweisprachige Lehranstalt. Die Bezeichnung »Technische Hochschule« erhielt das Polytechnische Institut 1879, 1901 wurde ihr das Promotionsrecht erteilt. Die Technische Hochschule in Brünn verdankte ihre Entstehung der Gründung einer technischen Lehranstalt, die Kaiser Franz Joseph mit einem Dekret vom 13. September 1849 ins Leben rief. Mit der feierlichen Eröffnung am 14. Januar 1850 nahm die Lehranstalt ihre Tätigkeit auf. Aus dem K.k. Technischen Institut, wie die Bezeichnung 1866 lautete, entstand nach dem Gesetz von 1873 die Technische Hochschule in Brünn. 1901 wurde auch ihr das Recht zur Promotion verliehen. 1899 trat in Brünn eine tschechische Technische Hochschule neben die deutsche. Für die akademische Ausbildung in den Bergbauberufen wurde 1849 in Přibram eine Bergschule eingerichtet, welche die Tradition der Bergbauschule in St. Joachimsthal, der ältesten in Europa, fortsetzte. Den Rang einer Bergbauakademie erhielt die Anstalt in Přibram 1865, 1904 erfolgte die Gleichstellung mit den

Technischen Hochschulen als Montanistische Hochschule. 1919 wurde sie in eine tschechische Anstalt umgewandelt. Gelehrt wurden an den Technischen Hochschulen Ingenieurbauwesen, Wasserwirtschaft und Kulturtechnik, Großbauwesen und Architektur, Maschinenbau, Chemie, Elektrotechnik. Die Landwirtschaftliche Fakultät der Technischen Hochschule Prag befand sich in Tetschen-Liebwerd.
Das Schulwesen in den böhmischen Ländern läßt sich bis in das 11. Jahrhundert zurückverfolgen. Faktisch besaß die Geistlichkeit das Bildungsmonopol; an der Bischofskirche in Prag und in den Klöstern entwickelten sich eigene Schulen. Im 13. Jahrhundert hatten die Prämonstratenser eine führende Position in der Schulbildung übernommen. Ihre Schulen wurden vom Adel besucht, während das Bürgertum an Domschulen oder Kollegiatskapiteln unterrichtet wurde. Im ausgehenden 16. Jahrhundert setzten die Jesuiten die Schultradition der Prämonstratenser fort. Den Kindern des Adels, auch des protestantischen, standen die jesuitischen Bildungsstätten offen. In den Städten dagegen ersetzten die Stadtschulen die geistlichen Institute. Im 16. Jahrhundert gab es in Mähren über 100, in Böhmen über 300 Stadtschulen, allein in Prag 17 Lateinschulen. Die Stadtschulen gliederten sich in zwei Stufen: Die Unterstufe vermittelte Grundkenntnisse im Lesen, Schreiben, Rechnen und in Religion, während der Unterricht in der Oberstufe auf die Vorbereitung zum Besuch der Universität ausgerichtet war.
Eine Neuordnung des Schulwesens leitete Maria Theresia ein. Aus den Lateinschulen sollten zeitgemäße Gymnasien entwickelt werden. Von den 42 Lateinschulen in Böhmen wurden nur 13 fortgeführt, diese aber mit tüchtigen Lehrkräften besetzt. Lediglich in drei Gymnasien durfte in tschechischer Sprache unterrichtet werden, alle anderen hatten neben Deutsch Latein als Unterrichtssprache. In Mähren war die Zahl der Lateinschulen halbiert worden, von insgesamt 15 blieben acht bestehen. Einen besonderen Akzent legte Maria Theresia auf die Entfaltung des Volkschulwesens. Zur Reform und Einrichtung von Volksschulen ernannte sie Pfarrer Ferdinand Kindermann 1774 zum Oberaufseher über die Volksschulen. Er hatte den Auftrag, ein dichtes Netz von Schulen zu schaffen. In den Dörfern und Städten richtete Kindermann Trivial- und Hauptschulen ein, von denen einige als Normalschulen geführt wurden. An diesen Musterschulen wurde der Lehrernachwuchs ausgebildet. Die Prager Normalschule wie auch die Prager jüdische Normalschule galten als Vorbilder für die gesamte Monarchie. In der Regierungszeit Josephs II. hatte sich die Zahl der Schüler verdreifacht, es bestanden 2085 Volksschulen.
Die Bemühungen um das Schulwesen in den böhmischen Ländern wurden auch im 19. Jahrhundert fortgesetzt. Es gelang der Regierung in Wien, den Einfluß der Kirche auf die Schule zurückzudrängen und die Schulverwaltung als staatliche Einrichtung zu organisieren. Eine wichtige Maßnahme war 1848 die Einführung der Bürgerschule, einer dreiklassigen Aufbauschule im Anschluß an die fünfte Klasse der Volksschule. Ihr Abschluß ermöglichte den Absolventen den Eintritt in die Beamtenlaufbahn oder die gehobene Anstellung in der Industrie. Aufgrund dieser Ausbildung gelang im industriellen Bereich eine stete qualitative Verbesserung durch die rasche Übernahme technischer Neuerungen. Gegen Ende des 19. Jahrhunderts hatte die Schulausbildung einen hohen Stand erreicht. Um 1890 besuchten 95 Prozent der Schulpflichtigen

regelmäßig den Unterricht, und die Zahl der Analphabeten in allen Altersgruppen war auf unter 20 Prozent gesunken. 1912 bestanden 3691 deutsche Schulen gegenüber 5895 tschechischen. Auf Böhmen entfielen 2566, auf Mähren 842 und auf Schlesien 283 deutsche Schulen. An tschechischen Schulen gab es in Böhmen 3689, in Mähren waren 2065 und in Schlesien 141 eingerichtet. Nur ein halbes Prozent der Schulpflichtigen besuchte die Schule nicht. Auch Gymnasien bestanden in ausreichender Zahl: von den insgesamt 205 bestanden 123 in Böhmen, 67 in Mähren und 15 in Schlesien.
Im Schulwesen ergab sich 1918 nach Gründung der Tschechoslowakei keine wesentliche Veränderung. Trotz einiger Erschwernisse und dem Kampf zwischen Deutschen und Tschechen um den Bestand einer Schulklasse, wenn das Absinken der Schülerzahl aufgrund des Minderheitenrechtes zur vorschnellen Schließung der einen oder anderen deutschen Schule führte, blieb ein Schulwesen erhalten, das zu den besten in Europa zählte. Die österreichische Tradition wirkte fort, wenn auch in den deutschen Schulen von der 2. Klasse an der Unterricht in Tschechisch obligatorisch wurde. Das Schulwesen war klar und durchlässig gegliedert. Von der Volksschule und der klassisch gewordenen Bürgerschule, welche die Erste Republik unverändert bestehen ließ, über das Gymnasium und das Realgymnasium bis zu den Hochschulen paßte sich das Schulwesen den Erfordernissen der Agrar- und Industriegesellschaft völlig an. In der Zweiten Republik bestand eine zehnjährige Schulpflicht, die mit dem 6. Lebensjahr begann. An den achtjährigen Besuch der Grundschule schloß sich die zweijährige Ausbildung an einer Mittelschule an. Nach Abschluß der zehn Klassen konnte an der gleichen Schule nach weiteren zwei Jahren das Abitur abgelegt werden. Mit dem Reifezeugnis erhielt der Absolvent die Berechtigung zum Hochschulstudium.

Literatur

Das geistige Leben in den böhmischen Ländern entfaltete sich unter dem Einfluß des Christentums. Seit den Anfängen der von Regensburg ausgehenden Mission gelangte über die Geistlichen die lateinische Sprache nach Böhmen und Mähren. Seit 863 fand aber auch über die Slawenlehrer Kyrill und Methodius das von ihnen geschaffene Altkirchenslawisch Eingang in das Großmährische Reich, in dem sie eigentlich wirkten, sowie nach Böhmen. Erst im Zusammenhang mit der politischen Entwicklung und dem Niedergang der großmährischen Herrschaft verlor die altkirchenslawische Sprache ihre Bedeutung. Den Ausschlag zur Vorherrschaft des Lateinischen gaben die in dieser Sprache erzählten Lebensgeschichten der heiligen Ludmilla und des heiligen Wenzel, niedergeschrieben in Prag und im Benediktinerkloster Břevnov. Die Verfasser, deren Namen nicht bekannt sind, stützten sich auf die in Altkirchenslawisch überlieferten Legenden dieser Heiligen und stellten Versionen von ihnen in Latein her. Diese Sprache erfuhr durch die Geistlichen in der Liturgie, in der Verwaltung und in den Klosterschulen weitgehende Verbreitung.
War bis in das 11. Jahrhundert die Literatur von der Heiligenlegende geprägt, setzte sich die Chronik als Literaturgattung seit dem 12. Jahrhundert mehr und mehr durch.

Die älteste und bedeutendste Chronik ist die von Cosmas von Prag, der in seinen letzten Lebensjahren die Cronica Boemorum aufzeichnete. Als Vorbilder in Stil und Struktur dienten ihm die einheimischen Heiligenviten und Annalen, aber auch karolingische Autoren, wie Regino von Prüm. Die Chronik des Domdekans Cosmas führten der anonyme Kanoniker vom Vyšehrad, der Mönch von Sázava, der Prager Kanoniker Vinzenz und der Prämonstratenser Gerlacus fort. Die Geschichte Böhmens bis zum Ausgang des 12. Jahrhunderts ist in diesen chronikalischen Quellen niedergelegt.
Über die Klöster war die mittellateinische Literatur des 13. und 14. Jahrhunderts in den böhmischen Ländern fast vollständig bekannt, wenig bekannt waren hingegen die Schriften der klassischen lateinischen Autoren. Das 14. Jahrhundert ist in der Literaturgeschichte gekennzeichnet durch die Entstehung von Prachthandschriften aller Art. Ernst von Pardubitz, der erste Prager Erzbischof, beschäftigte dauernd mehrere Schreiber mit dem Anfertigen von Abschriften, und in den Prager Kirchen ließ er die liturgischen Bücher erneuern.
Auch Kaiser Karl IV. und seine Berater und Begleiter nahmen an der Entwicklung der lateinischen Literatur lebhaften Anteil. Karl IV. war ein ausgezeichneter Kenner der Sprache und trat mit eigenen Werken hervor. Auf seine Anregungen verfaßten Benesch Krabice von Weitmühl, Giovanni Marignola und der sogenannte Pulkawa ihre böhmischen Chroniken in lateinischer Sprache. Aus dem Kreis um den Kaiser ging das lateinisch-tschechische Wörterbuch hervor, ein Lexikon mit dem Charakter einer Enzyklopädie, als dessen Verfasser Bartholomäus Claretus gilt, der Leibarzt von Erzbischof Ernst. Auch Karl IV. soll mitgearbeitet haben. In der Zeit der Hussitenkriege erlangte die in Latein geschriebene Literatur in den böhmischen Ländern zwar nicht die Bedeutung des vorangegangenen Jahrhunderts, dennoch sind zahlreiche religiöse Schriften überliefert, wie die Berichte über das Konzil in Konstanz und verschiedene Predigtformulare. Die Utraquisten hielten an der lateinischen Sprache fest. Einen wichtigen Beitrag zur Verbreitung der lateinischen Sprache und über sie zur Übernahme des Humanismus in den böhmischen Ländern leistete Enea Silvio de Piccolomini, der Sekretär Kaiser Friedrichs III. Er verfaßte eine lateinisch geschriebene Historia Bohemica und zur Erziehung des Königs Ladislaus Postumus eine pädagogische Schrift mit dem Titel De liberorum educatione. Obwohl bereits der Kreis um Kaiser Karl IV. dem Frühhumanismus mit seinem verstärkten Interesse an Naturwissenschaften, Medizin und an lateinischen Schriftstellern den Weg bereitet hatte, konnte sich der Humanismus nur schwer durchsetzen. Als bedeutende Vermittler der literarischen und philosophischen Wiedererweckung der antiken Kultur und Kunst wirkten Bohuslav Lobkowitz auf Hassenstein und die Mitglieder der Adelsfamilie Rabstein, unter ihnen Jan und Prokop Pflug von Rabstein.
Zu Ausgangspunkten für die Entwicklung der tschechischen Literatur wurden die liturgischen Texte. Lyrik und Gesang dienten bis in das 14. Jahrhundert ausschließlich dem Lob Gottes und seiner Heiligen. Der älteste in tschechischer Sprache erhaltene Kirchengesang, das Lied Hospodin pomiluj ny – Herr, erbarme dich unser –, entstand vermutlich im 11. Jahrhundert. Eine erste Blüte erlebte die tschechische Literatur im alttschechischen Drama des 14. Jahrhunderts, angeregt durch die Vorbilder im Altfranzösischen, Mittelhochdeutschen und Mittellateinischen. Aus dem Vorlesen religiöser

Texte mit verteilten Rollen, besonders der Passionsgeschichte oder des Evangeliums von der Himmelfahrt Christi, und der Erweiterung und Ausschmückung einzelner Szenen, zumeist unabhängig von der Bibel, entwickelten sich das Marienspiel und das Quacksalberdrama. In letzterem erfuhr das Einkaufen der Salben auf dem Weg zum österlichen Grab eine Ausweitung zur Marktszene in derbem Realismus. Ebenfalls im 14. Jahrhundert setzte sich die Dichtung von Legenden fort, wie sie seit den altkirchenslawischen Heiligenlegenden des 9. und 10. Jahrhunderts bekannt waren. In den neuen Zyklen bauten die Verfasser die Stoffe durch Beschreibung ferner Länder und die Betonung der patriotischen Gefühle aus. Als weltliches Gegenstück entwickelte sich der höfische Roman. Sein bedeutendstes Beispiel wurde das 1306 entstandene Reimepos Alexandreis, von dem acht Fragmente erhalten sind. Es handelte sich um die Übersetzung eines französischen Gedichts über Alexander den Großen. Der Entwicklung der tschechischen Sprache gab die Reimchronik des sogenannten Dalimil von 1315 wichtige Impulse. Mit ihr fand die tschechische Sprache erstmals Eingang in die Geschichtsschreibung. Unter dem Eindruck des Zusammenbruchs der Politik Přemysl Otakars II. 1278 brachte der Autor die Abneigung vor allem des niederen Adels gegen Bürgertum und deutsche Siedler zum Ausdruck. Ihnen gegenüber stellte er die Bedeutung des einheimischen Volkes und seiner Sprache heraus.
Für die Ausbildung des Tschechischen als Literatursprache wirkte die hussitische Bewegung bahnbrechend. Als Sprache der Predigt, der Liturgie und des Kirchengesangs erhielt sie zunehmend Gewicht. Die Bibelübersetzungen, entsprechend den Vorlagen aus dem 14. Jahrhundert, wie die Wittingauer Bibel, die Olmützer und die Boskowitzer Bibel, trugen zur Verbreitung der Sprache bei. Die erste Ausgabe des Neuen Testaments von 1564, die Kralitzer Bibel zwischen 1579 und 1588, die Gramatika česká (Böhmische Grammatik) von 1571 und nicht zuletzt die Orthographica (1406) von Jan Hus, in der er als erster diakritische Zeichen einführte, setzten die Normen für die tschechische Literatursprache, die bis zum Beginn der nationalen Wiedergeburt im 18. Jahrhundert verbindlich blieb. Durch die Niederlage in der Schlacht am Weißen Berg reduzierte sich das Tschechische auf das Niveau einer bäuerlichen Umgangssprache, weil die Schriftsprache nur in der Emigration weiterlebte. Dort entstanden die historischen Darstellungen der böhmischen Entwicklung wie beispielsweise die von Andreas Haberwaschl von Habernfeld oder die von Pavel Stránský. Der bedeutendste Vertreter der tschechischen Literatur war der Bischof der Unität der Böhmischen Brüder Johann Amos Comenius (Komenský). Im Exil vollendete er seine wichtigsten Publikationen zu Politik, Pädagogik, Theologie wie die Orbis sensualium pictus, Didacta magna und Janna Linguarum reservata.
Einen bedeutenden Einfluß auf die Entwicklung der tschechischen Literatur hatte der Schriftsteller und Geschichtsphilosoph Johann Gottfried Herder. Im 16. Kapitel seiner 1784 bis 1791 erschienenen »Ideen zur Philosophie der Geschichte der Menschheit« charakterisierte er die Slawen als unverbraucht, friedlich, fleißig und musikalisch, die von den Germanen, Franken und Deutschen unterdrückt worden waren. Diesem Volk würde nach Ansicht Herders aber die Zukunft gehören. 1805 wurde das Slawenkapitel in der Übersetzung Josef Dobrovskýs erstmals auf Tschechisch publiziert. Nicht nur bei den Tschechen, auch bei den Deutschen entstand eine Begeisterung für die Slawen

und ihre Literatur. Unter diesem Einfluß baute der Gymnasiallehrer Josef Jungmann die tschechische Literatursprache auf, einerseits durch Übersetzungen der Weltliteratur ins Tschechische, andererseits durch seine Geschichte der tschechischen Literatur und sein tschechisch-deutsches Wörterbuch. Unter den Autoren, die den Gedanken der Wiedergeburt literarisch untermauerten, befanden sich in der ersten Hälfte des 19. Jahrhunderts zahlreiche katholische Geistliche. Ausdruck der revolutionären Bewegung um die Mitte des 19. Jahrhunderts waren die satirischen Dichtungen von Karel Havlíček Borovský. Seine Erzählung über die Taufe des heiligen Vladimir von Rußland stellt eine Satire auf die römisch-katholische Kirche dar. In seinem Schaffen bemühte er sich, den naiven Patriotismus der älteren Generation der Tschechen lächerlich zu machen. Im Vormärz entwickelten sich vorwiegend aus Kreisen radikaldemokratischer Intellektueller literarische Zirkel, die nach der Revolution von 1848 in der Literatur Einfluß gewannen. Großes Interesse erweckte die Erzählerin Božena Němcová 1854 mit ihrem stimmungsvollen Roman Babička (Die Großmutter). Sie verband die nationale Komponente bewußt mit den liberalen und sozialen Strömungen ihrer Zeit.

Vorübergehend entfernte sich die tschechische Literatur von der Behandlung des nationalen Elements. Einfluß errang eine Gruppe von Autoren, die sich dem Kosmopolitismus zuwandte. Ihr bester Vertreter um die Mitte des 19. Jahrhunderts war Jan Neruda (1834–1891), der als Lyriker, Novellist und Journalist arbeitete. Sein bekanntestes Werk sind die »Kleinseitner Geschichten«, die literarisch an den deutschen Dichter Wilhelm Raabe erinnern. Unter dem Einfluß des Historikers Palacký wandte sich ein Kreis von Schriftstellern um die gleiche Zeit der historischen Thematik zu. Svatopluk Čech beschäftigte sich mit der Epoche von den Hussitenkriegen bis zur Schlacht am Weißen Berg, der katholische Priester Beneš Třebízský mit dem religiösen Konflikt zwischen katholischer Kirche und Hussiten. Der wichtigste Vertreter dieser Gruppe war Alois Jirásek. Er verfaßte mehrere Romanzyklen über historische Themen, unter anderen über König Wenzel IV. und über einen Bauernaufstand der Choden im Böhmerwald um Taus. Zu den besten Literaten in der zweiten Hälfte des 19. Jahrhunderts zählte der unter dem Pseudonym Jaroslav Vrchlický bekannt gewordene Schriftsteller Emil Frída (1853–1912). Er pflegte in vollendeter Form alle Gattungen literarischen Schaffens. Nachhaltigen Einfluß auf das Geistesleben des tschechischen Volkes nahm er mit kongenialen Übersetzungen aus der Weltliteratur.

Das ausgehende 19. Jahrhundert ist durch zwei literarische Strömungen gekennzeichnet. Auf der einen Seite kam es in der tschechischen Literatur zu einer Hinwendung zum Katholizismus. Eine Schule von Schriftstellern gab religiösen Themen wie im Mittelalter und in der Barockzeit breiten Raum. Sie wurde begünstigt durch den Symbolismus der Jahrhundertwende mit seiner metaphysischen Welteinstellung. Jakub Deml, Jaroslav Durych und Jan Čep waren ihre wichtigsten Repräsentanten. Auf der anderen Seite wandte sich ein Kreis von Autoren dem kritischen Realismus zu, den besonders der Literaturkritiker und Dichter František Xaver Šalda und der in Wien wirkende Schriftsteller Josef Svatopluk Machar vertraten. Šaldas Neigung zu Johann Wolfgang von Goethe und seine gleichzeitige Vorliebe für das französische Geistesleben sowie Machars Verknüpfung sozialrevolutionärer Ideen mit dem Kult der starken Persönlichkeit Friedrich Nietzsches übten auf die tschechische Literatur großen Einfluß aus. Neben den beiden Richtungen hatte sich Petr Bezruč, eigentlich Vladimír Vašek, unabhängig von ihnen zum bedeutendsten politischen Lyriker entwickelt. In seinen »Schlesischen Liedern« von 1903 kämpfte er gegen nationale und soziale Mißstände im mährisch-schlesischen Industrierevier. Durch die Übertragung von Franz Werfel ins Deutsche wurden die Gedichte seit 1929 einem weiten Leserkreis zugänglich.

Die bedeutendsten Erzähler der Ersten Tschechoslowakischen Republik waren Jaroslav Hašek und Karel Čapek. Mit seiner Satire auf das alte Österreich in den »Abenteuern des braven Soldaten Švejk während des Weltkrieges« hatte Hašek in den Jahren 1920 bis 1923 ein Werk geschaffen, das in die Weltliteratur Eingang fand. In der Tschechoslowakei galt der Roman als unwürdige Literatur, sein Autor wurde totgeschwiegen, weil er angeblich die tschechische Nation beleidige. Anerkennung verschafften ihm der deutsche Schriftsteller Kurt Tucholsky und der österreichische Journalist Willy Haas, auf deren Initiative auch 1927 die erste Übersetzung ins Deutsche erschien. Karel Čapek verfaßte neben meisterhaften, von tiefer Humanität geprägten Prosadichtungen auch gleichnishafte Dramen und zeitkritische Essays. Er beschäftigte sich mit Themen des wissenschaftlich-technischen Fortschritts und Fragen der modernen Zivilisation, die er überwiegend satirisch behandelte. Um die Mitte der zwanziger Jahre formte sich um die marxistisch-proletarische Dichtergruppe »Devětsil« (Neunkraft) der tschechische »Poetismus«, eine literarische Avantgardebewegung. Sie entstand zur gleichen Zeit wie der französische Surrealismus und war mit ihm verwandt. Die Schriftsteller Jiří Wolker, Konstantin Biebl, Josef Hora und Vitězslav Nezval setzten neue Maßstäbe, indem sie die experimentellen Kunstrichtungen des russischen Futurismus und des deutschen Dadaismus aufgriffen. Einfluß hatte aber auch der »Internationalismus« der Oktoberrevolution. Stanislav Kostka Neumann, Jindřich Horejši, Jaroslav Seifert, auch der Essayist Julius Fučík gehörten dieser literarischen Richtung an. Die Dichterinnen Marie Majerová und Marie Pujmanová standen den Kommunisten nahe. Als der Druck Stalins auf die Kommunistische Partei sich verstärkte, verließen die meisten Schriftsteller die Partei, sei es freiwillig, sei es durch Ausschluß. Der wichtigste Vertreter der Gegenposition war Karel Čapek; zu diesem Kreis zählten auch der Schriftsteller František Langer und der Publizist Ferdinand Peroutka. Sie wirkten ebenfalls gesellschaftskritisch, wie auch die »Katholische Moderne« einen Gegenpol zur kommunistisch geprägten Richtung der Literatur darstellte. Zur Protektoratszeit erlosch das literarische Schaffen der Tschechen fast vollständig. Die Schriftsteller gingen in den Untergrund, wenn sie nicht unmittelbar Verfolgung erleiden mußten.

In der Literatur der Slowakei ergab sich aus der Gründung eines mit den Tschechen gemeinsamen Staates 1918 eine neue Ausrichtung. Die jahrhundertlange Orientierung des kulturellen Lebens nach Budapest bestand seit 1918 nicht mehr. Schon in der ersten Hälfte des 19. Jahrhunderts hatte sich unter den Schriftstellern ein Realismus entwikkelt, der seine Wurzeln im Slawischen hatte. Sie beschäftigten sich mit Themen aus dem bäuerlichen Bereich, aber auch mit der Darstellung des Lebens in der slowakisch-

magyarischen Kleinstadt. Neben der Wiederbelebung der nationalen Kultur bemühten sich viele Schriftsteller in der Slowakei um die Verbreitung der Weltliteratur durch die Übersetzungen in die wiedererweckte slowakische Sprache. Der bedeutendste Literat im ausgehenden 19. Jahrhundert war Pavol Országh-Hviezdoslav, der viel übersetzte. In seinem eigenen Schaffen überwog der Einfluß des Realismus westeuropäischer Prägung. Nach 1918 blieb in der Literatur der Slowakei die nationale Frage weiterhin aktuell. Die slowakischen Schriftsteller waren im Gegensatz zu vielen tschechischen dem katholischen Glauben treu geblieben. Um den Lyriker Ignatz Grebač Orlov und den Erzähler Tichomír Milkin entstand die Schule der Katholischen Moderne. In Opposition zu ihr stand eine Gruppe von Literaten, die sich mit sozialrevolutionären Themen befaßten. Ihre wichtigsten Vertreter waren Laco Novomesky, Jan Jesnský, Petr Jilemnický und Jan Smrek. Beide Kreise verstärkten die Übersetzungstätigkeit aus Werken der Weltliteratur. Seit der Mitte der zwanziger Jahre verbreiteten die slowakischen Verlage Übertragungen aus englischen, französischen und deutschen klassischen Publikationen in beträchtlichem Umfang. In den dreißiger Jahren hatte sich in der slowakischen Literatur die Einteilung in politische »Lager« weitgehend verfestigt, das eine war nationalistisch, das andere sozialistisch ausgerichtet.
Die Entwicklung der deutschen Literatur in den böhmischen Ländern begann im Zeichen des Christentums. Die Pflege der christlichen Dichtung in den seit dem 13. Jahrhundert verstärkt entstehenden Ordensgemeinschaften bildete die eine Wurzel, während die andere vom Minnesang ausging, der am Hofe des böhmischen Königs um die gleiche Zeit seine Blüte erlebte. Die Přemysliden hatten Minnesänger nach Prag berufen, wo seit Wenzel I. Reinmar von Zweter, ein Schüler Walthers von der Vogelweide, Meister Sigeher und Friedrich von Sonnenburg wirkten. Wenzel II. förderte ebenfalls den deutschen Minnesang und dichtete selbst Minnelieder in deutscher Sprache. Unter Johann von Böhmen und Karl IV. spielten die Minnesänger in Prag keine Rolle mehr. Der letzte am Prager Hof war Heinrich von Mügeln.
Im 14. Jahrhundert leistete die Kanzlei Kaiser Karls IV. einen wichtigen Beitrag zur Entwicklung der deutschen Sprache. Für die Reichsurkunden wurde eine Regionalsprache verwendet, wie sie in Eger und Nürnberg, wohl auch in Regensburg in Gebrauch war. Wenn sie auch nicht so einheitlich war, wie die Sprachforschung früher annahm, ging von dem repräsentativen Medium der Urkunde Karls IV. eine überlandschaftliche Wirkung auf die Entfaltung des Frühneuhochdeutschen aus. Johann von Neumarkt, der Kanzler des Kaisers, der auch literarisch tätig war, benutzte die Sprache der Prager Kanzlei in seinen religiösen Dichtungen und Übersetzungen lateinischer Werke. Insbesondere sein umfangreiches Gebetbuch, das er als Bischof von Olmütz für die Markgräfin Elisabeth von Mähren 1375 zusammenstellte, fand in Böhmen, Mähren und Schlesien, Österreich und Bayern weite Verbreitung, und mit den Gebeten wurde auch die Sprache bekannt. Auf die Höhe sprachkünstlerischer Vollkommenheit hob Johann von Tepl die Prager Geschäftssprache. In seinem bald nach 1400 verfaßten Prosawerk »Der Ackermann aus Böhmen« ging der Sprachstil der böhmischen Schule in die deutsche Literatur ein. Das Streitgespräch des Ackermanns mit dem Tod, der ihm die geliebte Ehefrau raubte, ist trotz seines neuen Stils seinem Gehalt nach im wesentlichen noch aus dem geistigen Gut des Mittelalters gespeist. Eine unmittelbare

Leutschau, Rathaus und Stadtkirche

Wirkung übte Johann von Tepls Werk auf sein tschechisches Gegenstück »Tkadleček« – der Weber oder das Gespräch zwischen dem Kläger und dem Unglück – aus. Die Klagen über die Untreue der Geliebten erreichen aber nicht die literarische Qualität des Vorbilds.
Das literarische Schaffen des 15. und 16. Jahrhunderts war durch Übersetzungen der Heiligen Schrift und die Zusammenstellung von Gesangbüchern bestimmt. Protestantische Lieder verbreiteten der Prediger Paul Speratus in Iglau und der Joachimsthaler Kantor Nikolaus Herman. Auf katholischer Seite veröffentlichten der Olmützer Domdechant Johann Leisentritt und der in Budweis, Komotau, Kaaden und Saaz tätige Pfarrer Christoph Hecyrus (Schweher) Gesangbücher. Zwar waren sie wenig verbreitet, weil die von den Böhmischen Brüdern oder Martin Luther übernommenen Lieder Anlaß gaben, den Druck der Sammlungen zu verbieten. Die gleichgerichteten Bemü-

hungen aber verdeutlichen eine die Konfessionen übergreifende geistige Bewegung, die in einer reichen Kirchenliedliteratur ihren Niederschlag fand. Im weltlichen Bereich wurden infolge der wirtschaftlichen Blüte in vielen deutschen Städten Singschulen eingerichtet, in denen der Meistersang gepflegt wurde. Im Zusammenhang mit der Erschließung des Bergbaus waren im sächsisch-böhmischen Erzgebirge, das um die Wende des 15. Jahrhunderts das wichtigste Montangebiet war, die sogenannten Bergreihen, ursprünglich Lieder der Bergleute, entstanden. Während des 16. Jahrhunderts kam es zur weiten Verbreitung dieser Bergreihen, denen nun aber auch andere volkstümliche Lieder zugerechnet wurden. Zur Zeit der militärischen Bedrohung durch das Osmanische Reich erlangten die Türkenlieder große Beliebtheit. Diese sowohl von der katholischen wie der evangelischen Kirche geförderte Gattung sollte die Bereitschaft zur Abwehr des »Antichristen« stärken, dessen Kommen mit der Vorstellung vom Weltuntergang verbunden wurde. Charakteristisch für jene Epoche ist die Hinwendung zur Geschichte. Eine große Zahl von Stadtchroniken, aber auch umfassende historische Darstellungen wurden verfaßt. So traten Kaspar Bruschius, Zacharias Theobald, Martin Boregk als Autoren von Geschichtswerken in das Licht der Öffentlichkeit.

Um die Wende vom 16. zum 17. Jahrhundert kam es unter italienischen und französischen Einflüssen zur Entstehung des Kunstliedes, das als neue literarische Gattung vor allem in den höheren Gesellschaftsschichten beliebt wurde. In Prag wirkten der Italiener Gregorio Turini und der Niederländer Jakob Regnart, die mit ihren »Neuen Teutschen Liedern« dem Reichenberger Christoph Demantius mit seinen Natur- und Liebesliedern sowie dem aus der Pfalz stammenden Theobald Hoeck, in dessen Sammlung »Schönes Blumenfeld« sich schon der Barock ankündigt, zum Vorbild wurden. Die nach der Schlacht am Weißen Berg einsetzende Gegenreformation scheint die weitere Entwicklung der weltlichen Dichtkunst unterbrochen zu haben. Zumindest ist an weltlicher Dichtung fast nichts überliefert worden. Die im 17. Jahrhundert veröffentlichte Literatur sollte die Rekatholisierung unterstützen, und so erscheinen verständlicherweise zahlreiche Sammlungen von Kirchenliedern. Es handelte sich um Zusammenstellungen von alten Liedern, wie sie im Volk seit langem gesungen wurden. Nur zum Teil fanden neue Texte Eingang in die Gesangbücher. Der Jesuit Matthias Schuffenhauser publizierte 1686 in Prag die »Lyra Ethica, Sittlicher Lautenklang«, in der lateinische Gedichte mit deutschen Übersetzungen und Anmerkungen enthalten waren. Eine gleichartige Sammlung gab 1690 der ebenfalls der Gesellschaft Jesu angehörende Bartholomäus Christelius unter dem Titel »Zodiacus laetofatalis, Lustiges Sterbejahr« heraus. Über den aufklärerisch-religiösen Inhalt seines Werkes hinaus versuchte er, ihm eine humoristische Note zu geben.

Einen Aufschwung in der Literatur bewirkten erst die Reformen Maria Theresias und Josephs II. Das Hofdekret zur Pflege der deutschen Sprache 1773, die Aufhebung des Jesuitenordens im gleichen Jahr und die Milderung der Zensur 1781 schufen dafür die Voraussetzung. Seit 1771 entstand eine Reihe von Zeitschriften, die zur Entwicklung der Literatur beitrugen, obwohl manche von ihnen sehr kurzlebig waren. Sie schärften das literarische Bewußtsein breiter Schichten. Auch im Bereich des Theaters bahnten sich entscheidende Veränderungen an. Die Bemühungen um die deutsche Bühnenkunst waren an der Dramaturgie Gotthold Ephraim Lessings orientiert. Sie erhielten Unterstützung, als 1783 das »Gräflich Nostizsche« Nationaltheater, das spätere Ständetheater, mit der glanzvollen Vorstellung der Lessingschen Emilia Galotti eröffnet wurde. Diese Art der Aufführungen entsprach trotz ihrer Qualität nicht dem Geschmack des breiten Publikums, und es sollte noch lange dauern, bis das klassische Theater sich gegen die die Spielpläne dominierenden Komödien und Possen durchsetzen konnte.

Die gesamteuropäische Erscheinung, daß die Epoche der Aufklärung eine naturhaft-irrationale Gegenbewegung auslöste, aus der sich die Romantik entwickelte, wirkte sich in den böhmischen Ländern literarisch vor allem im Bereich der Prosa aus. Die deutsche Bewegung des »Sturm und Drang« fand ein Echo in einer Flut von Räuber- und Rittergeschichten, die jeder künstlerischen Qualität entbehrten. Die Romantik, die sich in Böhmen an der Wende zum 19. Jahrhundert durchsetzen konnte, hat zwei Strömungen hervorgebracht, die sich in verschiedene Richtungen entwickelten. Ihre Naturphilosophie bewirkte eine Rückbesinnung auf Geschichte und Volkstum, ihre religiöse Ausrichtung führte zu einer intensiven Betrachtung der Zusammenhänge von Mensch und Natur und damit zu einer neuen Ethik. Diese mündete im sozialen Engagement des literarischen Realismus. Auch bei den Vertretern der deutschen Literatur in den böhmischen Ländern hatte Johann Gottfried Herders Interpretation der slawischen Völker eine Slawenbegeisterung ausgelöst. Karl Egon Ebert und Joseph Georg Meinert beschäftigten sich mit der Sagenwelt der Slawen, Moritz Hartmann und Alfred Meißner mit der hussitischen Bewegung. Sie gehörten dem Dichterkreis an, den Adolf Gerle ins Leben gerufen hatte. Meinert erwarb sich besondere Verdienste, indem er, den Anregungen Herders folgend, der zur Sammlung und Erneuerung des Volksliedes aufgerufen hatte, volkstümliches Liedgut aufzeichnete. Seine 1817 erschienenen »Alten teutschen Volkslieder in der Mundart des Kuhländchens« stehen ganz am Anfang der Reihe der Volkslied-Ausgaben in den deutschsprachigen Ländern, die mit Achim von Arnims und Clemens Brentanos »Des Knaben Wunderhorn« 1806/08 beginnt. In den vierziger Jahren des 19. Jahrhunderts trat die allgemeine Begeisterung für die Völker erweckenden freiheitlichen Ideen in den Vordergrund. War diese Bewegung zunächst gemeinsam von Deutschen und Tschechen getragen worden, so führten die Ereignisse um die Revolution von 1848 zur Polarisierung, vor allem bei den Tschechen. Noch zwei Jahre zuvor hatte Meißner in seinem Roman »Žižka« die hussitische Revolution als einen gemeinsamen Kampf um die Freiheit betrachtet. 1848 begrüßte er in seinen Liedern den Zusammenschluß der deutschen Stämme in einem gemeinsamen Reich. Hartmann dagegen gab seiner Enttäuschung über das Scheitern der Frankfurter Deutschen Nationalversammlung, der er als Abgeordneter angehört hatte, Ausdruck in seiner »Reimchronik des Pfaffen Mauritius«.

Die deutsche Dichtung in Böhmen erreichte mit Adalbert Stifter, der aus Oberplan im Böhmerwald stammte, die Hochform des Realismus. In seinen Frühwerken herrscht der Geist Jean Pauls, der mit seiner klassisch-romantischen Erzählkunst damals Stifters bewundertes literarisches Vorbild war. Später vollzog er die Hinwendung zur Weimarer Klassik. Jetzt waren es Goethe und Schiller, deren Werke für ihn zum künstlerischen Maßstab wurden und in deren Tradition er sich bewußt stellte. Stifters epische Kunst gipfelt gegen Ende seines Lebens in den beiden großen Werken »Nachsommer« und »Witiko«. Der Erziehungs- und Bildungsroman »Nachsommer« verdeutlicht Stifters Ideal einer reifen und geläuterten Menschlichkeit. Ähnlich suchte der Dichter auch in seinem Roman »Witiko«, der in die Zeit des Přemyslidenherzogs Vladislav II. zurückführt, die Welt der Geschichte nach den ewigen Gesetzen des Rechten und Wahren zu gestalten. Es war für Stifter ein großes Anliegen, dem politisch-nationalen Antagonismus eine Absage zu erteilen und die übernationale Bejahung des Staates in den Vordergrund des Zusammenlebens zwischen Tschechen und Deutschen zu stellen. Den Rang Stifters erreichte keiner der in Böhmen und Mähren um die Jahrhundertmitte wirkenden deutschen Schriftsteller. Erst Marie von Ebner-Eschenbach, eine geborene Dubský von Třebomyslice aus Zdislawitz bei Kremsier in Mähren, gelang es wieder, ein Werk von europäischer Bedeutung zu schaffen. Ihre Dichtung ist geprägt von einer stark entwickelten Menschlichkeit. Marie von Ebner-Eschenbach schildert kritisch das Leben des österreichischen Hochadels, des Kleinbürgertums und der bäuerlichen Welt in Mähren.

Grundsätzlich erweist sich die Zuordnung der in den böhmischen Ländern in deutscher Sprache schreibenden Schriftsteller zu einer Nationalliteratur als schwierig. Für die tschechische Literatur scheint der eindeutige Befund zu gelten, ihr zuzurechnen ist derjenige, der in Tschechisch schreibt. Hingegen gibt es für die deutschsprachige Literatur dieses Raumes keine klare Festlegung. Sie wird in Literaturgeschichten als deutsche Dichtung oder als Dichtung in den böhmischen Ländern begriffen. In diesem Zusammenhang können Geburt oder Herkunft nicht als Einordnungskriterien gelten. So wurde Marie von Ebner-Eschenbach in ihrer Jugend tschechisch erzogen. Zur deutschen Literatur gehören aber auch alle deutschsprachigen jüdischen Schriftsteller, die im 19. und im ersten Drittel des 20. Jahrhunderts das kulturelle Leben in den böhmischen Ländern mitgeprägt haben.

Für die deutsche Literatur nach der Gründung der Tschechoslowakei wirkte sich negativ aus, daß die Sudetendeutschen kein Zentrum besaßen, wie es Prag für die Tschechen war. Häufig bestanden von deutscher Seite gegen die Hauptstadt emotionale Vorbehalte, weil in Prag die Tschechen dominierten. So entstanden unter den deutschsprachigen Autoren zwei Richtungen. Die eine, eher provinziell ausgerichtet, war auf die Heimatdichtung im besten Sinne des Wortes eingeengt. Die Werke von Gustav Leutelt, dem genauen Schilderer des Isergebirges, Hans Watzlik, dem Erzähler des Böhmerwaldes, und Anton Günther, dem Dichter aus dem Erzgebirge, waren von dem Bewußtsein getragen, das deutsche Kulturgut in einem humanen Sinne wahren zu müssen. Andere Schriftsteller, wie Bruno Brehm, Wilhelm Pleyer oder Erwin Guido Kolbenheyer, näherten sich über einen großdeutsch-österreichischen Patriotismus der aufkommenden nationalsozialistischen Ideologie. Die zweite Richtung der deutschen Dichtung in den böhmischen Ländern war schon kurz nach der Jahrhundertwende entstanden. Junge Autoren sammelten sich um Max Brod und Franz Werfel in Prag mit dem Ziel, über den Idealismus ein Gegengewicht gegen die nationalen Bestrebungen zu schaffen. Die Schriftsteller entstammten zumeist dem deutsch-jüdischen Milieu: Franz Werfel, Max Brod, Franz Kafka sowie der Journalist Egon Erwin Kisch, der die Reportage in eine Kunstform überführte. Ihr Wirken war, wie auch das Rainer Maria

Rilkes, von Prag ausgegangen, hatte aber seine Entfaltung im deutschen und österreichischen Raum erfahren.

Werfel hatte mit expressionistischer Lyrik begonnen, die unter dem Einfluß der erregten Geistesverfassung der Zeit und der Erschütterung durch den Ersten Weltkrieg ins Metaphysische drang. Der Bestimmung des Menschen legte er eine Schuld-Sühne-Vorstellung zugrunde, in der sich jüdische und christliche Glaubensformen verbanden. In die katholische Welt versetzten die Romane »Der veruntreute Himmel« und »Das Lied von Bernadette«. Seine Werke sind für die geistige Situation Prags symptomatisch. Die Suche nach einem Ausgleich zwischen der christlichen und jüdischen Konfession, die er in tragischer Gemeinschaft aufeinander bezogen sah, verband ihn mit Brod, der Werfel entdeckt und unterstützt hatte. Beide waren mit Franz Kafka befreundet, der zu seinen Lebzeiten nur wenig veröffentlicht hatte. Entgegen seinem Willen gab Brod nach Kafkas Tod als Verwalter seines Nachlasses die Romane »Amerika«, »Der Prozeß« und »Das Schloß« heraus, da er ihre literarische Bedeutung erkannt hatte. Mit seinem Werk gewann Kafka großen Einfluß auf die moderne Literatur durch Gestaltung der alles durchdringenden Angst inmitten einer gefallenen, unerlöst bleibenden Schöpfung.

Nach der Machtergreifung Hitlers wurde die Tschechoslowakei für einige Jahre mit der Gründung des Malik-Verlages in Prag, geleitet von einem führenden Vertreter der deutschen Emigration, Wieland Herzfelde, zum Zufluchtsort der deutschen, zum Teil sozialistisch orientierten Literatur. Mit der Vertreibung der Deutschen als Folge des Zweiten Weltkrieges waren vorerst endgültig alle Grundlagen für eine deutschsprachige Literatur in der Tschechoslowakei zerstört worden.

Wirtschaft

Landwirtschaft

In den böhmischen Ländern vollzog sich im 12. Jahrhundert auf Einladung des Landesherrn die planmäßige Ansiedlung von Bauern. Den Siedlungswilligen aus Bayern, Schwaben, Hessen, Sachsen und Westfalen wurde das Angebot unterbreitet, sich in den östlich ihrer Heimat gelegenen Gebieten niederzulassen. Steuerfreiheit meist für ein Jahrzehnt, mäßiger Zins, dauernde Freiheit von der Fron sollten den Neusiedlern gewährt werden, die vor allem mit der modernen Agrartechnik und den Produktionsmethoden vertraut waren, wie sie sich seit dem 11. Jahrhundert entwickelt hatten. Sie brachten das System der Dreifelderwirtschaft, des Wechsels von Winter-, Sommergetreide und Brache, mit sowie landwirtschaftliche Geräte, die eine intensivere Bearbeitung des Bodens ermöglichten. Von Niederösterreich wurde im 12. Jahrhundert Südmähren deutsch besiedelt, im 13. Jahrhundert gelangten Siedler aus Bayern bis nach Nordmähren und Schlesien. Im Altsiedelgebiet der Tschechen beschränkte sich die deutsche Niederlassung auf die Böhmisch-Mährischen Höhen, im Grenzgebiet des Egerlandes und des Böhmerwaldes siedelten sich bayerische Bauern an. Der Landesausbau, der zu einer Verdichtung der Bevölkerung führte, brachte für Grundherren und Siedler gleichermaßen Vorteile. Das den Kolonisten gewährte neue Recht bedeutete für sie eine Verbesserung ihrer Rechtsstellung. Die neu entstehenden Gemeinden konnten sich selbst verwalten und die niedere Gerichtsbarkeit ausüben. In jener Periode hatten die Bauerngüter einen Umfang von 20 bis 30 Hektar Größe. Diese mittleren Höfe blieben, wenn sie im Verband der Reihenhufendörfer lagen, bis 1945 bestehen. Im 14. Jahrhundert zeichnete sich ein starker Rückgang in der Siedlungsbewegung ab. Die Pest, die um die fünfziger Jahre viele Opfer forderte, und die beginnende Einengung der bäuerlichen Freizügigkeit verminderten die Bereitschaft zum weiteren Landesausbau.

Unter den luxemburgischen Herrschern gelang es dem Adel mehr und mehr, die politische Macht in die Hand zu bekommen. Der Ausbau des Großgrundbesitzes führte zur Minderung des Einkommens der Bauern, die nicht nur den fixen Pachtzins an den Grundherrn, sondern auch die Berna generalis, die Steuer des Königs, sowie den Bischofs- und Pfarrzehnt zu entrichten hatten. Während der Hussitenkriege vergrößerten die hochadligen Geschlechter ihre Wirtschaftsbasis auf Kosten der Kirche und der Klöster. Gleichzeitig gelang es dem Adel, die Rechtsstellung der Bauern zu mindern und sie als Untertanen an die Scholle zu binden. Auch durch den Aufbau adliger Wirtschaftsbetriebe, wie beispielsweise der Fischzucht in großen Teichanlagen, die

Branntweinherstellung und das Bierbrauen erhöhten sich die Einnahmen der Großgrundbesitzer beträchtlich. Im ausgehenden 15. und beginnenden 16. Jahrhundert wuchs die Abhängigkeit der Bauern noch. Die Grundherren weiteten die Robotpflicht aus und hoben das Verfügungsrecht der Bauern über ihren Boden auf.
Unter dem Dreißigjährigen Krieg hatte vor allem die Landwirtschaft zu leiden. Infolge der Auseinandersetzungen wurden viele alte Adelsfamilien ihrer Güter enthoben, und neue Grundherren, die den König unterstützt hatten und von ihm mit Land entlohnt worden waren, traten an die Stelle der bisherigen Grundherrschaft. Die Anzahl der bäuerlichen Hofstellen halbierte sich. Die herrschaftlichen Güter legte man zu immer größeren Besitzungen zusammen. 1654 befanden sich 60 Prozent der landwirtschaftlichen Nutzfläche in der Hand von Großgrundbesitzern, 12 Prozent gehörten der Kirche, und 10 Prozent besaßen die Ritter. 18 Prozent standen im Besitz des Königs und der Städte. In Mähren hatte die Kirche 20 Prozent der Güter in Besitz; die anderen Besitzverhältnisse entsprachen etwa jenen in Böhmen. Drückende Schulden, die hohen Steuersätze und die überhöhten Abgaben an den Grundherrn lasteten auf den Bauern und verhinderten eine Erholung ihrer Wirtschaften. Der Steuerdruck stieg sogar von Jahr zu Jahr und mit jedem neuen Krieg, so daß sich die Lage der bäuerlichen Höfe zusehends verschlechterte.
Um die sehr unbefriedigenden Verhältnisse auf dem Agrarsektor zu verbessern, versuchte ein Teil des Adels mit Unterstützung des Staates, Ackerbau und Viehzucht zu intensivieren. Besonders Joseph II. ließ der Landwirtschaft seine Förderung zuteil werden. Durch den Einsatz rationeller Wirtschaftsmethoden sollten höhere Ernteerträge erzielt werden. Neben der Verbesserung der landwirtschaftlichen Geräte, der Entwicklung schwerer Pflüge und Eggen, war dem Kaiser die Ausweitung des Anbaus von Zuckerrüben im Flachland, von Kartoffeln in den Mittelgebirgen und von Flachs in den höheren Lagen zu verdanken. Es hatte sich aber schon die Erkenntnis durchzusetzen begonnen, daß die Modernisierungsmaßnahmen nur erfolgreich sein konnten, wenn sie von grundlegenden Reformen, zumal der Abschaffung der Erbuntertänigkeit, begleitet würden. Bereits 1748 war unter Maria Theresia die Verbesserung der Rechtsstellung der untertänigen Bauern dekretiert, aber nicht durchgesetzt worden. Erst unter Joseph II. wurde schließlich durch das Patent vom 1. November 1781 die Aufhebung der leiblichen Erbuntertänigkeit verfügt. Die Bauern erhielten das Recht zum Ortswechsel, der freien Berufswahl und der freien Verehelichung zugestanden. Die Abschaffung der letzten Reste von Erbuntertänigkeit und die Beseitigung der persönlichen Abhängigkeit der Bauern vom Grundherrn beschloß der Reichstag auf Antrag Hans Kudlichs 1848.
Obwohl durch die Veränderungen in den agrarischen Verhältnissen seit 1848 viele bisher vom Großgrundbesitz bewirtschafteten Meierhöfe an Pächter oder, in einzelne Parzellen aufgeteilt, an Kleinpächter abgegeben werden mußten, gehörten ihm immer noch 34 Prozent des Bodens, und noch vor dem Ersten Weltkrieg hatte sich in Böhmen, Mähren und Schlesien an dieser Situation kaum etwas geändert. Bis 1918 besaßen 150 Familien in Böhmen ein Drittel des Landes.
In der Bodenreform der Tschechoslowakischen Republik von 1919 wurden im deutschen Sprachgebiet 840 000 Hektar Land beschlagnahmt. 30 Prozent der gesamten

Fläche in diesem Raum vergab der Staat an zumeist tschechische Siedler. Der Anteil mittlerer und kleinerer Betriebe, gemessen an deren Grundbesitz, nahm auf Kosten der ehemaligen Großbetriebe zu. Die Größenstruktur in der Landwirtschaft entwickelte sich gegenläufig zu dem Konzentrationsprozeß in der Industrie. Die Neuverteilung des Grund und Bodens hemmte die Durchsetzung moderner kostensparender Methoden in Ackerbau und Viehhaltung.

Grundbesitzverteilung in der Landwirtschaft

Größengruppe in ha landwirtschaftl. Bodens	Anzahl an der Gesamtzahl der Betriebe in Prozent		Anteil am landwirtschaftl. Boden in Prozent	
	1921	1930	1921	1930
bis 2 ha	48,4	46,2	7,5	7,3
2–5	25,2	26,9	15,6	17,6
5–20	22,1	23,8	38,3	43,6
20–100	3,8	2,8	19,8	17,6
über 100	0,5	0,3	18,8	13,9
	100,0	100,0	100,0	100,0

In den böhmischen Ländern bestand eine besondere landwirtschaftliche Produktionsstruktur, die nach den Erfordernissen der österreichisch-ungarischen Doppelmonarchie entwickelt worden war. Sie wurde von der Ersten Tschechoslowakischen Republik übernommen. Nach diesem Schema gehörten Gerste (Braugerste), Malz und Hopfen zu den Exportwaren, während Brot- und Futtergetreide eingeführt werden mußten. Ähnliches galt auch für Fleisch und tierische Fette. Nur allmählich konnte die Importabhängigkeit im Bereich der Getreideproduktion abgebaut werden. In den Jahren 1931 bis 1935 wurden 12,9 Prozent des Gesamtverbrauchs an Weizen und 52,6 Prozent an Mais eingeführt, im Wirtschaftsjahr 1935/36 betrug die Importquote bei Weizen nur mehr 3,6 Prozent, bei Mais 37,7 Prozent. Planmäßige Förderung erfuhr der fast ausschließlich im sudetendeutschen Gebiet liegende Hopfenanbau. Schon 1921 wurde das österreichische Hopfen-Herkunftsgesetz von 1907 durch die Einführung einer Pflichtbezeichnung erweitert. Die Verfälschung des in Böhmen erzeugten Edelhopfens konnte dadurch vermieden werden. Zur gemeinsamen Verwertung hatten die Bauern in Saaz eine Hopfenverkehrsgesellschaft gegründet, die zur Stabilisierung der Preise ebenso beitrug, wie sie die Förderung des Hopfenexports nach Österreich, Deutschland, Frankreich, der Schweiz, Skandinavien und den Vereinigten Staaten begünstigte.

Die Krise, in die die Landwirtschaft nach dem Ersten Weltkrieg geraten war, konnte dank verschiedener gesetzlicher Maßnahmen und Selbsthilfe gegen Ende der zwanziger Jahre überwunden werden. Doch die Weltwirtschaftskrise von 1929, durch die ein Preisverfall für landwirtschaftliche Produkte eingetreten war, stellte die Agrarpolitik vor sehr schwierige Aufgaben. So bemühte sich die Regierung um internationale Vereinbarungen, um die Ausfuhr von Hafer und Gerste, Vieh und Holz zu erhöhen. Jedoch blieben diese Versuche ohne Erfolg. Mit der Einführung eines Getreidemonopols vermochte sie wenigstens für Körnerfrüchte stabile Preise zu erreichen. Sie verband mit dem Monopol aber auch eine Reduzierung der Anbaufläche, die betriebliche Umstrukturierungen unausweichlich machte. Staatliche Subventionen und genossenschaftliche Förderung ermöglichten die Beschaffung notwendiger neuer Einrichtungen für Silo- und Trockenfutter. Prämien stimulierten den Anbau von Flachs und Hanf, die besonders in den Gebirgsregionen kultiviert wurden. Die vertragliche Bindung auf die Übernahme von Getreideexporten aus den Ländern der Kleinen Entente belastete den Markt in der Tschechoslowakei nicht. Die Importe konnten in den gleichen Mengen sofort wieder nach Deutschland, Schweden, Norwegen und Finnland weitergeleitet werden. In den gebirgigen Randgebieten erhielten die deutschen Landwirte ebenfalls Unterstützung. Ihre Produktion an Milch, Butter und Eiern wurde von staatlichen Hilfsfonds aufgekauft, die für die Waldbauern wichtige Holzausfuhr gefördert, und schließlich wurden Steuererleichterungen gewährt, um die verschuldeten Landwirte zu entlasten. Hervorragend unterstützt wurden die Hilfsmaßnahmen von den landwirtschaftlichen Genossenschaften und den Landwirtschaftsvereinen. Überschattet waren die Bemühungen zum Schutz der bäuerlichen Betriebe von den sich zuspitzenden außenpolitischen Ereignissen und den innenpolitischen Auseinandersetzungen über den Weg der zukünftigen sudetendeutschen Politik.

Bergbau und Gewerbe

Seit dem Mittelalter wurden in den böhmischen Ländern Edelmetalle gewonnen und Gold gewaschen. Die böhmischen Herzöge und Könige förderten diese ihre wichtigste Einnahmequelle sehr zielstrebig. Sie beriefen ausländische Bergleute und statteten sie mit Privilegien aus. So bauten Spezialisten aus Sachsen schon vor 1188 in Mies Silbererze ab. Bereits 1174 wurde der Silberbergbau in Iglau urkundlich erwähnt, den seit 1234 vor allem deutsche, wallonische und italienische Bergleute in großem Umfang betrieben. Wenzel I. bestätigte das Iglauer Berg- und Stadtrecht und erhob die Stadt zum Obergericht für die böhmisch-mährischen und oberungarischen Bergstädte. In der ersten Hälfte des 13. Jahrhunderts wurden bei Deutsch Brod bedeutende Silberlager entdeckt, zu deren Abbau der König ebenfalls sächsische Bergleute, insbesondere aus Freiberg, berief. Aus dem unbedeutenden Marktflecken entwickelte sich rasch eine reiche Bergstadt mit eigener Münze. Auch die Stadt Kuttenberg verdankte die Erschließung ihrer Silberlager Fachleuten aus Sachsen und Thüringen, die einem Ruf Přemysl Otakars II. 1275 gefolgt waren. Die gleichbleibende Ergiebigkeit der in verhältnismäßig geringer Tiefe gelegenen Erzader brachte der Stadt einen sagenhaft gewordenen Reichtum. In der Reihe der böhmischen Städte stand Kuttenberg an der Seite der Hauptstadt Prag. 1300 gründete Wenzel II. in Kuttenberg eine Münzstätte, in der eine eigene Währung mit dem Prager Groschen, dem grossus pragensis, entstand. Dieses Zahlungsmittel war auch außerhalb der böhmischen Länder sehr anerkannt und blieb lange in Geltung. Die auf dem Edelmetallabbau basierende Blütezeit der Städte währte jedoch nur wenige Jahrhunderte. Die Erzader von Deutsch Brod war schon im 14. Jahrhundert erschöpft, die Hussitenkriege brachten den Erzabbau der anderen Städte zeitweise fast zum Erliegen. 1541 erlitt die ergiebigste

Grube in Kuttenberg einen Wassereinbruch, die Iglauer Bergwerke wurden ebenfalls durch Wasser geschädigt. Im 17. Jahrhundert verfielen die Gruben in Iglau fast völlig, zumal auch der Silbergehalt der geförderten Erze zurückging.
Der Steinkohlebergbau löste den Silberbergbau in seiner wirtschaftlichen Bedeutung ab. Bereits in der zweiten Hälfte des 16. Jahrhunderts hatte die Förderung von Steinkohle in Radlitz südwestlich von Prag eingesetzt. Im Jahr 1760 wurde das Kohlenlager von Rossitz westlich von Brünn erschlossen, fünf Jahre danach das von Kladno und 1770 die Kohlenlager im Mährisch Ostrau-Karwiner Revier. Aus bescheidenen Anfängen entwickelte sich Mährisch Ostrau rasch. Hatte die Förderung an Kohle 1782 nur 1230 Tonnen betragen, stieg sie bis 1822 auf 6670 Tonnen und hatte 1852 schon 167 830 Tonnen erreicht. Ursache für die Steigerung der Produktion war der Anschluß des Kohlereviers an die Kaiser-Ferdinand-Nordbahn, die 1847 bis Oderberg ausgebaut wurde. Sie verband diese Region einerseits mit Wien, andererseits mit Breslau und Berlin. Die Steinkohleförderung erhöhte sich stetig, und 1872 bereits betrug sie mehr als eine Million Tonnen. 1912 förderten die Gruben jährlich 9,2 Millionen Tonnen Kohle. Zur Produktion dieses Abbaugebietes kam die Förderung im Kohlerevier Kladno-Schlan mit rund einer Million Tonnen in den Jahren vor dem Ersten Weltkrieg, während aus den Lagerstätten bei Rossitz rund 500 000 Tonnen gewonnen wurden. Von geringerer Bedeutung waren die Steinkohlevorkommen in den Becken Pilsen-Raudnitz und Schatzlar bei Trautenau. Die Förderung an Steinkohle insgesamt hatte sich bis zum Jahr 1937 auf 17 Millionen Tonnen im Jahr gesteigert. Braunkohle wurde abgebaut im Nordwestböhmischen Braunkohlebecken bei Brüx, Dux und Bilin, im Falkenau-Elbogener Becken, bei Grottau im Lausitzer Gebirge, bei Joachimsthal und in Südmähren bei Gaya und Göding. Nachdem im Jahr 1913 23 Millionen Tonnen gefördert worden waren, ging die Produktion allmählich zurück. Sie betrug im Jahr 1937 nur mehr 16 Millionen Tonnen. In der Kohlewirtschaft hatten die böhmischen Länder eine Schlüsselposition in der Donaumonarchie eingenommen. Vom gesamten Aufkommen förderten sie bei der Steinkohle drei Viertel, bei der Braunkohle zwei Drittel.
Der Aufschwung der städtischen Wirtschaft hatte unter Johann von Böhmen eingesetzt. Die Städte erwarben für den Handel wichtige Privilegien, die vor allem den Schutz der einheimischen Kaufleute garantierten. Von ausschlaggebender Bedeutung für die böhmischen Städte wurde der Transithandel, die Vermittlung des Warenverkehrs zwischen den oberdeutschen Städten und Ungarn. Das Gewerbe hatte sich in den böhmischen Ländern aber nur allmählich entwickelt. Allein im Rahmen der Zunftordnungen konnte sich das Handwerk entfalten, die sich bald hemmend auf den Gewerbefleiß auswirken sollten. Hatte sich schon eine spürbare wirtschaftliche Stagnation gegen Ende des 14. Jahrhunderts angezeigt, war als Folge der Hussitenzeit der Niedergang von Handel und Handwerk eingetreten und die Wirtschaftskraft der Städte nicht zuletzt durch die Vertreibung oder die Flucht des deutschen Stadtbürgertums schwer geschädigt worden. Auch in ihrem politischen Mitspracherecht hatten sie Einschränkungen hinzunehmen. Zwar waren alle der in Zünften organisierten Gewerbezweige im 15. Jahrhundert in den größeren Städten vertreten, aber die Qualität ihrer Erzeugnisse war schlecht. Auch der früher so einträgliche Transit- und Fernhandel

Spinnerei in Liebenstein, Kreis Eger

hatte an Bedeutung verloren. Hemmend auf die Wirtschaftsentwicklung in den Städten wirkte sich das zunehmende Interesse des Adels aus, Handwerker auf den Grundherrschaften anzusiedeln. Außerhalb der Zunftordnungen konnten die Leinenweberei und die Tuchmacherei sich in den landwirtschaftlich wenig ergiebigen Regionen in Nordböhmen, Nordmähren und in Schlesien entwickeln. Über die Leipziger Messen und die Vermittlung Leipziger Kaufleute schufen sich risikofreudige Handwerker einen guten Absatzmarkt. Ihre Ware gelangte nach Österreich, Italien und Norddeutschland. Das Gewerbe in Böhmen mußte im 16. Jahrhundert einen Niedergang erleben, während in Mähren und Schlesien ein Stillstand in der Entwicklung der Städte und des Bürgertums eintrat. Der zunehmende wirtschaftliche und politische Druck des Adels, der die Zuwanderung von ländlichen Arbeitskräften unterband, das hohe Zinsniveau bei Krediten und die Verteuerung der Rohstoffe belasteten die Gewerbetreibenden in den Städten erheblich. Von den städtischen Gremien erhielten sie keinerlei Unterstützung, im Gegenteil forderten sie erhöhte Steuern, um die Abgaben für die Türkenabwehr aufbringen zu können. Aufstände der verarmten Stadtbevölkerung, der Handwerksgesellen und der Bergarbeiter zur Verbesserung ihrer wirtschaftlichen Lage führten zu keinen Erfolgen.
Eine Besserung brachte erst das 1714 für die Länder Österreichs eingerichtete Merkantilkollegium, das seinerseits 1719 das Königliche Commerzkolleg für das Erbkönig-

reich Böhmen einsetzte. Die Einführung eines neuen Zolltarifs, die Beschränkung der Zunftautonomie und die Verbesserung der Verkehrswege schufen die Voraussetzung für das Wachstum der Städte und der Gewerbe. Neue Handwerker durften sich in den Städten niederlassen, ohne daß die Zustimmung der Zünfte eingeholt werden mußte. Auch wurden die Zunftordnungen für die einzelnen Gewerbe vereinheitlicht. Der Aufbau des Manufakturwesens ging aber von den Grundherren aus. In den klimatisch nicht begünstigten und daher wenig ertragreichen agrarischen Gebieten richtete der Adel Manufakturen ein, in denen zum Teil die Waren schon in Arbeitsteilung in einer Werkstatt produziert wurden. Er berief Fachleute aus England, den Niederlanden und der Schweiz für die Herstellung von Leinen, Tuchen, Glas. Für die Lohnarbeiten zogen die Grundherren kleine Bauern und landlose Untertänige heran. Waren früher für die Herstellung von Textilien weitgehend Heimarbeiter eingesetzt worden, begann nun die Modernisierung des Produktionsverfahrens. Um ihren Absatz zu gewährleisten, wurde in vielen Fällen die Veredelung der Textilerzeugnisse im Ausland vorgenommen. Philipp Graf Kinský richtete Schulen ein, in denen Spinnen, Weben, Bleichen und Appretieren gelehrt wurde. Er beschäftigte 1774 bereits über 2500 Lohnarbeiter in den Manufakturen. Joseph Graf Bolza leitete mit der Einrichtung einer Baumwollweberei in Kosmanos 1763 eine neue Entwicklung in der Textilherstellung ein. Die Baumwollwaren vertrieb Bolza über eine Handelsgesellschaft für den Tuchexport nach Spanien, die er mit Kinský und anderen Prager Bankiers 1768 ins Leben gerufen hatte. Planmäßige Gründungen durch Grundherren im 18. Jahrhundert waren die Manufakturen für Wollzeug in Nachod, für Bänder in Jenikau, für Leinen in Reichenberg, Pottenstein, Heraletz und Gumpolds. In Mähren entstanden ebenfalls auf Initiative der Grundherren die Betriebe in Namiest, Janowitz, Lettowitz und Proßnitz.

Die Tuchmacherei entwickelte sich auch in den Gebieten, in denen der Bergbau nach der Erschöpfung der Erzadern zum Erliegen gekommen war. 1731 wurde die Tucherzeugung in den böhmischen Ländern in über 80 Städten betrieben. Reichenberg, Braunau, Neutitschein und Böhmisch Leipa, das Gebiet zwischen Iglau, Trebitsch und Datschitz gehörten zu den bedeutendsten.

Die Anfänge der Glaserzeugung reichten in das 12. Jahrhundert zurück. Es waren die Mönche, welche die Kunst des Glasmachens beherrschten. Bald aber nahmen die neuen Siedler, die sich in den Randgebieten Böhmens niedergelassen hatten, die Glasfertigung auf. Seit der ersten Hälfte des 16. Jahrhunderts sind vermehrt Glashütten bezeugt. Gefördert wurde die Glasproduktion ebenfalls von den reichen Grundherren auf dem Lande. Die Manufakturen zur Herstellung von Spiegel- und Tafelglas verdankten ihre Gründung dem Adel, der mit Investitionen ihre Entwicklung förderte. Aus dem Böhmerwald und Nordostböhmen stammten die geschliffenen Blei- und Kristallgläser, die in die ganze Welt exportiert wurden. Durch die merkantilistische Wirtschaftspolitik trat eine Verbesserung der Qualität der Gläser ein, als die Arbeiter gezielten Unterricht für die Glasschleiferei erhielten und neue Qualitätsmerkmale festgesetzt wurden. Bereits im 17. Jahrhundert breitete sich die Glasproduktion von den Randgebieten in das Innere Böhmens aus, wo das für die Herstellung notwendige Holz zur Verfügung stand.

Kristallschleifer in Wallern

Die älteste Form des Handels mit Glaswaren stellt der Hausierhandel dar, den die Glasmacher selbst betrieben. Später gründeten die verschiedenen Hütten feste Handelsniederlassungen, die von Kaufleuten geleitet wurden. Kraxenträger übernahmen den Transport des böhmischen Glases in die Niederlassungen. Einen Fortschritt bedeutete der Transport mit Schubkarren, mit denen die Glashändler die Messen besuchten und weite Auslandsreisen unternahmen. Als die Glasproduktion anwuchs und das Handelsvolumen sich stark vergrößerte, wurde das Glas sorgfältig in Kisten verpackt und durch Fuhrwerke versandt, die sich für die Fahrt oft zu Kolonnen zusammenschlossen. Sehr rege gestaltete sich der Glashandel mit Spanien, der zu Land, aber auch zu See über die Häfen Hamburg, Amsterdam oder Triest abgewickelt wurde. Als »goldenes Zeitalter des böhmischen Glashandels« wird das Jahrhundert zwischen 1705 und 1805 bezeichnet, in dem der Absatz des Glases besonders florierte.

Industrie

Zu Beginn des 19. Jahrhunderts vollzog sich in den böhmischen Ländern, entsprechend zur gesamteuropäischen Entwicklung, der Übergang von den Manufakturen zur Industrie. Für die Einführung der industriellen Produktion mit der weitgehenden Mechanisierung des Erzeugungsprozesses war die Erfindung der Dampfmaschine 1769 eine wesentliche Voraussetzung. Hinzu traten Arbeitsteilung, Spezialisierung und Rationalisierung. Wenn auch die Vorkommen der Rohstoffe entscheidend für die Standortwahl von industriellen Produktionsstätten waren, bildete auch die Verfügbarkeit von Arbeitskräften einen wichtigen Faktor. Zunächst wirkten sich die Napoleonischen Kriege hemmend auf die Entfaltung der Industrie aus; sie setzte erst seit den zwanziger Jahren des 19. Jahrhunderts ein. Durch die Erschließung der Kohlenschätze Böhmens und Mährens, die die Energieversorgung gewährleisteten, erhielt die Industrie einen starken Auftrieb.

In den böhmischen Ländern entstanden im Lauf der Entwicklung vier industrielle Zentren. Zum ersten gehörte der Raum zwischen Pilsen, Kladno und Prag, mit dem Schwerpunkt in Kladno, zum zweiten die Randgebiete der Sudeten von Eisenbrod und Semil über Königinhof nach Eipel und Nachod. Das dritte Zentrum lag im mittleren Mähren, dem vor allem Brünn mit Blanz und Eibenschitz zuzurechnen waren sowie die Städte Olmütz, Proßnitz und Zlin. Das Industrierevier von Mährisch Ostrau mit Ausläufern nach Friedeck und Mistek bildete den vierten Raum, in dem eine starke Konzentration von Industriebetrieben stattgefunden hatte. Von einzelnen Städten wie Jungbunzlau, Kolin, Königgrätz und Pardubitz abgesehen, spielte die Industrie in den übrigen Landesteilen eine untergeordnete Rolle. In ihnen überwog die Land- und Forstwirtschaft. Immerhin waren in diesen Gebieten rund 30 Prozent der Bevölkerung im Gewerbe und der Industrie beschäftigt. Rein ländlichen Charakter hatten nur einige Bezirke, wie beispielsweise die um die Böhmisch-Mährischen Höhen und das Vorland der Karpaten.

Die Schwerpunkte der deutschen industriellen Fabrikation lagen in den Bereichen Textilien, Glas, Porzellan, Schmuckwaren, Farben und Lacke. Während des 19. Jahrhunderts entwickelten sich als wichtigste Industriestandorte Karlsbad mit der Porzellanindustrie, Komotau und Brüx mit der Eisenverhüttung, Aussig mit der chemischen Industrie, Reichenberg mit der Tuchproduktion, Gablonz mit der Herstellung von Glas- und Schmuckwaren, Mährisch Schönberg mit der Seidenindustrie, Jägerndorf mit der Tucherzeugung und Neutitschein mit der Hutindustrie.

Waren an der Schwerindustrie und der chemischen Industrie deutsche und tschechische Unternehmer in gleicher Weise beteiligt, nahmen tschechische Industrielle in der Nahrungsmittelindustrie, dem Maschinen- und Landmaschinenbau, in der Produktion von Lederwaren, Schuhen, Möbeln, Keramik und Druckerzeugnissen die führende Position ein. Prag mit der Herstellung von Maschinen, Eisenwaren und Baumwollwaren, Kladno mit der Verhüttung von Eisen, Pilsen mit der Erzeugung von Maschinen, Eisenwaren und Bier, Brünn mit der Fabrikation von Tuchen, Maschinen und Eisenwaren sowie Mährisch Ostrau mit der Eisenverhüttung und dem Maschinenbau waren die Industriezentren im tschechischen Sprachgebiet. Für die Donaumonarchie kam der

Gußstahlfabrik in Witkowitz (1910)

Stadt Pilsen eine besondere Bedeutung zu. Die von Emil Škoda 1869 übernommene Maschinenfabrik der Familie Waldstein entwickelte sich seit 1885 zum größten Rüstungsbetrieb in Österreich-Ungarn.

Das bedeutendste Unternehmen in der eisenverarbeitenden Industrie war die Witkowitzer Bergbau- und Eisenhüttengewerkschaft in Mährisch Ostrau, die auf die Gründung des Olmützer Fürstbischofs Erzherzog Rudolf von 1829 zurückging. Im Laufe der Jahrzehnte wurde aus dem kleinen Puddelwerk in Witkowitz, das nach seinem Gründer benannt war, eines der größten Eisenwerke der Welt. 1938 erreichten die Hochöfen eine tägliche Durchschnittsleistung von 2500 bis 3000 Tonnen Stahl, für deren Herstellung Eisenerze aus Schweden und der Slowakei als Rohstoffe verwendet wurden. Die böhmischen Länder verfügten nur über eine bedeutende Eisenerzlagerstätte in der Prager-Pilsner Silurmulde, in der vor allem Roteisenerz und Schamosit bei Nutschitz abgebaut wurden. Es handelte sich um phosphorhaltige eisenarme Erze, deren Verhüttung erst seit der Übernahme des in England entwickelten Thomasverfahrens möglich wurde, das die Prager Eisenindustriegesellschaft seit 1879 einsetzte. 1938 konnten 690 000 Tonnen Erz gefördert werden, das die Hochöfen in Kladno und Königshof verarbeiteten.

Die heimische Roheisen- und Stahlerzeugung bot die Voraussetzung für den seit den siebziger Jahren des 19. Jahrhunderts in den böhmischen Ländern verstärkt betriebenen Aufbau der Eisenwaren-, Maschinen- und Waggonindustrie. Einen Wendepunkt in der Entwicklung dieses Industriezweiges bedeutete der Einsatz von Dampfmaschinen.

Die 1821 in Schlapanitz bei Brünn gegründete erste Fabrik für den Bau von Dampfmaschinen konnte rasch ihre Produktion ausweiten. Unter dem Eindruck ihres Erfolges errichteten andere Unternehmen ebenfalls Maschinenfabriken. In Prag wurden allein in den fünfziger Jahren bereits 15 Fabriken registriert, 1865 war ihre Anzahl auf 26 angestiegen. In Verbindung mit dem Ausbau des Eisenbahnnetzes entstanden Betriebe, in denen speziell Eisenbahnwaggons produziert wurden. Zur bekanntesten Firma auf diesem Sektor entwickelte sich die Waggonfabrik in Prag-Smichow. Sie war 1854 aus der Abteilung Eisenbahnbau einer Kupferschmiede hervorgegangen, die von dem aus Ungarn gekommenen Franz Ringhoffer 1771 in Betrieb genommen worden war. An den Beschäftigten gemessen, bildete die Eisenindustrie den wichtigsten Produktionszweig in den böhmischen Ländern. Insgesamt waren 390 000 Menschen in ihr beschäftigt, rund die Hälfte von ihnen in den sudetendeutschen Gebieten.
Gerechnet nach der Anzahl der Betriebe, nahm die Textilindustrie in der Tschechoslowakei die erste Stelle in der Großindustrie ein. 1930 bestanden 40 000 Produktionsstätten, in denen rund 206 000 Arbeiter beschäftigt waren. Die Fabriken basierten zumeist auf den Manufakturen das 18. Jahrhunderts. Ihren Sitz hatte die Textilindustrie fast ausschließlich im deutschen Siedlungsgebiet. Über die Hälfte der Betriebe war auf die Verarbeitung von Baumwolle ausgerichtet. Die erzeugten Baumwollgarne machten ungefähr ein Drittel der Menge aus, die in Deutschland hergestellt wurde. Der größte Teil der in der Tschechoslowakei produzierten Garne wurde auch im Inland verarbeitet. Im Einsatz standen in den dreißiger Jahren 104 000 Webstühle, unter ihnen 1117 Bandwebstühle. Die Produktion erfaßte alle Arten von Baumwollwaren in Großbetrieben bis zum Kleinstbetrieb. Aus transporttechnischen Gründen hatten sich die Spinnereien in den Landstrichen an der Elbe entwickelt. Baumwollspinnereien ließen sich in Asch, Falkenau, Oberleutensdorf, Görkau, Tetschen, Schluckenau, Warnsdorf, Tannwald, Zwittau nieder. In diesen Orten wurde die Baumwolle aber auch verwebt. Die wichtigsten Standorte dafür waren Reichenberg, Rochlitz, Hohenelbe, Braunau, Mährisch Sternberg, Freudenthal. Auf rund 35 000 Webstühle belief sich die Kapazität der wollverarbeitenden Industrie, deren Fertigungsprogramm sich von Futterstoffen, Stoffen für Damenkleider und Streichgarnen bis zu Kammgarnen erstreckte. Fast durchweg waren die Streichgarnspinnereien mit den größeren Tuchfabriken verbunden. Traditionelles Zentrum der Tuchfabrikation war Reichenberg, wichtige Betriebe gab es auch in Jägerndorf, Neutitschein, Asch, ferner in Brünn und Iglau. In den gleichen Städten hatten sich bedeutende Fabriken für die Produktion von Strick- und Wirkwaren etabliert. Vorwiegend kleinere Betriebe in Nordböhmen, in Nordmähren und im Schönhengstgau stellten Seidenstoffe her. Die Hut- und Filzproduktion von Neutitschein hatte europäische Geltung. Die mit der Textilindustrie verwandte Bekleidungsindustrie entwickelte sich in den sechziger Jahren des 19. Jahrhunderts, als die Massenproduktion von Kleidung einsetzte. Sie beruhte in ihren Anfängen wie auch in der Zeit der Tschechoslowakischen Republik weitgehend auf dem System der Heimarbeit, die als Nebenerwerb von Kleinbauernfamilien geleistet wurde. Die wichtigsten Bekleidungsbetriebe befanden sich in Prag, Brünn und Proßnitz, im sudetendeutschen Gebiet in Karlsbad, Reichenberg und Troppau, das auch für die Herstellung von Wäsche bekannt war.

Gablonz

In der Glasindustrie belief sich die Zahl der Betriebe im Jahr 1930 auf über 10 000 mit rund 63 000 Beschäftigten, die sich zu ungefähr zwei Dritteln aus der deutschen Bevölkerung rekrutierten. Die Erzeugung von Glas und sein Vertrieb stellten im Exportvolumen der Tschechoslowakei einen wichtigen Faktor dar. Im Welthandel mit Glaswaren stand die Tschechoslowakei hinter Deutschland an zweiter Stelle. Im deutschen Siedlungsgebiet stellten vier Großbetriebe Fensterglas, je drei Fabriken Spiegelglas und Gußglas her. Die Zentren der Hohlglasindustrie mit rund 90 Hüttenbetrieben lagen in Teplitz, Haida-Steinschönau und in der Umgebung von Gablonz. Die 14 Teplitzer Hütten erzeugten vor allem Preßglas und Glas für Beleuchtungskörper, während in Haida-Steinschönau Kristallglas und Kronleuchter hergestellt wurden. Gerade diese Produktionszweige erreichten einen hohen Anteil am Export. An der Ausfuhr an Hohlglas insgesamt waren die Kunstgläser mit fast 50 Prozent vertreten. In Gablonz gab es 19 Betriebe für die Rohglasproduktion und neben ihnen 15 Kompositionsbrennereien. In ihnen wurden nach zum Teil sehr alten Rezepten spezielle Schmelzgläser hergestellt, die sich durch besondere Schönheit auszeichneten. Eine Gablonzer Besonderheit war die Produktion der sogenannten Glaskurzwaren. Die Perlen, Steine und Knöpfe aus Glas fanden Verwendung in der reichgegliederten Erzeugung von Schmuckwaren, für die neben Glas auch Metalle und Holz verarbeitet wurden. In den etwa 4000 Unternehmen waren ungefähr 70 000 Menschen beschäftigt, davon 20 000–30 000 Betriebsarbeiter und die übrigen als Heimarbeiter. Gablonz war

der Mittelpunkt der größten Heimindustrie der Welt. Seine Produkte gingen in aller Herren Länder.
Die chemische Industrie konzentrierte sich in der Elbregion im Gebiet Aussig, Falkenau, Tetschen-Bodenbach und Oderberg, in Mährisch Ostrau sowie in den Hauptstädten Prag, Brünn und Preßburg. Erzeugt wurden kombinierte Kunstdünger für die Landwirtschaft, ferner Schwerchemikalien wie Schwefelsäure, Salzsäure, Salpetersäure, Soda, Alkali. Die Aussiger Schicht-Aktiengesellschaft war in der Produktion von Speisefetten und Seifen sehr leistungsfähig. Sie gehörte zum englisch-niederländischen Unilever-Konzern, dem größten Nahrungsmittelkonzern der Welt. 1930 arbeiteten gegen 40 000 Beschäftigte in 1390 chemischen Betrieben in der gesamten Tschechoslowakei. Zu etwa 50 Prozent befand sich die Chemieindustrie in der Hand deutscher Unternehmer.
Im Industriezweig Steine und Erden nahm die Porzellanfabrikation eine besondere Stellung ein. Die Vorkommen an Kaolin und Ton in hervorragender Qualität, die überwiegend in den nordwestböhmischen Gebieten und Karlsbad abgebaut wurden, bildeten die Grundlage für die rasche Entwicklung der feinkeramischen Produktion. 1820 bestanden im Umfeld von Karlsbad zwölf Porzellanfabriken. Im Verlauf des 19. Jahrhunderts erfolgte die Ausweitung zur industriellen Fertigung, als die Verbesserung des Heizverfahrens mit der Kohle aus den Lagerstätten des westböhmischen Beckens erzielt wurde und die Zettlitzer Kaolinwerke das Ausgangsmaterial in besserer Schlämm-Qualität anbieten konnten. 1927 arbeiteten 14 000 Beschäftigte in 60 Betrieben, je zur Hälfte in den Bezirken Karlsbad und Elbogen gelegen. Vier Fünftel der Warenproduktion wurden in fast alle Länder der Erde exportiert. Um den hohen Standard der Produktion zu wahren, richtete die böhmische Porzellanindustrie 1924 in Karlsbad aus eigenen Mitteln eine Fachschule ein. Sie genoß einen hervorragenden Ruf als Ausbildungsstätte.
Die Lederindustrie stützte sich im böhmisch-mährischen Raum auf eine lange Tradition. In Prag hatten sich schon in der Mitte des 14. Jahrhunderts 140 Gerbermeister niedergelassen. Als im 19. Jahrhundert in den Gerbereien Maschinen eingeführt wurden, erfuhr die Ledererzeugung eine bedeutende Steigerung. Die Produktionsstätten für Lederwaren waren nahezu gleichmäßig über ganz Böhmen und Mähren verteilt. Sie beschäftigten rund 52 000 Arbeiter, davon 30 000 in der Schuhindustrie und von diesen allein 38 Prozent in den Bat'a-Werken in Zlin. 1894 hatte der Schuhmacher Josef Bat'a in dieser Stadt eine Fabrik gegründet. Sie verdankte ihren ersten Aufschwung den Lieferungen an das österreichisch-ungarische Heer im Ersten Weltkrieg. Das seit Anfang der zwanziger Jahre nach dem Vorbild amerikanischer Produktionsmethoden organisierte Unternehmen hatte 1935 über 43 000 Arbeiter. Neben der Massenherstellung von Schuhen, die größtenteils für den Export bestimmt waren, erzeugte der Konzern Treibriemen, Autoreifen und Kunstseide.
Die starke Industrialisierung der Tschechoslowakei war die Voraussetzung für den hohen Lebensstandard ihrer Bevölkerung, barg aber gleichzeitig eine Gefahr in sich. Die Notwendigkeit, die erzeugten Waren zu exportieren, machte das Land von den ausländischen Absatzmärkten abhängig. Als sich durch die Weltwirtschaftskrise die Absatzbedingungen wesentlich verschlechterten, war die Wirtschaft in der Tschecho-

Glaswerke Engels & Co. in Dux

slowakei stark betroffen. Den größten Verlust mit 95 Prozent der Produktion mußten die Betriebe von Gablonz hinnehmen; die Porzellanherstellung schrumpfte auf 15 Prozent ihres ursprünglichen Volumens, und die Erzeugung von Baumwollwaren halbierte sich. Obwohl die Regierung in Prag sofort versuchte, Gegenmaßnahmen einzuleiten, stellten sich Erfolge erst nach einigen Jahren ein. 1937 erreichte die Roheisen- und Stahlindustrie das Leistungsniveau von 1929, während die eisenverarbeitende Industrie dank des Bedarfs an Maschinen ihre Kapazität sogar ausweiten konnte. Auf der anderen Seite bot sich den Betrieben durch die staatliche Förderung die Möglichkeit zur Modernisierung. Ausgebaut wurden die technisch anspruchsvollen Wachstumsbranchen wie der Fahrzeug- und Flugzeugbau, die Produktion von elektrischen Apparaten und die chemische Industrie. Mit den Strukturwandlungen in der industriellen Produktion ging der Prozeß der Konzentration einher. Insbesondere in den Bereichen der Kunststoffindustrie und der Erzeugung von Konsumgütern vereinbarten die Unternehmen die Bildung von Kartellen. 1933 bestanden in der Tschechoslowakei 538 Zusammenschlüsse, deren Zahl sich Ende September 1938 auf 1152 gesteigert hatte. Ein Fünftel von ihnen arbeitete mit internationalen Unternehmungen zusammen; die meisten Zusammenschlüsse waren mit deutschen Firmen in der Chemie- und Elektrobranche, im Bergbau und in der Metallindustrie zustande gekommen. Diese Bemühungen der Regierung um eine Verbesserung der Wirtschaftslage kamen in erster Linie jenen Industriezweigen zugute, die von tschechischen Unternehmern getragen wurden und in denen die Belegschaft vorwiegend aus Tschechen zusammengesetzt war. Die vor allem im sudetendeutschen Gebiet ansässigen Branchen wurden im Wirtschaftsprogramm ungenügend berücksichtigt. Um in den Randgebieten der wirtschaftlichen Misere beizukommen, hätten – allerdings schwierig durchzuführende – Eingriffe erfolgen müssen, die auf Strukturänderungen abzielten. So blieben Maßnahmen aus, die eine Entlastung für die von der Arbeitslosigkeit besonders stark betroffenen Sudetendeutschen hätten bringen können.

In der Wirtschaftspolitik bemühte sich der Staat nicht nur über die staatseigenen Unternehmungen, sondern auch in enger Zusammenarbeit mit den Wirtschaftsverbänden, Einfluß auf den Wirtschaftsablauf zu gewinnen. Der starke Zug zur Intervention wirkte sich vor allem in der Handelspolitik aus. In den ersten Nachkriegsjahren war sie protektionistisch orientiert, indem Ein- und Ausfuhren durch Bewilligungsverfahren reguliert wurden. Später praktizierte die Regierung eine gemäßigte Schutzpolitik. Sie führte zur Liberalisierung des Handels und zu einer Senkung des Zollniveaus für Industriewaren. Ausgenommen davon war der Handel mit Agrarprodukten, für deren Einfuhr hohe Schutzzölle galten. So entwickelte sich der Import von Brotgetreide und Nahrungsmitteln rückläufig. War 1924 die Einfuhr von Brotgetreide mit 11 Prozent am Gesamtimport beteiligt, konnte in den dreißiger Jahren, nicht zuletzt dank der Stützung der landwirtschaftlichen Produktion, auf sie verzichtet werden. Der Anteil der Nahrungsmittel am Import – einschließlich der Genußmittel und Getränke – sank von über 25 Prozent im Jahr 1924 auf 12,4 Prozent im Jahr 1936. Im Unterschied zu dieser Entwicklung stieg die Einfuhr von ausländischen Industrieprodukten für Investitionsgüter und hochwertigen Konsumprodukten von etwa 21 Prozent auf 30 Prozent in den Jahren 1928 bis 1936 an. In der Ausfuhr dominierten entsprechend der Tradition die Erzeugnisse der verarbeitenden Industrie. Ihr Anteil am Gesamtexport betrug im Jahr 1924 59 Prozent, im Jahr 1927 71,3 Prozent und im Jahr 1937 72,6 Prozent. Textilwaren nahmen mit 30 Prozent unter der Ausfuhr die erste Stelle ein. Gesteigert wurde der Export von Maschinen, Glas und Leder, gesunken war nach der Weltwirtschaftskrise der Anteil an der Ausfuhr von Zucker, Malz und Hopfen.

Insgesamt betrachtet, war die volkswirtschaftliche Entwicklung der Tschechoslowakei von positiven wie auch negativen Faktoren bestimmt. Relativ gute Voraussetzungen für eine günstige wirtschaftliche Entfaltung hatte das sozioökonomische System geschaffen. In der Öffentlichkeit wurden die Wirtschaftsprobleme diskutiert und die Entscheidungen im Rahmen der parlamentarisch-demokratischen Ordnung getroffen, wenn auch die Sudetendeutschen – wie anzumerken bleibt – von der Beteiligung bis 1925 ausgeschlossen waren. Das traditionell hohe Qualifikationsniveau der Beschäftigten war Grundlage für die Leistungsfähigkeit der Wirtschaft. Nachteilig erwiesen sich die Konzentrationsprozesse in einigen Wirtschaftszweigen. Auch gelang es nicht, soziale und nationale Spannungen in Wirtschaft und Gesellschaft in ausreichendem Maße zu überwinden. In der Finanz- und Steuerpolitik wurden allmählich staatliche Eingriffe mit marktwirtschaftlichen Elementen verbunden. Bemerkenswerte Erfolge erzielte die Tschechoslowakei im Bereich der Sozialpolitik wie in der Sozial- und Krankenversicherung, in der Kinderfürsorge und im Arbeitsschutz durch die Einführung von Gewerbeinspektionen.

Die Entwicklung der Industrie in den Karpatenländern vollzog sich unter völlig anderen Bedingungen als in den böhmischen Ländern. Für das Königreich Ungarn hatte die wirtschaftliche staatliche Förderung in den neunziger Jahren des 19. Jahrhunderts eingesetzt. Sie wurde zwar eifrig betrieben, um den Vorsprung in der Industrialisierung der westlichen Reichshälfte der Donaumonarchie nicht zu groß werden zu lassen, sie kam aber in erster Linie der Hauptstadt Budapest zugute, die zum größten Industriezentrum des Landes ausgebaut wurde. Das slowakische Oberungarn blieb demgegenüber sehr vernachlässigt und war beim Zusammenschluß zur Tschechoslowakischen Republik ein industrie- und kapitalarmes Land. Eine eigene slowakische Industrie hatte sich nicht entwickeln können. Was an Betrieben vorhanden war, ging auf die Initiative deutscher und jüdischer Unternehmer zurück. Dank ihrer Verkehrslage hatten die Städte Preßburg, Sillein und Kaschau Firmen an sich ziehen können. Die zum Teil deutsche Zips zeichnete sich durch ein altes und hochentwickeltes Gewerbeleben aus.
Vorherrschend war in der Slowakei die Hausindustrie, die allerdings nur den örtlichen Bedarf decken konnte. Der Holzreichtum des Landes bot die Voraussetzung für die hausgewerbliche Produktion von Holzwaren verschiedener Art, die von Gebrauchsgegenständen bis zu Spielwaren reichte. Die Schafzucht lieferte Wolle als Rohstoff für Decken, grobe Tuche und Filz für Hüte sowie auch Schafspelze für die bäuerliche Kleidung. Töpferwaren, einfache Flechtwaren und Spenglerwaren stellte ebenfalls das Hausgewerbe her. Den Vertrieb dieser Produkte hatten Hausierer übernommen.
Eine gewerbliche Prägung erhielten die slowakischen Berglandschaften durch zahlreiche Sägewerke. Unmittelbar nach dem Ende des Ersten Weltkrieges war allerdings ein Rückgang in der Holzverarbeitung zu verzeichnen, als die Absatzmärkte in Ungarn und Rumänien verlorengingen. Neben den Sägewerken konnten sich vielfach Betriebe entwickeln, die Holzstoffe, Zellulose und Papier produzierten.
In der Erzeugung von Nahrungsmitteln begann sich der Übergang zur industriellen Fertigung schon zu vollziehen. Dampfmühlen wurden bei der Herstellung von Mehl eingesetzt, wichtige Mühlenbetriebe waren in Preßburg und Komorn sowie in Kaschau, Preschau und Neutra gegründet worden. Den Anbau von Zuckerrüben hatte noch die ungarische Regierung in der Südslowakei gefördert. Trotz relativ großer Zuckerrübenflächen deckte die Produktion von Zucker aber nicht den Eigenbedarf. Aus der Vielzahl von Brauereibetrieben im ganzen Land gelangten die in Poprad und Neutra überregionale Bedeutung. In vorwiegend kleinen Produktionsstätten wurde Spiritus gebrannt, dessen Erzeugung auf den ausgedehnten Anbau von Kartoffeln gestützt werden konnte.
Die Eisenindustrie in der Slowakei wurde in der Zeit der Ersten Republik durch die Gründung neuer Hüttenwerke belebt. Bis 1918 hatte lediglich die Kleineisenindustrie im Zipser Erzgebirge einige Bedeutung gewonnen. Sie verarbeitete in vielen kleineren Hammerwerken das aus dem heimischen Erz in Hochöfen mit Holzkohlebeheizung verhüttete Roheisen. 1920 wurde diese Produktion eingestellt. Die modernen Werke in Krompach im Hernadtal, in Hisnyaviz, Rakocz, Licza, Chyzna Voda, Pohorella und Großrauschendorf hatten 13 Hochöfen, die 1933 1,5 Millionen Tonnen Roheisen erzeugten. Die Eisenwaren- und Maschinenindustrie war in der Westslowakei um

Preßburg und in der Mittelslowakei um Rosenberg konzentriert. Um die Hauptstadt der Slowakei lagen auch die wichtigsten Betriebe der chemischen Industrie. Die Produktionsstätten für Textilien waren über das ganze Land verteilt. In großen Industriebetrieben in Preßburg, Martin, Käsmark und Zipser Neudorf wurden Hanf und Flachs aus heimischem Anbau verarbeitet, Schafwolle in Trentschin, Neusohl, Sillein, Miava, Priwitz und Zlaté Moravce, Baumwolle in Preßburg und Rosenberg. Die Herstellung von Tonwaren in Modra und Theben bei Preßburg und im Waagtal erlangte einige Bedeutung wie auch die Produktion von Glas in Sillein. Die Qualität der produzierten Ware erlaubte allerdings keinen Export. Hatten die Bergstädte Kremnitz, Schemnitz und Neusohl im Mittelalter zu den bedeutendsten Fundstätten von Gold, Silber und Kupfer in Oberungarn gehört, spielte der Erzbergbau im 20. Jahrhundert nur noch eine bescheidene Rolle. Die Bemühungen um die Wiederbelebung des Bergbaus nach Gründung der Tschechoslowakischen Republik wiesen nur einen geringen Erfolg auf. Seitdem wurden in Schemnitz Bleierz und Zinkerz abgebaut sowie Antimonerz in der Niederen Tatra.

Die nach dem Zweiten Weltkrieg erfolgte Ein- und Unterordnung der Wirtschaft und Landwirtschaft der Tschechoslowakei in das sowjetische System war mit schweren ökonomischen Verlusten verbunden. An die Stelle der privatwirtschaftlich organisierten Unternehmen trat die zentrale Wirtschaftsplanung und Verteilung. Die Vielfalt, welche die Industrieproduktion bis 1938 ausgezeichnet hatte, wurde zugunsten des Baus von Maschinen für die Sowjetunion aufgegeben. Als entscheidend für den erheblichen Rückgang der Produktion erwiesen sich Fehlplanungen und der Mangel an Investitionen in Erhaltung und Erneuerung der Industrieanlagen. Maschinen, die bei der Übernahme 1945 dem damaligen modernen technologischen Stand entsprachen, wurden bis zum Verschleiß ausgenutzt. Zudem konnte der durch die Vertreibung der Sudetendeutschen entstandene Mangel an Fachkräften nicht ausgeglichen werden. Die Landwirtschaft litt nicht nur unter den Folgen der zwangsweise erfolgten Kollektivierung, sondern auch daran, daß viele sudetendeutsche Bauern aus ihren Dörfern vertrieben wurden, Landarbeiter in diesen Gebieten fehlten und durch eigene tschechische Kräfte nicht ersetzt werden konnten. So wurden in den Randgebieten viele Höfe zerstört, und große Ackerflächen blieben brach liegen. Infolge der verstärkt einsetzenden Landflucht vieler junger Menschen, die lieber einen Arbeitsplatz in der Industrie annahmen, waren die landwirtschaftlichen Produktionsgenossenschaften nicht mehr in der Lage, die Versorgung mit Lebensmitteln zu sichern. War die Tschechoslowakei bis zum Beginn des Zweiten Weltkriegs in der Landwirtschaft autark, mußte sie nun Nahrungsmittel importieren.

Fortgesetzt wurde die Industrialisierung der Slowakei. Das Ziel war die allmähliche Angleichung des Niveaus der Produktion in der Industrie und der Landwirtschaft an das in den böhmischen Ländern. So entstanden der große Hüttenkomplex der Ostslowakischen Hüttenbetriebe in Kaschau, die Aluminiumfabrik in Saar, die Chemischen Werke »Slovnaft« in Preßburg zur Verarbeitung von Rohöl und die Betriebe des Schwermaschinenbaus in Martin. Dennoch blieb ein wirtschaftliches Gefälle zwischen dem tschechischen und dem slowakischen Landesteil bestehen.

Seit der politischen Wende des Jahres 1989 hat sich in aller Deutlichkeit gezeigt,

Kirchdrauf in der Zips, Kapitelkathedrale mit Zipser Burg

welche Fehlentwicklung die Wirtschaft in der Tschechoslowakei genommen hatte. Die neue Regierung bemüht sich, Rahmenbedingungen zu schaffen, die es erlauben, die Reprivatisierung der Industrie voranzutreiben und den Zufluß von ausländischem Kapital für die in allen wirtschaftlichen Bereichen notwendigen Investitionen in das Land zu lenken. Die Repräsentanten des Staates – seit dem 1. Januar 1993 der beiden Republiken – sind sich bewußt, welche Schwierigkeiten es zu überwinden gilt, um der Wirtschaft der beiden Länder jenes Ansehen zu verleihen, das die Tschechoslowakei einst im Kreis der Industriestaaten besaß.

Zeittafel

Um 5000 v. Chr.	Böhmen und Mähren als Kerngebiet der bandkeramischen Kultur
500 v. Chr.	Kelten in den böhmischen Ländern
um Christi Geburt	Einwanderung der Markomannen und Quaden in Boiohaemum
seit 500	Landnahme der Slawen
623–658	erster Zusammenschluß slawischer Stämme unter Samo
845	Taufe von 14 böhmischen duces in Regensburg
um 900	Einigung der Slawen in Böhmen unter den Přemysliden
830–906	Großmährisches Reich
935–967	Eingliederung Böhmens in das Reich unter Boleslav I.
973	Gründung des Bistums Prag
1085	Verleihung der persönlichen Königswürde an Vratislav I.
1198–1230	Přemysl Otakar I. Stärkung der Machtposition des Königs in Böhmen
1253–1278	Přemysl Otakar II. Vereinigung der böhmischen Länder mit Österreich, Steiermark, Kärnten und Krain
1278	Sieg Kaiser Rudolfs I. über Přemysl Otakar II. in der Schlacht bei Dürnkrut
1306	Aussterben der Přemysliden im Mannesstamm
1310–1437	Herrschaft der Luxemburger
1344	Erhebung des Prager Bischofs zum Erzbischof
1346–1378	Kaiser Karl IV.
1348	Gründung der Universität in Prag
1419–1434	Hussitenkriege
1471–1526	Herrschaft der Jagiellonen
1490	Vereinigung der böhmischen Länder mit Ungarn und Polen
1526–1918	Herrschaft der Habsburger
1609	Majestätsbrief Kaiser Rudolfs II. zur freien Religionsausübung
1618	Prager Fenstersturz – Beginn des Dreißigjährigen Krieges
1620	Niederlage König Friedrichs und der Stände in der Schlacht am Weißen Berg
1740–1763	Verlust Schlesiens durch die Schlesischen Kriege
seit 1790	Wiedergeburt der tschechischen Nation
1848	Revolution – Erster Slawenkongreß in Prag – Pfingstaufstand
1866	Niederlage Österreichs in der Schlacht bei Königgrätz
1867	Österreichs Ausgleich mit Ungarn – Neuordnung der Monarchie
seit 1878	Gründung politischer Parteien
1882	Teilung der Prager Universität
1883	Mehrheit der tschechischen Abgeordneten im Landtag
1897	Gleichberechtigung der tschechischen mit der deutschen Sprache
1899	Aufhebung der sprachlichen Gleichberechtigung

1905	Mährischer Ausgleich
1908	Dritter Slawenkongreß in Prag
1914	Ermordung des österreichischen Thronfolgers
1914–1918	Erster Weltkrieg – Tschechoslowakischer Nationalrat in Paris
1918	Anerkennung der Selbständigkeit der Tschechoslowakei 30. Juni Italien und Frankreich, 13. August Großbritannien, 3. September Vereinigte Staaten 30. Mai Pittsburgher Abkommen
1918	28. Oktober Proklamation der Tschechoslowakischen Republik; 7. November Wahl Tomáš G. Masaryks zum Präsidenten
1919	4. März Demonstration für das Selbstbestimmungsrecht 54 Todesopfer der Sudetendeutschen 2. Juni Friedensvertrag von St.-Germain-en-Laye
1920	29. Februar Verabschiedung der Verfassung
1926	12. Oktober Eintritt sudetendeutscher Politiker in die Regierung
1933	1. Oktober Gründung der Sudetendeutschen Heimatfront, seit April 1935 Umbenennung in Sudetendeutsche Partei
1935	19. Mai Wahlerfolg der Sudetendeutschen Partei: 68 Prozent der deutschen Stimmen und 44 Mandate 9. November Rücktritt Masaryks, 18. Dezember Wahl von Edvard Beneš zum Präsidenten
1938	Mai Sudetenkrise 29. September Münchner Abkommen 1.–10. Oktober Einmarsch deutscher Truppen in sudetendeutsche Gebiete 5. Oktober Rücktritt und Exil von Präsident Beneš 6. Oktober Autonomie der Slowakei
1939	16. März Angliederung der Tschechoslowakei an das Deutsche Reich durch Errichtung des Protektorats Böhmen und Mähren
1940	Bildung der Exilregierung in London unter Beneš
1942	26. Mai Attentat auf den stellvertretenden Reichsprotektor Reinhard Heydrich (Tod am 4. Juni) 10. Juni Zerstörung des Dorfes Lidice als Vergeltungsmaßnahme
1943	Ernennung Karl Hermann Franks zum Staatsminister in Böhmen und Mähren
1944	18. August Überschreiten der slowakischen Grenze durch die Rote Armee am Dukla-Paß in den Westkarpaten 29. August bis Anfang Oktober slowakischer Aufstand
1945	5. April Kaschauer Regierungsprogramm 5.–9. Mai Aufstand in Prag
1948	25. Februar Übernahme der Regierung durch die Kommunistische Partei: »Siegreicher Februar«
1968	21. August Einmarsch der Truppen des Warschauer Pakts
1989	29. Dezember Wahl von Václav Havel zum Präsidenten der Tschechoslowakischen Föderalen Republik
1993	1. Januar Auflösung des Staates in die Tschechische Republik und in die Slowakische Republik

Tabellen

Tabelle 1
Bevölkerung der böhmischen Länder in der Einteilung vor dem Ersten Weltkrieg

Jahr	Böhmen	Mähren	Schlesien	Gesamt
1780	2 615 410	1 481 466		4 096 876
1790	2 896 497	1 600 367		4 496 864
1800	3 032 808	1 640 785		4 673 593
1810	3 151 530	1 385 428	342 547	4 852 505
1820	3 419 575	1 465 019	366 886	5 251 480
1830	3 888 828	1 666 803	420 290	5 975 921
1839	4 145 715	1 703 995	447 607	6 297 317
1850	4 414 194	1 793 674	448 445	6 656 313
1857	4 778 693	1 878 029	462 051	7 118 773
1869	5 140 544	2 017 274	513 352	7 671 170
1880	5 560 819	2 153 407	565 475	8 279 701
1890	5 843 954	2 276 870	605 649	8 725 613
1900	6 318 697	2 437 706	680 422	9 436 825
1910	6 769 548	2 622 271	756 949	10 148 768

Tabelle 2
Stadt- und Landbevölkerung auf dem Gebiet der Tschechoslowakei 1869–1930

1. Zahl der Wohnbevölkerung

	Böhmen	Mähren und Schlesien	Slowakei	Karpaten-ukraine	Gesamt
1.1 in den Städten, Kleinstädten und Vorstädten größerer Städte					
1869	1 756 877	896 695	474 831	70 642	3 199 045
1880	2 066 867	1 012 558	495 590	72 458	3 647 473
1890	2 326 014	1 122 770	521 256	82 974	4 053 014
1900	2 726 954	1 290 583	601 110	100 630	4 719 277
1910	3 061 686	1 455 957	663 766	120 618	5 302 027
1921	3 075 692	1 501 086	717 153	131 942	5 425 873
1930	3 449 698	1 651 699	869 572	172 038	6 143 007

(Fortsetzung S. 177)

(Fortsetzung Tabelle 2)

Zahl der Wohnbevölkerung

	Böhmen	Mähren und Schlesien	Slowakei	Karpatenukraine	Gesamt
1.2 in den Landgemeinden					
1869	3 349 320	1 552 948	1 994 740	328 946	7 225 954
1880	3 502 097	1 640 491	1 969 657	323 234	7 435 479
1890	3 526 113	1 690 524	2 061 957	373 123	7 651 717
1900	3 602 576	1 752 101	2 189 125	426 056	7 969 858
1910	3 720 311	1 840 683	2 261 485	474 985	8 297 464
1921	3 594 918	1 837 891	2 281 091	472 651	8 186 551
1930	3 659 677	1 913 311	2 460 221	553 319	8 586 528

2. Von 1000 Einwohnern lebten in den Städten / auf dem Land

	Böhmen		Mähren und Schlesien		Slowakei		Karpatenukraine		Gesamt	
	Stadt	Land	Stadt	Land	Stadt	Land	Stadt	Land	Stadt	Land
1869	344,1	655,9	366,1	633,9	192,3	807,7	176,8	823,2	306,9	693,1
1880	371,1	628,9	381,7	618,3	201,0	799,0	183,1	816,9	329,1	670,9
1890	397,5	602,5	399,1	600,9	201,8	798,2	181,9	818,1	346,3	653,7
1900	430,8	569,2	424,2	575,8	215,4	784,6	191,1	808,9	371,9	628,1
1910	451,4	548,6	441,6	558,4	226,9	773,1	202,5	797,5	389,9	610,1
1921	461,1	538,9	449,6	550,4	239,2	760,8	218,2	781,8	398,6	601,4
1930	485,2	514,8	463,3	536,7	261,1	738,9	237,2	762,8	417,1	582,9

Tabelle 3
Relative Zunahme der Bevölkerung in den böhmischen Ländern (in der Einteilung vor dem Ersten Weltkrieg) in den Jahren 1780 bis 1910

Jahr	Böhmen	Mähren	Schlesien	Gesamt
1781–1790	10,2	7,7		9,3
1791–1800	4,6	2,5		3,9
1801–1810	3,8	3,6		3,8
1811–1820	8,2	7,6	6,9	7,9
1821–1830	12,8	12,9	13,6	12,9
1831–1839	7,1	2,5	7,0	5,8
1840–1850	5,7	4,7	0,2	5,0
1851–1857	11,3	6,6	4,3	9,6
1858–1869	6,1	6,0	8,8	6,2
1870–1880	7,1	5,9	8,8	6,9
1881–1890	5,0	5,6	6,9	5,2
1891–1900	7,8	6,8	11,6	7,8
1901–1910	6,9	7,3	10,6	7,3

Tabelle 4
Bevölkerung einiger Städte und städtischer Ballungszentren mit mehr als 25 000 Einwohnern 1869–1930

	Zahl der Wohnbevölkerung						
	1869	1880	1890	1900	1910	1921	1930
Prag	239 790	314 442	397 268	514 345	616 631	676 663	848 823
Brünn	95 317	109 339	133 607	163 576	201 505	221 758	264 925
Mährisch Ostrau und Vorstädte	23 210	38 272	62 961	114 459	149 498	161 044	174 979
Preßburg und Vorstädte	47 923	49 584	54 183	68 666	82 471	98 995	142 465
Reichenberg und Vorstädte	33 334	42 110	48 397	57 092	65 021	63 988	72 407
Aussig und Vorstädte	14 003	20 973	33 005	46 383	53 688	56 638	62 726
Budweis und Vorstädte	18 286	25 067	31 149	44 266	52 896	55 411	56 345
Troppau und Vorstädte	20 851	25 489	28 606	34 544	39 152	41 135	44 677
Karlsbad und Vorstädte	9 930	15 951	19 539	28 014	35 039	36 653	41 868
Gablonz und Vorstädte	8 376	10 883	17 204	24 585	34 074	31 007	39 912
Iglau und Vorstädte	21 141	23 834	25 630	26 897	29 336	29 722	33 506
Eger	13 419	17 085	18 597	23 517	26 619	27 460	31 546
Brüx	6 308	10 136	14 894	21 516	25 660	27 239	28 212
Asch und Vorstädte	10 935	14 944	17 447	21 443	25 515	22 681	25 968

Tabelle 5
Wachstum der Bevölkerung einiger Städte und städtischer Ballungszentren mit mehr als 25 000 Einwohnern 1869–1930

	jährliche Zunahme auf 1000 Einwohner						
	1870–1880	1881–1890	1891–1900	1901–1910	1911–1920	1921–1930	1870–1930
Prag	+ 21,90	+ 23,28	+ 25,69	+ 18,09	+ 9,28	+ 22,57	+ 20,14
Brünn	+ 12,46	+ 19,98	+ 20,17	+ 20,78	+ 9,57	+ 17,74	+ 16,78
Mährisch Ostrau und Vorstädte	+ 44,54	+ 48,78	+ 58,05	+ 26,55	+ 7,44	+ 8,29	+ 32,27
Preßburg und Vorstädte	+ 3,10	+ 8,86	+ 23,58	+ 18,27	+ 17,98	+ 36,77	+ 18,09
Reichenberg und Vorstädte	+ 21,15	+ 13,89	+ 16,49	+ 12,99	– 1,60	+ 12,35	+ 12,55
Aussig und Vorstädte	+ 36,25	+ 44,58	+ 33,70	+ 14,60	+ 5,35	+ 10,20	+ 24,11
Budweis und Vorstädte	+ 28,44	+ 21,64	+ 34,79	+ 17,76	+ 4,64	+ 1,67	+ 18,16
Troppau und Vorstädte	+ 18,20	+ 11,52	+ 18,81	+ 12,51	+ 4,94	+ 8,26	+ 12,37
Karlsbad und Vorstädte	+ 42,30	+ 20,22	+ 35,64	+ 22,28	+ 4,50	+ 13,28	+ 23,04
Gablonz und Vorstädte	+ 23,67	+ 45,01	+ 35,33	+ 32,35	– 9,43	+ 25,11	+ 25,34
Iglau und Vorstädte	+ 10,89	+ 7,26	+ 4,82	+ 8,67	+ 1,31	+ 11,97	+ 7,49
Eger	+ 21,85	+ 8,47	+ 23,37	+ 12,37	+ 3,11	+ 13,85	+ 13,84
Brüx	+ 42,33	+ 38,02	+ 36,37	+ 17,57	+ 5,97	+ 3,51	+ 23,96
Asch und Vorstädte	+ 28,17	+ 15,46	+ 20,55	+ 17,34	– 11,76	+ 13,51	+ 13,88

Tabelle 6
Regionale administrative Gliederung der Tschechoslowakei 1967

Kreis	Zahl der Bezirke	Zahl der Gemeinden	Teilgemeinden, Weiler	Fläche qkm	Einwohner
Prag					1 034 785
Nordböhmen	10	706	1 823	7 809	1 088 424
Westböhmen	10	794	2 109	10 872	828 676
Ostböhmen	11	1 290	2 743	11 263	1 200 145
Mittelböhmen	12	1 327	2 736	11 189	1 202 438
Südböhmen	8	918	2 288	11 344	649 467
Nordmähren	10	886	1 418	11 066	1 631 579
Südmähren	14	1 590	2 145	15 029	1 900 865
Westslowakei	12	898	1 208	14 859	1 760 151
Mittelslowakei	13	1 077	1 518	17 970	1 301 011
Ostslowakei	12	1 155	1 367	16 179	1 112 884
Tschechoslowakei				127 869	14 467 000

Tabelle 7
Nationalitäten von 1880–1910
Relativer Anteil in Prozent

	1880	1890	1900	1910
Böhmische Länder				
Tschechen	62,1	62,0	62,0	62,5
Deutsche	35,9	35,9	35,4	34,9
Polen	2,0	2,1	2,6	2,6
	100,0	100,0	100,0	100,0
Slowakei				
Slowaken	63,1	62,0	61,0	57,7
Deutsche	9,5	8,8	7,7	6,7
Magyaren	23,2	24,8	27,1	30,6
Ukrainer	3,3	3,3	3,0	3,3
Andere	0,9	1,1	1,2	1,7
	100,0	100,0	100,0	100,0

Tabelle 8
Deutsche Städte in der Tschechoslowakei (Auswahl)
mit je über 10 000 Einwohnern

Stadtgemeinde	1910 Einwohner	Deutsche in Prozent	1921 Einwohner	Deutsche in Prozent	1930 Einwohner	Deutsche in Prozent
Aussig	39 301	94,5	39 830	81,2	43 793	78,5
Reichenberg	36 350	93,6	34 985	84,6	38 568	81,9
Troppau	30 762	92,1	33 457	70,0	36 030	63,7
Gablonz	29 521	91,8	26 929	84,5	33 958	82,5
Eger	26 682	99,4	27 524	94,1	31 546	87,4
Brüx	25 692	84,3	27 239	64,8	28 212	63,8
Karlsbad	17 446	99,3	19 480	94,5	23 901	92,3
Jägerndorf	16 681	98,4	21 129	93,8	23 464	91,2
Asch	21 880	100,0	19 525	99,2	22 930	98,5
Trautenau	16 106	90,6	14 584	79,9	15 923	74,6
Mährisch Schönberg	13 329	97,0	13 117	83,4	15 718	76,0
Böhmisch Leipa	12 065	95,4	11 737	87,7	14 338	77,4
Graslitz	13 857	100,0	12 526	99,7	13 936	98,1
Neutitschein	13 859	84,8	13 226	67,9	13 796	68,3
Dux	12 399	66,2	12 619	51,2	13 040	50,7
Tetschen	10 640	99,4	11 244	88,5	12 855	82,0
Falkenau	8 867	99,5	10 151	96,4	11 381	88,3
Rurnburg	10 544	99,7	9 093	95,9	10 466	91,3
Zwittau	9 649	98,7	9 297	90,1	10 446	88,4

Tabelle 9
Deutsche Minderheitsgemeinden in der Tschechoslowakei (Auswahl)
mit je mehr als 10 000 Einwohnern und mindestens 2000 Deutschen 1930

Stadt, Gemeinde	1880		1910		1921		1930	
	Deutsche	Prozent	Deutsche	Prozent	Deutsche	Prozent	Deutsche	Prozent
Prag	32 657	20,6	18 753	8,5	30 429	4,6	41 701	5,0
Brünn	48 591	60,0	81 617	65,9	55 816	25,9	52 165	20,3
Preßburg	30 440	63,4	32 790	41,9	25 837	29,5	32 801	28,1
Mährisch Ostrau	3 682	29,2	17 299	48,4	9 879	27,9	21 753	18,6
Olmütz	12 879	65,4	13 253	60,5	15 818	28,2	15 017	22,9
Iglau	18 745	84,4	20 523	79,7	12 877	51,5	12 095	39,7
Znaim	10 636	88,1	16 090	87,1	7 988	39,5	8 347	33,3
Budweis	11 827	50,0	16 903	38,2	7 006	16,3	6 681	15,5
Kaschau	4 218	16,2	3 189	7,2	2 145	4,2	3 354	5,2
Oderberg	463	45,9	2 959	54,5	3 713	49,1	3 913	39,5
Teschen	6 091	49,5	13 254	61,5	3 406	47,8	3 269	33,5
Engerau	693	84,6	1 997	67,8	2 043	52,8	3 173	24,1

Tabelle 10
Deutsche Bevölkerung in der Slowakei 1880–1930 (Auswahl)
Relativer Anteil in Prozent

Verwaltungsbezirk	1880	1890	1900	1910	1921	1930
Käsmark	64,4	60,7	54,2	47,0	46,5	39,4
Göllnitz	42,9	42,3	37,1	32,3	34,0	31,4
Preßburg-Stadt	65,6	59,9	50,4	41,9	29,5	28,1
Poprad	28,8	26,8	23,9	21,7	24,5	19,9
Preßburg-Land	21,2	19,4	17,6	18,0	15,0	13,4
Modern (Modra)	17,1	16,4	14,2	12,8	9,6	9,0
Zipser Neudorf	19,6	18,0	14,9	12,6	12,4	9,0
Kaschau-Stadt	16,7	13,5	8,6	7,2	4,2	5,2
Leutschau	14,4	13,9	11,3	9,9	8,8	4,6
Rosenau	12,5	10,0	8,3	5,3	5,5	4,2
Rosenberg	2,4	2,9	3,2	3,7	3,1	2,9
Sillein	3,6	4,2	4,1	3,8	1,5	2,4
Preschau	8,7	7,8	5,8	4,5	1.9	1,7
Komorn	2,4	1,5	2,4	2,2	1,4	1,7
Trentschin (Trenčín)	8,3	6,9	5,8	4,5	1,0	1,4
Neusohl	5,1	4,8	3,7	2,9	1,3	1,4
Neutra	12,3	9,9	7,0	4,7	1,9	l,2
Schemnitz	8,1	5,6	4,4	2,3	1,6	1,0

Tabelle 11
Religionszugehörigkeit nach Nationalitäten 1930

	Katholiken	Evange-lische	Orthodoxe	Tschecho-slowakische Kirche	Glaubens-juden	Ohne Kon-fession
Tschechen	5 426 651	338 211	11 138	778 388	42 669	747 232
Slowaken	1 952 747	374 883	1 931	13 680	44 820	18 534
Deutsche	3 004 223	159 318	146	656	45 732	85 198
Polen	64 121	33 814	125	238	818	839
Juden	12	4	1	–	204 427	335
Magyaren	482 106	219 265	64	21	16 807	1 187
Ukrainer	434 128	1 539	128 841	314	1 086	2 078
Andere	52 749	2 724	3 352	88	471	861
Insgesamt	11 416 737	1 129 758	145 598	793 385	356 830	856 264
in Prozent	77,5	7,7	1,0	5,4	2,4	5,8

Tabelle 12
Religionszugehörigkeit der Bevölkerung

	1910 Personen	Prozent	1921 Personen	Prozent	1930 Personen	Prozent
Römisch-katholisch	11 675 768	85,9	10 384 833	76,3	11 416 773	77,5
Griechisch- katholisch	591 771	4,4	535 450	3,9		
Evangelisch A.B.	549 994	4,0	535 382	3,9		
Evangelisch-reformiert	222 140	1,6	207 906	1,5	1 129 758	7,7
Brüdergemeine	157 067	1,2	233 868	1,7		
Griechisch-orthodox	3 051	0,0	72 945	0,5	145 598	1,0
Altkatholisch	17 121	0,1	20 255	0,2	22 712	0,2
Tschechosl. Kirche			525 333	3,9	793 385	5,4
Juden	361 650	2,7	354 342	2,6	356 830	2,4
Konfessionslose	12 981	0,1	724 507	5,3	856 264	5,8
Sonstige	3 775	0,0	18 351	0,2	8 252	0,0
Insgesamt	13 595 318	100,0	13 613 172	100,0	14 729 536	100,0

Tabelle 13
Religionsbekenntnis der deutschen Bevölkerung
Böhmische Länder und Karpatenländer 1930

	Böhmische Länder	Karpaten-länder	zusammen	Prozent
Katholiken	2 882 288	121 935	3 004 223	90,5
Altkatholiken	21 177	124	21 301	0,6
Evangelische A.B.	122 002	1 319	123 321	3,7
Evangelisch- Reformierte	1 848	34 149	35 997	1,1
Andere Christen	2 581	83	2 664	0,1
Juden	35 657	10 075	45 732	1,4
Konfessionslose und unbekannt	84 267	940	85 198	2,6
Insgesamt	3 149 820	168 625	3 318 445	100,0

Tabelle 14
Übersicht der Berufsentwicklung der Bevölkerung in Böhmen, Mähren und Schlesien 1890–1930, in der Slowakei und der Karpatenukraine 1900–1930

	Jahr der Volks-zählung	Zahl der Bevölkerung tätig in				Gesamt
		Land-, Forst- und Fischerei-wirtschaft	Industrie und Gewerbe-produktion	Handel, Banken und Transport	übrige Berufe	
		in absoluten Zahlen				
Böhmen	1930	1 710 723	2 970 255	1 072 322	1 356 076	7 109 376
	1921	1 980 389	2 705 006	830 200	1 555 015	6 670 610
	1910	2 184 826	2 754 971	788 677	1 040 763	6 769 237
	1900	2 254 512	2 520 595	612 821	930 669	6 318 697
	1890	2 374 838	2 247 402	488 280	732 574	5 843 094
Mähren und Schlesien	1930	1 017 993	1 455 295	432 653	659 069	3 565 010
	1921	1 177 649	1 261 883	342 784	556 661	3 338 977
	1910	1 303 231	1 257 867	318 986	499 090	3 379 173
	1900	1 364 435	1 090 721	230 897	432 075	3 118 128
	1890	1 388 551	962 948	188 682	342 338	2 882 519
Slowakei	1930	1 892 042	634 796	338 912	464 042	3 329 793
	1921	1 817 878	522 593	229 869	427 904	2 998 244
	1910	1 830 428	538 001	233 523	323 299	2 925 251
	1900	1 849 003	440 320	191 240	309 671	2 790 234
Karpatenukraine	1930	480 856	86 590	64 644	93 267	725 598
	1921	408 871	62 916	43 123	89 683	604 593
	1910	424 620	61 212	50 137	59 629	595 357
	1900	395 312	45 852	33 817	51 705	526 686
Tschechoslowakei	1930	5 101 614	5 146 937	1 908 531	2 572 454	14 729 536
	1921	5 384 787	4 552 398	1 445 976	2 229 263	13 612 424
	1910	5 743 105	4 612 050	1 391 323	1 922 781	13 669 259
	1900	5 863 262	4 097 588	1 068 775	1 724 120	12 753 745

Tabelle 15
Übersicht der Berufsentwicklung der Bevölkerung in Böhmen, Mähren und Schlesien 1890–1930, in der Slowakei und der Karpatenukraine 1900–1930

	Jahr der Volkszählung	Zahl der Bevölkerung tätig in				Gesamt
		Land-, Forst- und Fischereiwirtschaft	Industrie und Gewerbeproduktion	Handel, Banken und Transport	übrige Berufe	
		– von 100 Einwohnern –				
Böhmen	1930	24,06	41,78	15,09	19,07	100,00
	1921	29,69	40,55	12,45	17,31	100,00
	1910	32,28	40,70	11,65	15,37	100,00
	1900	35,68	39,89	9,70	14,73	100,00
	1890	40,64	38,46	8,36	12,54	100,00
Mähren und Schlesien	1930	28,56	40,82	12,13	18,49	100,00
	1921	35,27	37,79	10,27	16,67	100,00
	1910	38,57	37,22	9,44	14,77	100,00
	1900	43,76	34,98	7,40	13,86	100,00
	1890	48,17	33,41	6,55	11,87	100,00
Slowakei	1930	56,82	19,07	10,17	13,94	100,00
	1921	60,63	17,43	7,67	14,27	100,00
	1910	62,57	18,39	7,99	11,05	100,00
	1900	66,27	15,78	6,86	11,09	100,00
Karpatenukraine	1930	66,29	11,94	8,91	12,86	100,00
	1921	67,63	10,41	7,13	14,83	100,00
	1910	71,29	10,28	8,41	10,02	100,00
	1900	75,06	8,70	6,42	9,82	100,00
Tschechoslowakei	1930	34,64	34,44	12,96	17,46	100,00
	1921	39,56	33,64	10,62	16,38	100,00
	1910	42,01	33,74	10,18	14,07	100,00
	1900	45,97	32,13	8,38	13,52	100,00

Tabelle 16
Einsatz von Arbeitskräften in der Landwirtschaft

	Anzahl der Betriebe 1902				Anzahl der beschäftigten Personen 1900			
	Gesamt	Eigentümer	Familien-angehörige	Lohnarbeiter	Gesamt	Eigentümer	Familien-angehörige	Lohnarbeiter
Böhmen								
Anzahl	568 389	171 606	271 065	125 718	1 326 374	321 586	489 772	515 016
Prozent	100	30,2	47,7	22,1	100	24,2	36,9	38,9
Mähren								
Anzahl	290 678	97 198	126 706	66 774	684 126	165 764	266 829	251 533
Prozent	100	33,4	43,6	23,0	100	24,2	39,0	36,8
Schlesien								
Anzahl	58 759	12 496	30 149	16 114	143 460	31 630	49 267	52 563
Prozent	100	21,2	51,1	27,7	100	22,0	34,3	43,7

Umfang in Hektar	Böhmen Arbeitende Betriebe				Mähren Arbeitende Betriebe			
	Familie		Lohnkräfte		Familie		Lohnkräfte	
	Anzahl	Prozent	Anzahl	Prozent	Anzahl	Prozent	Anzahl	Prozent
0 – 2	246 723	35,4	12 343	4,6	137 821	92,9	10 550	7,1
2 – 5	123 035	87,1	18 241	12,9	53 749	81,7	11 945	18,3
0 – 5	369 758	92,4	30 584	7,6	191 570	89,5	22 495	10,5
5 – 20	68 401	53,1	60 666	46,9	30 766	48,6	32 525	51,4
20 – 100	4 510	12,6	31 173	87,4	1 668	13,5	10 708	86,5
über 100	2	0,1	3 295	99,9	–	–	946	100,0
Gesamt	568 389				290 687			

Tabelle 17
Entwicklung der Handelsbilanz und der Zahlungsbilanz
(in Millionen Kronen)

Jahr	Import	Export	Handels-bilanz	Einnahmen	Ausgaben	Zahlungs-bilanz
1925	17 616	18 788	+ 1172	22 803	22 659	+ 144
1926	15 277	17 755	+ 2478	22 282	21 661	+ 621
1927	17 960	20 133	+ 2173	26 220	26 564	− 344
1928	19 191	21 205	+ 2014	27 170	27 168	+ 2
1929	19 962	20 497	+ 535	26 661	26 748	− 87
1930	15 712	17 472	+ 1760	24 069	22 970	+ 1099
1931	11 764	13 119	+ 1355	19 432	17 693	+ 1739
1932	7 487	7 343	− 144	10 536	10 569	− 33
1933	5 831	5 855	+ 24	7 879	7 647	+ 232
1934	6 382	7 280	+ 898	9 499	9 356	+ 143
1935	6 739	7 418	+ 679	10 338	10 404	− 66
1936	7 909	8 008	+ 99	11 615	12 432	− 817
1937	10 980	11 972	+ 992	17 378	17 636	− 258

Tabelle 18
Exporte und Importe der Tschechoslowakei
in den Jahren 1920–1937
(1927 = 100)

	Exporte	Importe
1920	41,1	52,2
1921	58,4	63,3
1922	58,6	59,2
1923	64,9	60,1
1924	74,4	82,6
1925	84,3	88,1
1926	84,9	82,7
1927	100,0	100,0
1928	104,2	104,6
1929	104,8	111,4
1930	96,0	101,8
1931	83,1	96,4
1932	50,2	71,9
1933	43,2	61,2
1934	50,1	64,0
1935	52,2	65,9
1936	57,8	72,2
1937	73,7	80,6

Tabelle 19
Ausfuhr nach Deutschland im Jahre 1929
(in Millionen Kronen)

	Wert der Ausfuhr nach Deutschland		Wert der Gesamtausfuhr		Anteil Deutschlands
	Kronen	Prozent	Kronen	Prozent	Prozent
Gesamtausfuhr	3 973	100,0	20 499	100,0	19,4
Getreide, Malz, Mehl Hülsenfrüchte und Reis	298	7,5	1 004	4,9	29,7
Obst, Gemüse, Pflanzen und Pflanzenteile	165	4,2	368	1,8	44,8
Tierische Produkte	219	5,5	295	1,4	74,2
Getränke	56	1,4	91	0,4	61,5
Holz	313	7,9	1 585	7,7	45,0
Kohle und Torf	400	10,1			
Mineralien	128	3,2	276	1,3	46,4
Baumwolle und Produkte	348	8,8	2 883	14,1	12,1
Flachs, Hanf, Jute und Produkte	147	3,7	642	3,1	22,9
Wolle und Produkte	390	9,8	2 106	10,3	18,5
Papier und Produkte	84	2,1	466	2,3	18,0
Leder und Produkte	378	9,5	1 420	6,9	26,6
Glas und Produkte	146	3,7	1 379	6,7	10,6
Eisen und Produkte	114	2,9	1 804	8,8	6,3
Chemische Produkte	53	1,3	395	1,9	13,4

Literatur in Auswahl

Bachstein, Martin K., Wenzel Jaksch und die sudetendeutsche Sozialdemokratie (Veröffentlichungen des Collegium Carolinum, Band 29), München – Wien 1974

Baumann, Winfried, Die Literatur des Mittelalters in Böhmen, Deutsch-lateinisch-tschechische Literatur vom 10. bis zum 15. Jahrhundert (Veröffentlichungen des Collegium Carolinum, Band 37), München – Wien 1978

Beiträge zum deutsch-tschechischen Verhältnis im 19. und 20. Jahrhundert (Veröffentlichungen des Collegium Carolinum, Band 19), München 1967

Bohemia Sacra, Das Christentum in Böhmen 973–1973, hrsg. von Ferdinand Seibt, Düsseldorf 1974

Bohmann, Alfred, Menschen und Grenzen, Band 4, Bevölkerung und Nationalitäten in der Tschechoslowakei, Köln 1975

Bosl, Karl, Böhmen und seine Nachbarn, Gesellschaft, Politik und Kultur in Mitteleuropa (Veröffentlichungen des Collegium Carolinum, Band 32), München – Wien 1976

Brandes, Detlef, Die Tschechen unter deutschem Protektorat, Teil I, Besatzungspolitik, Kollaboration und Widerstand im Protektorat bis Heydrichs Tod (1939–1942); Teil II, Besatzungspolitik, Kollaboration und Widerstand im Protektorat Böhmen und Mähren bis zum Prager Aufstand (1942–1945), München 1969 und 1975

Brügel, Johann Wolfgang, Tschechen und Deutsche, 1. Band, 1918–1938; 2. Band, 1939–1946, München 1967 und 1974

Die »Burg«, Einflußreiche politische Kräfte um Masaryk und Beneš, Band 1, Unter Mitarbeit von Martin Bachstein, Karl Bosl, Julius Firt u. a., hrsg. von Karl Bosl, Vorträge der Tagung des Collegium Carolinum in Bad Wiessee am Tegernsee vom 23. bis26. November 1972, München – Wien 1973; Band 2, Unter Mitarbeit von Manfred Alexander, Karl Bosl, Julius Firt u. a., hrsg. von Karl Bosl, Vorträge der Tagung des Collegium Carolinum in Bad Wiessee am Tegernsee vom 22. bis 25. November 1973, München – Wien 1974

Čapek, Karel, Gespräche mit T. G. Masaryk, München 1969

Die Chance der Verständigung, Absichten und Ansätze zu übernationaler Zusammenarbeit in den böhmischen Ländern 1848–1918, Vorträge des Collegium Carolinum in Bad Wiessee vom 22. bis 24. November 1985, hrsg. von Ferdinand Seibt, München 1987

Die demokratisch-parlamentarische Struktur der Ersten Tschechoslowakischen Republik, unter Mitarbeit von Stephan Dolezel, Reiner Franke u. a., hrsg. von Karl Bosl, Vorträge der Tagung des Collegium Carolinum in Bad Wiessee am Tegernsee vom 28. November bis 1. Dezember 1974, München – Wien 1975

Dokumente zur Sudetendeutschen Frage 1916–1967, überarbeitete und ergänzte Auflage der »Dokumente zur Sudetendeutschen Frage 1918–1959«, hrsg. von Ernst Nittner, München 1967

Die Erste Tschechoslowakische Republik als multinationaler Parteienstaat, Vorträge der Tagungen des Collegium Carolinum in Bad Wiessee vom 24. bis 27. November 1977 und vom 20. bis 23. April 1978, München – Wien 1979

Franz, Heinrich Gerhard, Bauten und Baumeister der Barockzeit in Böhmen, Entstehung und Ausstrahlungen der böhmischen Barockbaukunst, Leipzig 1962
Gleichgewicht – Revision – Restauration, Die Außenpolitik der Ersten Tschechoslowakischen Republik im Europasystem der Pariser Vorortverträge, hrsg. von Karl Bosl, Vorträge der Tagungen des Collegium Carolinum in Bad Wiessee vom 27. bis 30. November 1975 und vom 22. bis 25. April 1976, München – Wien 1976
Handbuch der Geschichte der böhmischen Länder, 4 Bände, hrsg. von Karl Bosl, Stuttgart 1967–1974
Hassinger, Hugo, Die Tschechoslowakei, Ein geographisches, politisches und wirtschaftliches Handbuch, Wien – Leipzig – München 1925
Hemmerle, Rudolf, Sudetenland-Lexikon, 2. Aufl., Mannheim 1984
Hoensch, Jörg K., Geschichte Böhmens, Von der slavischen Landnahme bis ins 20. Jahrhundert, München 1987
Hoensch, Jörg K., Geschichte der Tschechoslowakischen Republik 1918–1978, Stuttgart 1978
Hoensch, Jörg K., Přemysl Otakar II. von Böhmen, Der goldene König, Graz – Wien – Köln 1989
Hoensch, Jörg K., Die Slowakei und Hitlers Ostpolitik, Hlinkas Slowakische Volkspartei zwischen Autonomie und Separation 1938/39, Köln – Graz 1965
Jaksch, Wenzel, Europas Weg nach Potsdam, Schuld und Schicksal im Donauraum, Stuttgart 1958, veränderte Neuausgabe, Köln 1967
Kavka, František, Die Tschechoslowakei, Abriß ihrer Geschichte, Prag 1960
Lipscher, Ladislav, Verfassung und politische Verwaltung in der Tschechoslowakei 1918–1939 (Veröffentlichungen des Collegium Carolinum, Band 34), München – Wien 1979
Machatschek, Fritz, Landeskunde der Sudeten- und Westkarpatenländer, Stuttgart 1927
Mahler, Oldřich; Broft, Miroslav, Události v červnu 1848, Panorama [Die Prager Ereignisse im Juni 1848, Panorama], Prag 1989
Masaryk, T[omáš] G[arrigue], Die Weltrevolution, Erinnerungen und Betrachtungen 1914–1918, Berlin 1925
Mastny, Vojtech, The Czechs under Nazi Rule, The Failure of National Resistance 1939–1942, New York and London 1971
Morava, Georg J., Franz Palacký, Eine frühe Vision von Mitteleuropa, Wien 1990
München 1938, Das Ende des alten Europa, hrsg. im Auftrage der »Deutsch-Tschechoslowakischen Gesellschaft e. V.« (DTG) von Peter Glotz, Karl-Heinz Pollok, Karl von Schwarzenberg, John Nes van Ziegler, Redaktion Frank Boldt, Essen 1990
Ohlbaum, Rudolf, Verdient um Österreich, Bedeutende Persönlichkeiten sudetenländischer Herkunft, München 1977
Přehled dějin Československa, Hlavní redakce Jaroslav Purš, Miroslav Kropilák, I/1 [do roku 1526]; I/2 [1526 až 1848] [Übersicht der Geschichte der Tschechoslowakei, Hauptredaktion Jaroslav Purš, Miroslav Kropilák, I/1 [bis 1526]; I/2 [1526 bis 1848], Prag 1980; Prag 1982
Prinz, Friedrich, Beneš, Jaksch und die Sudetendeutschen, Stuttgart 1975
Prinz, Friedrich, Böhmen im mittelalterlichen Europa, Frühzeit, Hochmittelalter, Kolonisationsepoche, München 1984
Prinz, Friedrich, Geschichte Böhmens 1848–1948, München 1988
Pittrof, Kurt, Böhmisches Glas im Panorama der Jahrhunderte, Eine Kultur- und Wirtschaftsgeschichte, 2. Aufl. (Veröffentlichungen des Collegium Carolinum, Band 61), München 1989
Probleme der böhmischen Geschichte, Vorträge der wissenschaftlichen Tagung des Collegium Carolinum in Stuttgart vom 29. bis 31. Mai 1963 (Veröffentlichungen des Collegium Carolinum, Band 61), München 1964

Quellenbuch zur Geschichte der Sudetenländer, I. Band, Von der Vorzeit bis zu den Verneuerten Landesordnungen (1627/28), bearbeitet von Wilhelm Weizsäcker (Veröffentlichungen des Collegium Carolinum, Band 7), München 1960
Raschhofer, Hermann, Völkerbund und Münchener Abkommen, Die Staatengesellschaft von 1938, München – Wien 1976
Raupach, Hans, Der tschechische Frühnationalismus, Ein Beitrag zur Gesellschafts- und Ideengeschichte des Vormärz in Böhmen, Essen 1939 2. Aufl., Darmstadt 1969
Reichert, Günter, Das Scheitern der Kleinen Entente, Internationale Beziehungen im Donauraum von 1933 bis 1938 (Veröffentlichung des Sudetendeutschen Archivs in München, 6), München 1971
Sedlmeyer, Karl A., Landeskunde der Tschecho-Slowakei, Frankfurt am Main 1973
Seibt, Ferdinand, Deutschland und die Tschechen, Geschichte einer Nachbarschaft in der Mitte Europas, München 1974
Seibt, Ferdinand, Hussitenstudien, Personen, Ereignisse, Ideen einer frühen Revolution (Veröffentlichungen des Collegium Carolinum, Band 60), München 1987
Seibt, Ferdinand, Karl IV., Ein Kaiser in Europa, 1346–1378, München 1978
Siedlung und Verfassung Böhmens in der Frühzeit, hrsg. von František Graus und Herbert Ludat, Wiesbaden 1967
Smelser, Ronald, Das Sudetenproblem und das Dritte Reich 1933–1938, München 1980
Sperling, Walter, Tschechoslowakei, Beiträge zur Landeskunde Ostmitteleuropas, Stuttgart 1981
Spěváček, Jiří, Karl IV., Sein Leben und seine staatsmännische Leistung, Köln – Wien 1978
Sudetendeutschtum gestern und heute, eine gesamtdeutsche Verpflichtung, hrsg. von Heinrich Kuhn mit Beiträgen von Hans Schenk, Harald Bachmann und Rudolf Ohlbaum (Veröffentlichung des Sudetendeutschen Archivs), München 1986
Die Sudetenfrage in europäischer Sicht, Berichte über die Vorträge und Aussprachen der wissenschaftlichen Fachtagung des Collegium Carolinum in München-Grünwald vom 1. bis 3. Juni 1959 (Veröffentlichungen des Collegium Carolinum, Band 12), München 1962
Tausend Jahre deutsch-tschechische Nachbarschaft, Daten und Fakten zur politischen, gesellschaftlichen, kulturellen und kirchlichen Entwicklung in den böhmischen Ländern, Hrsg. Ernst Nittner (Beiträge, Kleine Reihe des Institutum Bohemicum, Band 10), München 1988
Teichova, Alice, The Czechoslovak Economy 1918–1980, London und New York 1988
Die Teilung der Prager Universität 1882 und die intellektuelle Desintegration in den böhmischen Ländern, Vorträge der Tagung des Collegium Carolinum in Bad Wiessee vom 26. bis 28. November 1982, München 1984
Turek, Rudolf, Čechy v raném středověku (Böhmen im frühen Mittelalter), Prag 1982
Turek, Rudolf, Die frühmittelalterlichen Stämmegebiete in Böhmen, Prag 1957
Vereinswesen und Geschichtspflege in den böhmischen Ländern, Vorträge der Tagungen des Collegium Carolinum in Bad Wiessee vom 25. bis 27. November 1983 und vom 23. bis 25. November 1984, hrsg. von Ferdinand Seibt, München 1986
Willars, Christian, Die böhmische Zitadelle, ČSR – Schicksal einer Staatsidee, Wien – München 1965
Zeßner, Klaus, Josef Seliger und die nationale Frage in Böhmen, Eine Untersuchung über die nationale Politik der deutsch-böhmischen Sozialdemokratie 1899–1920, Stuttgart 1976

Ortsnamen-Konkordanz

Altbunzlau	Stará Boleslav
Arnau	Hostinné
Asch	Aš
Aunjetitz	Únětice
Auspitz	Hustopeče
Aussig	Ústí nad Labem
Austerlitz	Slavkov
Beraun	Beroun
Bergreichenstein	Kašperské Hory
Biela	Česká Běla
Bielitz-Biala	Bielsko-Biała
Bilin	Bílina
Bischofteinitz	Horšovský Týn
Blanz	Blansko
Blauda	Bludov
Böhmisch Brod	Česká Brod
Böhmisch Leipa	Český Lípa
Böhmisch Trüpau	Česká Třebová
Böhmisch Sternberg	Český Šternberk
Brandeis	Brandýs nad Labem
Braunau	Broumov
Brünn	Brno
Brüx	Most
Budweis	České Budějovice
Buschtiehrad	Buštěhrad
Chotusitz	Chotusice
Chrudim	Chrudim
Datschitz	Dačice
Dauba	Dubá
Deutsch Brod	Havlíčkův Brod
Deutsch Gabel	Jablonné v Podještědí
Deutschendorf	Poprad
Dux	Duchcov
Eger	Cheb
Eibenschitz	Ivančice
Eisenbrod	Železný Brod
Eisenstein	Železná Ruda
Eipel	Úpice
Eisgrub	Lednice
Elbogen	Loket
Engelhaus	Andělská Hora
Engerau	Petržalka
Falkenau	Sokolov
Franzensbad	Františkovy Lázně
Frauenthal	Pohled
Freiwaldau	Jeseník
Freudenthal	Bruntál
Friedeck-Mistek	Frýdek-Mistek
Friedland	Frýdlant
Fulnek	Fulnek
Gablonz	Jablonec nad Nisou
Göding	Hodonín
Görkau	Jirkov
Goldenkron	Zlatá Koruna
Graslitz	Kraslice
Gratzen	Nové Hrady
Graupen	Krupka
Grottau	Hradek nad Nisou
Grünberg	Zelená
Grulich	Králíky
Gumpolds	Humpolec
Haida-Steinschönau	Nový Bor-Kamenický Šenov
Heiligenfeld	Svaté Pole
Heraletz	Herálec
Hohenelbe	Vrchlabí
Hohenmauth	Vysoké Mýto
Hostein	Hostýn
Hradisch	Hradiště
Hultschin	Hlučín
Iglau	Jihlava

Jägerndorf	Krnov
Janowitz	Janovice
Jaromir	Jaroměř
Jenikau	Golčův Jeníkov
Jitschin	Jičín
Jungbunzlau	Mladá Boleslav
Jungferbřežan	Panenské Břežany
Kaaden	Kadaň
Käsmark	Kežmarok
Kaplitz	Kaplice
Karlsbad	Karlovy Vary
Karwin	Karvína
Kaschau	Košice
Katschina	Kačina
Kirchdrauf	Spišské Podhradie
Kladno	Kladno
Kladrau	Kladruby
Klattau	Klatovy
Klentsch	Klenčí pod Čerchovem
Klostergrab	Hrob
Königgrätz	Hradec Králové
Königinhof	Dvůr Králové nad Labem
Königsaal	Zbraslav
Königshof	Králův Dvůr
Kolin	Kolín
Komorn	Komárno
Komotau	Chomutov
Kosmanos	Kosmonosy
Kralitz	Kralice
Kremnitz	Kremnica
Kremsier	Kroměříž
Krompach	Krompachy
Krumau	Český Krumlov
Kuttenberg	Kutná Hora
Landskron	Lanškroun
Laun	Louny
Leitmeritz	Litoměříce
Leitomischl	Litomyšl
Lettowitz	Letovice
Liblitz	Liblice u Mělníka
Libochowitz	Libochovice
Liditz	Lidice
Lieben	Líbeň
Lobositz	Lovosice
Lometz	Lomec
Luditz	Žlutice
Luhatschowitz	Luhačovice

Mährisch Neustadt	Uničov
Mährisch Ostrau	Ostrava
Mährisch Schönberg	Šumperk
Mährisch Sternberg	Šternberk
Mährisch Trübau	Moravská Třebová
Maria Kulm	Chlum nad Ohří
Maria Ratschitz	Mariánske Radčice
Marienbad	Mariánské Lázně
Marienkron	Koruna
Maschau	Mašťov
Miava	Myjava
Mies	Stříbro
Münchengrätz	Mnichovo Hradiště
Nachod	Náchod
Namiest	Náměšť nad Oslavou
Napajedl	Napajedla
Neubistritz	Nová Bystřice
Neuhaus	Jindřichův Hradec
Neusohl	Banská Bystrica
Neutitschein	Nový Jičín
Neutra	Nitra
Nikolsburg	Mikulov
Nimburg	Nymburk
Oberleutensdorf	Horní Litvínov
Oberplan	Horní Planá
Obrowitz	Zábrdovice
Oderberg	Starý Bohumín
Olmütz	Olomouc
Opatowitz	Opatovice nad Labem
Oslawan	Oslavany
Pardubitz	Pardubice
Pilsen	Plzeň
Plaß	Plasy
Pohrlitz	Pohořelice
Pottenstein	Potštejn
Prachatitz	Prachatice
Prag	Praha
Prerau	Přerov
Preschau	Prešov
Preßburg	Bratislava
Přibram	Příbram
Proßnitz	Prostějov
Raigern	Rajhrad
Raudnitz	Roudnice nad Labem

Reichenberg	Liberec
Rochlitz	Rokytnice nad Jizerou
Rokitnitz	Rokytnice v Orlických horách
Rokitzan	Rokycany
Rosenberg	Ružomberok
Rossitz	Rosice
Rumburg	Rumburk
Saar	Žd'ár nad Sázavou
Saaz	Žatec
Sadska	Sadská
St. Joachimsthal	Jáchymov
Sazawa	Sázava
Schatzlar	Žacléř
Schemnitz	Banská Štiavnica
Schlan	Slaný
Schlapanitz	Šlapanice
Schluckenau	Šluknov
Sedletz	Sedlec
Semil	Semily
Sezemitz	Sezemíce
Sillein	Žilina
Skalitz	Skalica
Sternberg	Šternberk
Stockau	Pivoň
Tabor	Tábor
Tachau	Tachov
Tannwald	Tanvald
Taus	Domažlice
Teltsch	Telč
Tepl	Teplá
Teplitz-Schönau	Teplice-Šanov
Teschen	Český Těšín
Tetin	Tetín
Tetschen-Bodenbach	Děčín-Podmokly
Theben	Devín
Tischnowitz	Tišnov
Trebitsch	Třebíč
Trentschin	Trenčín
Troppau	Opava
Ullersdorf	Oldřiš
Ungarisch Brod	Uherský Brod
Wallern	Volary
Warnsdorf	Varnsdorf
Welehrad	Velehrad
Witkowitz	Vítkovice
Wittingau	Třeboň
Zdislawitz	Zdislavice
Zettlitz	Sedlec
Zisper Neudorf	Spišská Nová Ves
Zlin	Zlín
Znaim	Znojmo
Zwittau	Svitavy

Personenregister

Ortsregister

Abbildungsnachweis

Die Vorlagen für die Abbildungen stellten das Sudetendeutsche Archiv in München, das Bundesarchiv in Frankfurt am Main und das Fotoarchiv Johann A. Wolf in Messel zur Verfügung. Frau Ursula Seitz-Gray fertigte die Reprographien an (mit Ausnahme der Porträts).

DEUTSCHE AUTOREN
AUS DEM ÖSTLICHEN EUROPA
HERAUSGEGEBEN
VON DER STIFTUNG
GERHART-HAUPTMANN-HAUS

Viele deutschsprachige Autoren der Gegenwart sind in den ehemaligen deutschen Ostprovinzen oder in Südosteuropa geboren und aufgewachsen. Der Bezug zur Landschaft, zu den Menschen und zur Kultur ihrer Heimatregion prägt auf vielfältige Weise ihr literarisches Werk. Mit dieser Publikationsreihe wollen die Herausgeber die Besonderheiten historischer deutscher Kulturlandschaften aus der Sicht des jeweiligen Autors vermitteln und Interesse für sein Werk wecken. Verfolgt wird damit nicht nur ein überregionaler, sondern auch ein entschieden antinationalistischer Zweck: Grenzüberschreitende Tendenzen und ihre Wirkung stehen im Mittelpunkt. Die Publikationen eignen sich besonders für den Literaturunterricht und bieten allen literarisch Interessierten Neues zum Verständnis und Selbstverständnis der vorgestellten Autoren.